Chérif Mécheri

Boris Cyrulnik
José Lenzini

Chérif Mécheri

Préfet courage sous le gouvernement de Vichy

Postface de Marie-Diane Mécheri

Odile Jacob

15, rue Soufflot, 75005 Paris

www.odilejacob.fr

ISBN : 978-2-7381-5708-9

POURQUOI MÉCHERI ?

Les explications trop claires m'ont toujours mis mal à l'aise. Quand on me disait « le FLN exige l'indépendance de l'Algérie », je pensais en moi-même : « Bien sûr, ils ont raison, la colonisation est un crime, mais le terrorisme est-il le meilleur moyen pour obtenir justice ? »

À l'adolescence, je ne connaissais rien de l'Algérie, mes ancêtres venus d'Europe centrale n'ont jamais été colons, mais j'étais sensible au problème algérien parce que j'avais subi de plein fouet la Seconde Guerre mondiale. Ayant perdu presque toute ma famille, je m'identifiais aux Algériens encerclés par l'armée française, bras levés, emprisonnés et privés de droits dans leur propre pays par l'armée d'un autre pays, mon pays que j'aimais. Et pourtant, je me sentais profondément français, j'aurais voulu que mon pays soit noble, et travaille avec les Algériens à l'éducation de leurs enfants, à l'autonomie qui leur était due puisqu'ils étaient chez eux dans leurs villes, dans leurs montagnes et dans leur culture. C'est pourquoi j'ai aimé l'image de ces militaires français faisant la classe dans le bled à des petits Arabes. Voilà, c'est ça ! Pensais-je. Mon pays est noble quand il apporte l'éducation. J'avais les idées trop claires ! Ça me rendait naïf.

Je n'ai pas mis longtemps à comprendre que ce fait véritable, quand de jeunes instituteurs français appelés à faire leur service militaire en Algérie (départements de la France à l'époque) faisaient l'école dans le bled, cette image généreuse servait à mettre à l'ombre d'autres interventions honteuses.

Au début des années 1960, jeune étudiant en médecine, j'étais externe à l'hôpital d'Argenteuil, dans la banlieue parisienne. Nous étions débordés par les fusillades entre le FLN[1] et le MNA[2] de Messali Hadj. Les pompiers ou les brancardiers déposaient les blessés et les mourants par terre, pour aller chercher d'autres urgences. Les soignants couraient dans tous les sens, les chirurgiens épuisés ne quittaient pas les salles d'opération. En compagnie d'une « petite bleue », une étudiante infirmière âgée de 18 ans, nous donnions les premiers soins et orientions les blessés.

Le lendemain, à la faculté de médecine, rue des Saints-Pères, près du boulevard Saint-Germain, rien, pas un mot, ignorance totale d'une guerre qui se passait aux portes de Paris. Les étudiants, bons élèves, pour mieux préparer leurs examens évitaient de se dissiper. C'est pourquoi ils ne s'inquiétaient pas des problèmes qui concernaient les Algériens. Cette ignorance, presque volontaire, permettait aux étudiants de s'adapter à l'université mais les soumettait aux clichés que les idéologues faisaient passer dans la culture. Comme toujours, dans ces situations, la population se divisait en deux camps. Ceux qui, proches des communistes, pensaient que le FLN avait raison de commettre des attentats pour gagner la liberté, et ceux qui affirmaient

1. Front de libération nationale : fondé le 23 octobre 1954, il apparut publiquement le 1er novembre 1954 au premier jour de la guerre d'indépendance contre la « France coloniale », présente en Algérie depuis 1830, et pour la création d'un « État algérien démocratique et populaire ».

2. Mouvement national algérien : c'était une organisation politico-militaire visant à l'indépendance de l'Algérie qui devait remplacer le Mouvement pour le triomphe des libertés démocratiques (MTLD) à partir de 1954.

que les Français d'Algérie avaient apporté la civilisation et la prospérité à un peuple primitif qui, ingrat, se révoltait pour chasser ses bienfaiteurs. Je me sentais proche du FLN, parce qu'en 1960, à cause de mon enfance persécutée par les nazis, je m'identifiais à tous les persécutés de la terre, les esclaves noirs, les pauvres, et tous ceux à qui la révolte apportait un sursaut de dignité. J'étais pourtant gêné, quand j'apprenais que le FLN avait mis une bombe dans un bal[1] où des jeunes gens faisaient la fête, ou dans des pâtisseries où il n'y avait que des grand-mères offrant des gâteaux à leurs petits-enfants. J'aurais aimé que le FLN manifeste plus de noblesse.

Mon ignorance me soumettait à des clichés de surface, les gentils contre les méchants, les gentils Algériens qui se révoltaient contre les méchants colons. C'est dans un tel contexte de préjugés que les premiers étudiants « pieds-noirs » sont arrivés à la fac de médecine, après 1962 (date de l'indépendance). Ils étaient souriants, travaillaient beaucoup et mes amis très à gauche expliquaient qu'il n'était pas normal qu'ils touchent des bourses alors qu'ils étaient enfants de riches colons qui avaient « fait suer le burnous ».

J'ai retrouvé la même ignorance, qui fait le lit des préjugés, trente ans plus tard, en Algérie. Claire Brisset, alors défenseure des enfants, m'avait invité à l'accompagner pour rencontrer des médecins, des psychologues et des juristes algériens. Avec les médecins et les psys nous parlions la même langue, nous avions les mêmes maîtres, nous lisions les mêmes livres, donc nous habitions le même monde et prenions les mêmes décisions thérapeutiques. Nos conceptions éducatives différaient parfois, mais chacun acceptait la culture de l'autre. C'est pourquoi ces

1. Le 9 juin 1957, une bombe explose au dancing du casino de la Corniche près d'Alger et fait 8 morts et 92 blessés dont une grande majorité de jeunes.

jeunes médecins m'ont invité à bavarder avec eux dans un service hospitalier. Quand je leur ai raconté mon expérience de l'hôpital d'Argenteuil, il y a eu un long silence, très long. Une jeune femme a murmuré : « Un jour, mon grand-père m'a parlé du MNA. » Aucun de ces jeunes médecins n'avait entendu parler de Messali Hadj. Pour eux, la vérité était simple : le courageux FLN avait gagné la guerre et imposé l'indépendance de l'Algérie en mettant des bombes un peu partout. Cette clarté abusive leur donnait des convictions mises à mal aujourd'hui par la jeunesse algérienne.

Dans les années 1970, devenu psychiatre, j'ai vu venir à ma consultation des pieds-noirs, comme on les appelait alors. Aucun n'était riche, aucun n'avait « fait suer le burnous », aucun n'était raciste. La plupart étaient enfants de pauvres, enfants d'émigrés espagnols ou d'orphelins français déportés (c'était le mot employé) pour cultiver et bâtir l'Algérie. Depuis quatre ou cinq générations, ils se croyaient chez eux, dans leur pays quand ils ont dû « faire leur valise ». Était-ce nécessaire ?

Très souvent les événements ne prennent sens que dans l'après-coup. Dans l'instant, on affronte, on essaie de régler les problèmes immédiats. Il faut du temps pour que l'histoire attribue un sens à ce qui est passé. J'ai découvert, il y a quelques années, grâce à Jalil Bennani[1] que certains psychanalystes français, pendant la Seconde Guerre mondiale, voulaient créer un institut de psychanalyse aryenne d'où les Juifs étaient exclus et que certains professeurs de psychiatrie avaient fait des publications scientifiques où ils démontraient que les cerveaux arabes étaient de moins bonne qualité que les cerveaux européens, ce qui légitimait que les indigènes n'aient pas accès aux responsabilités sociales. J'ai eu l'occasion de voir ces médecins racistes

1. Jalil Bennani, *La Psychanalyse au pays des Saints*, Casablanca, Le Fennec, 1996.

s'occuper très gentiment des Arabes qui les consultaient. Ils soignaient du mieux qu'ils pouvaient ces hommes inférieurs. Comment comprendre ça ? Sûrement pas avec une pensée binaire, les bons Européens cultivés contre les Arabes primitifs, les gentils libérateurs du FLN contre les vils oppresseurs pieds-noirs. Le réel est plus complexe, il nécessite une réflexion nuancée, il s'oppose à la clarté abusive des slogans politiques.

Aux attentats du FLN répondaient les attentats de l'OAS. Je comprenais les deux, le FLN qui réclamait la dignité des Algériens et l'OAS qui défendait ce que les pieds-noirs avaient construit depuis plus de cent ans. Les livres d'histoire m'ont permis de découvrir l'extrême cruauté de la conquête de l'Algérie (1830-1850) par le général Bugeaud à laquelle répondait l'extrême cruauté des attentats du FLN (1959-1962). Cela ne finirait donc jamais ? Toutes les frontières ont été tracées après des guerres barbares. Beaucoup de pays ont trouvé normal d'envoyer des armées pour s'emparer des terres de leurs voisins en chassant et en tuant leurs propriétaires. Ça n'était pas immoral. Les gouvernants plaisaient au peuple en commettant ce que nous appelons aujourd'hui le crime colonialiste. Notre besoin d'avoir des idées claires, de simplifier le réel empêchait de voir la complexité de tous les phénomènes sociaux.

En 1967, j'avais beaucoup d'admiration pour le professeur José Aboulker dont j'ai été l'interne en neurochirurgie à l'hôpital de la Pitié à Paris. Il appartenait à une famille de médecins juifs algérois qui depuis plusieurs générations militaient pour que les Arabes aient les mêmes droits que tous les citoyens. Les Juifs et les Berbères habitaient le Maghreb avant l'arrivée des Arabes au VIIe siècle. Les Juifs de Khaibar avaient mis au point l'agriculture des oasis, la fabrique des armes et la vente des tissus. Trop sûrs d'eux, ils furent vaincus par les armées de Mahomet qui leur a accordé la vie sauve à condition qu'ils paient des impôts très lourds, ce qui est à l'origine de leur condition de dhimmi : citoyens juifs privés de droits et écrasés de charges. Pendant la Seconde Guerre mondiale, les Algériens ont appliqué avec zèle les lois de Vichy alors que les Marocains refusaient d'obéir aux lois antijuives de Pétain. José Aboulker, Jean Daniel et beaucoup d'autres jeunes Algérois ont aidé au débarquement des Alliés en Algérie, ont été emprisonnés par la police de la collaboration française puis, après la Libération, ont continué à militer pour défendre les droits des musulmans. Pourtant ils ont dû quitter leur pays en 1962. Essayez d'avoir des idées claires après un tel enchevêtrement de pressions sociales et historiques.

Une compréhension libérant du passé

En France, à cette époque, l'oppression contre les Algériens était de plus en plus forte. Ces hommes avaient remporté la bataille de Monte Cassino, libéré Toulon et Marseille grâce aux tirailleurs algériens et sénégalais et aux tabors marocains. Ces régiments d'Afrique ont laissé 3 000 morts sur le terrain et, après la guerre, un grand nombre d'entre eux ont été exploités par l'industrie française avec la complicité de leurs familles du sud de l'Algérie. Après avoir chanté : « C'est nous les Africains qui arrivons de loin… Nous venons des colonies pour défendre le pays… », la population française a oublié ces hommes et les a méprisés car ils ne faisaient que travailler et envoyer tout leur argent dans leurs familles restées au bled. Ils n'avaient pas le temps de s'imprégner de la culture française. L'ignorance laisse commettre de telles injustices.

Un même processus a rongé les relations entre la France et l'Allemagne. Dans les années 1970, j'étais entouré d'amis qui refusaient d'acheter des produits allemands et de s'intéresser à la culture germanique. Ils ne manquaient pas une occasion de commémorer les crimes allemands et de signaler les écrivains, les comédiens et les industriels français qui avaient eu des contacts avec l'occupant. Leurs remarques empoisonnaient la mémoire et empêchaient tout travail commun. Mais, en 1984, un événement symbolique a métamorphosé les relations entre les deux pays : François Mitterrand et Helmut Kohl se sont tenus par la main ! Ce simple comportement muet, ce geste illustratif voulait dire : « La guerre est finie, on se prend par la main pour établir une relation fraternelle. À partir de ce geste, nous allons chercher à établir de nouvelles manières de vivre ensemble. » Quelques années plus tard, les jeunes qui partaient pour l'étranger dans le cadre des échanges d'étudiants d'Erasmus se souvenaient à peine qu'il y avait eu plus d'un siècle de guerres entre la France et l'Allemagne. La France, écrasée à Sedan (1870), accablée par le paiement des dommages de guerre a développé une culture de la haine des Boches. La guerre de 1914-1918 a offert une belle revanche et, cette fois-ci, ce furent les Allemands qui ne pouvaient reconstruire leur pays, tant le traité de Versailles (1919) les ruinait. Dans les écoles de chaque pays les instituteurs enseignaient aux enfants la haine de l'autre et préparaient les petits garçons à la future guerre. La violence des hommes devenait une qualité afin de préparer la future victoire. Elle fut acquise en 1945 après une Seconde Guerre mondiale qui a tué 50 millions d'êtres humains. De 1870 à 1984, cent dix ans de haine et de malheurs ont été réglés par un geste symbolique qui a métamorphosé la culture, au point que les jeunes de ces deux pays s'étonnent d'un tel passé et souvent l'ignorent.

De 1830 à 1962, cent trente ans d'amour, de haine et de malheurs ont empoisonné les relations entre la France et l'Algérie. Quels hommes d'État vont se prendre la main ?

En Algérie aujourd'hui, un clivage mental sépare les anciens et les jeunes. Ceux qui gouvernent au nom du FLN cèdent aux pressions des djihadistes afin de préserver une paix fragile. Ils exigent que le gouvernement français fasse des excuses et des repentances. Mais les jeunes Français qui habitent aujourd'hui la France ne sont pas responsables des crimes de colonisation du général Bugeaud, ni des entraves politiques qui empêchaient 85 % des enfants musulmans d'aller à l'école, alors que 15 % d'entre eux étaient bien éduqués dans les écoles chrétiennes.

Quand je vais en Allemagne aujourd'hui, la plupart des Allemands cherchent à comprendre comment de tels crimes contre l'humanité ont été possibles, comment le pays le plus cultivé d'Occident dans les années 1930 a pu commettre des génocides. Cette quête de compréhension permet de se libérer du passé plus sûrement que la repentance. Quand j'entends de jeunes Allemands me dire : « C'est affreux ce que mon pays vous a fait », il m'est arrivé de répondre : « Quand un homme viole une femme, on ne met pas son fils en prison. Vous n'êtes pas responsables du nazisme des générations passées. » Beaucoup d'Allemands humiliés par leur défaite de 1918 et la ruine de leur pays se sont laissé séduire par l'escroquerie sociale d'un sauveur, Hitler, qui leur promettait mille ans de bonheur, à condition de bien lui obéir.

L'Algérie d'aujourd'hui connaît ce clivage qui sépare les anciens qui veulent encore régler leurs comptes avec la France et les jeunes qui voudraient bien vivre autrement. Les Français sont à peine au courant de ces malheurs passés et n'en sont absolument pas responsables. À l'école, ils côtoient des copains musulmans, jouent au foot avec eux, s'aiment et se disputent comme tout le monde. Les enfants des pieds-noirs font de même. La haine et le désespoir s'estompent à travers les générations, même si l'oubli est impossible. La mémoire aujourd'hui est devenue prétexte à réflexion historique et non plus à règlements de comptes. Les demandes de repentance, soixante ans après, n'expliquent rien et entretiennent les blessures.

En février 2019, les jeunes Algériens, ont exprimé, à travers les manifestations du Hirak[1] (mouvement), leur désir de ne plus être prisonniers du passé : « Nous n'avons jamais connu la guerre contre la France, nos parents non plus, et nos grands-parents étaient enfants quand elle a eu lieu. Nous avons tous un membre de notre famille qui est devenu français. Alors, cessons de ruminer le passé. » Cette phrase serait-elle l'équivalent symbolique de deux chefs d'État se prenant la main pour signifier que la guerre est finie, après cent dix ans de haine ?

Aujourd'hui, sur la planète, la mémoire est utilisée dans deux tendances opposées. Ceux qui se servent du passé pour trouver des prétextes à continuer la guerre et ceux qui utilisent le passé pour tenter d'analyser comment de telles catastrophes ont été possibles.

Quand je suis allé à Pristina, beaucoup de Kosovars m'expliquaient comment une culture peut se rendre prisonnière du passé. Le *Kanun* est un code coutumier, né en Albanie au XVe siècle où, dans une vallée, un clan familial évalue qu'ils ont un mort de plus que le clan familial de la vallée d'à côté. Au Monténégro, on estime que, par justice, il faut « reprendre le sang » d'un jeune homme de la vallée d'à côté qui a un mort de moins. On ne sait pas quel homme est désigné pour tuer, ni quel autre homme sera tué. La conséquence psychique de cette « justice », c'est que tous les hommes vivent dans l'attente de la mort imminente, de l'assassin qui viendra d'on ne sait où. Pour un Européen, il s'agit d'une culture du crime, pour

1. Voir le livre de Boris Cyrulnik et Boualem Sansal, *France-Algérie. Résilience et réconciliation en Méditerranée*, Paris, Odile Jacob, 2020.

un Albanais, celui qui tue sauve l'honneur et rétablit la justice. Depuis le XVe siècle, et peut-être même avant, dans cette magnifique région, tout le monde vit dans l'angoisse de la mort, la famille du tueur autant que la famille du tué.

Si vous voulez faire vous-même votre malheur, rendez-vous prisonniers du passé. Cherchez dans votre histoire ou dans celle de votre pays, vous trouverez toujours une raison de faire la guerre. Après l'attentat du 11 septembre 2001 à Manhattan, les Américains se sont regroupés derrière leur président comme ils ne l'avaient jamais fait auparavant, les Sud-Américains n'ont pas été mécontents, et les Arabes ont soutenu qu'il s'agissait d'un complot juif. Ils ont fait revenir la mémoire du Kurde Saladin, ce vizir d'Égypte qui au XIIe siècle avait vaincu les croisés pour rendre Jérusalem aux musulmans. Dans cette optique « Faites vous-mêmes votre malheur », les protestants devraient faire la guerre aux catholiques, les Arabes, se venger des Vénitiens qui organisaient les voyages des croisés, les Juifs devraient se plaindre de tous les gouvernements qui les ont privés de droits et les femmes devraient détruire les hommes qui les ont entravées pendant des millénaires. Alors, justice sera faite et tout le monde sera heureux, n'est-ce pas ?

Dans les années 1980, à cette époque de radicalisation des esprits où tout le monde fouillait dans son passé pour déterrer la hache de guerre, ma formation de psychiatre m'avait plutôt entraîné à analyser le passé pour découvrir les déraillements de l'âme afin d'apprendre à vivre mieux. Le procès Papon battait son plein avec une mise en scène théâtrale qu'on disait didactique. Un soir, nous en parlions avec une amie allemande en cherchant à comprendre ce qui oriente un engagement religieux ou politique quand, très simplement, elle a dit : « Je n'ai pas cherché à entrer dans la jeunesse hitlérienne, on m'y a inscrite quand j'avais 7 ans et j'y ai passé quelques années heureuses. »

En entendant une telle phrase, si l'on se laisse gouverner par le passé, on pense aussitôt : « Elle appartient au groupe des ennemis », mais si l'on veut comprendre on lui demande de raconter. Elle dit alors : « On nous disait qu'on était belles, qu'on portait sur notre corps les preuves de la bonne qualité raciale puisqu'on était blondes, qu'il suffisait de danser, de réciter les phrases de celui qui nous guidait, de mettre au monde beaucoup d'enfants de race supérieure, et nous allions ainsi participer aux mille ans de bonheur du monde à venir... Comment voulez-vous qu'on ne soit pas fières et heureuses ? » Elle avait 7 ans au début de la guerre. Quand le nazisme a été écrasé, il lui a fallu encore sept ans pour découvrir l'horreur incroyable de cette promesse de bonheur. Cinquante millions de morts, tous les pays ruinés, des cultures à reconstruire après les immenses malheurs provoqués par cette merveilleuse utopie criminelle. Il faut chercher, me dit-elle, dans l'histoire de Maurice Papon et dans son contexte culturel les pressions qui ont pu l'orienter vers un poste de responsabilité. Secrétaire général à Bordeaux pendant la guerre, il a participé à la mise à mort de 1 700 Juifs. Un ami juriste nous signale alors qu'à la même époque, à Limoges, un sous-préfet musulman, lui aussi haut fonctionnaire, avait refusé de constituer les listes de personnes à arrêter. La majorité des Français, dans leur désir de tranquillité, s'arrangeaient pour ne pas ouvrir les yeux. On appelle ça le déni. On sait que des Juifs, des résistants, des voisins ont été arrêtés, mais on s'arrange pour ne pas réfléchir au problème, ne pas découvrir les raisons de l'arrestation, ni leur destin après la prison. Les hauts fonctionnaires, eux, savaient que certains seraient fusillés ou torturés et que la plupart iraient à Drancy, plaque tournante vers Auschwitz.

Le courage et la dignité

C'est ainsi que j'ai fait la connaissance de Chérif Mécheri. Ce préfet musulman ne s'était pas soumis aux pressions du milieu, ni aux lois du gouvernement de Vichy, ni à la doxa des opinions toutes faites qui acceptait l'arrestation et la disparition d'une partie de la population.

Pour moi, Chérif Mécheri incarnait un étonnant contrepoint de Maurice Papon. J'imaginais son enfance algérienne, son lycée à Digne dans les Basses-Alpes, ses études de droit à Aix, son poste de sous-préfet, puis de préfet délégué à Limoges en 1944. Dans cette région, à cette époque, l'armée allemande commettait ses pires crimes. Chérif Mécheri a eu le front de s'opposer à leurs méfaits et de ne pas tenir compte des ordres de Vichy. Les officiers de l'armée française devaient se présenter une fois par mois à la gendarmerie : Mécheri ne le leur a jamais demandé. Le gouvernement de Vichy exige de lui qu'il envoie à la milice la liste des Israélites de la région : Mécheri ne l'a jamais envoyée. Les « Juifs intéressants » qui avaient combattu dans l'armée française en 1914-1918 et avaient été décorés devaient être rassemblés : Mécheri les a autorisés à rester chez eux. Il a vigoureusement dénoncé le crime d'Oradour-sur-Glane et les exactions de la milice à Guéret et à Magnac. Et, lors d'une cérémonie organisée à Limoges pour les funérailles nationales de Philippe Henriot, ministre de la Propagande abattu par la Résistance, Chérif Mécheri a refusé de serrer la main du général allemand. Il fut donc surveillé par la milice, et la paix survenue, quelques mois plus tard, lui a probablement évité d'être assassiné pour ces actes de rébellion. Quand la Légion d'honneur lui a été attribuée après la Libération, l'enquête des renseignements généraux a noté un fait qui prend son importance aujourd'hui :

outre son courage personnel et sa dignité de haut fonctionnaire qui a sauvé l'image de la France, le rapport note qu'« il faut séduire les musulmans qui sont 300 millions sur la planète » et honorer les Maghrébins qui ont libéré le sud de la France après d'intenses combats à Monte Cassino, Toulon et Marseille.

Papon n'a pas vraiment d'autobiographie, il a plutôt une carrière de bon élève bien encadré par un milieu bourgeois politisé. Il est né en 1910, quelques années après Chérif Mécheri, dans la région parisienne. Son père fonde les verreries champenoises, devient maire de la ville, puis président du conseil général. Maurice Papon va au lycée Louis-le-Grand, fait des études de droit pendant lesquelles il milite auprès de Mendès France, socialiste. En 1939, il est mobilisé dans les troupes d'infanterie coloniale et est envoyé à Tripoli au Liban, mais, dès 1940, ce jeune administratif est repéré par Maurice Sabatier dont il devient chef de cabinet. Sa rigueur, sa puissance de travail le font nommer en 1942 secrétaire général de la préfecture de la Gironde. La France est à un moment sombre de son histoire. Les accords Bousquet-Oberg organisent la persécution des Juifs, et Papon se retrouve au Service des questions juives.

Le 16 juillet 1942, à Paris, la rafle du Vél' d'Hiv' a surpris tout le monde, y compris beaucoup de Juifs qui furent piégés par leur amour de la France. Le frère de mon père était ingénieur chimiste à Espiet près de Bordeaux et enseignait à la faculté de pharmacie. Il préparait un doctorat de littérature française et organisait des tournois de football entre les villages voisins : le bonheur ! Quand les voisins lui ont conseillé de se cacher, il a été indigné : « Je suis en France, le pays de la culture où Dieu est le plus heureux. » Il a été arrêté sur le chemin de l'usine. On ne l'a jamais revu. Les rafles avaient commencé depuis Drancy et Compiègne, avec l'aide de la police française, 1 000 Juifs par-ci, 4 000 par-là, mais les résultats sur le terrain étaient moins bons que ce qui était prévu sur le papier. Les évacuations ferroviaires étaient mal organisées et la population des raflés servait surtout de réserves d'otages à fusiller en cas d'attentats de résistants. Le 16 juillet 1942, à 4 heures du matin, 7 000 fonctionnaires français, cinquante autobus, dix autocars réquisitionnés raflent 12 884 Juifs dont une forte majorité de femmes, d'enfants et de personnes âgées, car les hommes étaient déjà dans l'armée française.

Le 15 juillet 1942, Pierre Garat, chef du service des questions juives sous couvert du secrétaire général Maurice Papon, rafle 171 personnes dont 33 Juifs français et 15 enfants, que n'avaient pas réclamés les Allemands. Il y a beaucoup de « déchets », écrit Garat pour expliquer le mauvais rendement de la rafle. Puis les rafles se succèdent, de mieux en mieux organisées.

Je me souviens très bien de mon arrestation, dans la nuit noire du petit matin. Quelques hommes en civil entouraient mon lit. Je me souviens de leur chapeau retombant sur leurs lunettes noires, la nuit ! Ils tenaient un revolver dans une main et une torche lumineuse dans l'autre. Un scénario de cow-boys pour arrêter un enfant de 6 ans. Je me souviens de ne pas avoir eu peur. À 6 ans on a peur d'un objet réel, un chien qui aboie, un inconnu qui crie, mais quelques hommes en lunettes noires, la nuit, provoquent un étonnement bien plus qu'une crainte. Je me souviens des soldats allemands, debout dans le couloir, armes à la main. Je me souviens de l'arrivée à la synagogue de Bordeaux, inondée de lumière, encerclée de barbelés où circulaient les soldats. Je me souviens de la distribution de café la nuit où nous devions faire la queue pour être comptés. Je me souviens d'une grosse dame apportant des couvertures pour les enfants et des cartons pleins de boîtes de lait concentré sucré dont les enfants raffolaient.

Quarante ans plus tard, lors du procès Papon, j'ai appris que cette rafle avait eu lieu la nuit du 10 janvier 1944. J'ai lu dans un compte rendu que Maurice Papon avait fourni une facture qui prouvait qu'il avait commandé des boîtes de lait concentré sucré pour les enfants, « par humanisme », aurait-il dit. Je me souviens en effet que ces couvertures et ces boîtes de lait concentré avaient servi à rassembler les enfants pour les faire entrer plus facilement dans les wagons qui les ont emmenés à Auschwitz. Papon était-il au courant de l'usage de son humanisme ?

La mémoire traumatique est ainsi faite autour d'un centre précis, fixé et répété qui caractérise l'image traumatique entourée d'un halo flou, incertain, mal mis en mémoire parce qu'il n'a pas de valeur de survie. La mémoire de mon évasion est structurée ainsi : quand je me suis laissé tomber de ma cache sous le plafond des toilettes, j'ai traversé la synagogue vidée des prisonniers. Un groupe d'hommes en civil (logiquement de la Gestapo) m'ont vu passer, aucun n'est intervenu pour m'attraper. Dehors, en bas des escaliers, Mme Descoubès, la jolie infirmière avec qui j'avais bavardé pendant l'enfermement, me fait signe de courir vers elle. Elle me fait grimper dans une « ambulance » où une dame allongée est en train de mourir. Je plonge sous son corps et un officier allemand donne le signal du départ. Quarante ans plus tard, je retrouve Mme Descoubès. Nous confrontons nos souvenirs, étonnamment les mêmes au centre du trauma, étonnamment différents en périphérie. Ce qui comptait pour elle, c'était de repérer la présence des soldats, ce qui comptait pour moi, c'était de me blottir sans respirer sous le corps de la mourante. La mourante n'est pas morte. Elle avait reçu des coups de crosse qui avaient fait éclater sa paroi abdominale. Les Allemands n'ont pas voulu la laisser saigner par terre car il y avait foule pour observer le transfert des Juifs vers la gare Saint-Jean. Les soldats ont réquisitionné une camionnette et allongé dedans le corps de la mourante. Un officier allemand, un médecin paraît-il, a donné le signal du départ. Mme Blanché, l'ex-mourante, parlait à sa petite fille du petit garçon qui s'était caché sous elle lui a dit : « Je l'ai noyé dans mon sang. » Je n'en ai aucun souvenir.

Le gouvernement de Vichy et les occupants allemands avaient décidé que, pour séduire la population française, les soldats devaient sortir par deux, sans armes ni ceinturons, les poches pleines de bonbons, un grand sourire sur le visage. Ils donnaient des concerts extrêmement beaux mais l'entente culturelle était variable. Certains Français zélés applaudissaient très fort et cherchaient à communiquer avec ces beaux jeunes gens blonds. D'autres sabotaient l'entente culturelle et s'éloignaient en exprimant des mimiques et des remarques cinglantes. Et d'autres enfin « combattaient » l'entente en refusant de se laisser séduire.

Pendant ces années de plomb, Chérif Mécheri, haut fonctionnaire de la France, est nommé à Narbonne. Le maire Henri Caillard demande à le rencontrer et lui explique les doléances des paysans. Le sous-préfet lui affirme qu'il va les aider car il a travaillé avec Jean Moulin. Les autorités allemandes le convoquent au Grand Hôtel pour préciser que c'est l'occupant allemand qui commande et non le sous-préfet français. Chérif ne se laisse pas impressionner, lit le texte allemand et le pose sur la table, refusant de le signer. Le maire de Narbonne, qui avait assisté au refus d'obéir du sous-préfet, raconte le culot de Chérif qui gagne aussitôt la sympathie des paysans. Le sous-préfet freine les opérations de police contre les francs-maçons et les communistes, il fait un bilan désabusé du Parti populaire français de Jacques Doriot, communiste engagé dans les Waffen SS, il critique le comportement des soldats allemands installés dans les écoles réquisitionnées et souligne la joie française après la défaite allemande à Stalingrad. Mécheri ne déclenche pas d'enquête quand cinq « terroristes » attaquent le terrain d'aviation de Lézignan.

Avec les mêmes responsabilités, dans un même contexte de France occupée et collaborationniste avec le nazisme, les deux fonctionnaires Chérif Mécheri et Maurice Papon ont des réactions opposées. Chérif, fonctionnaire de la France, manifeste sans cesse sa désapprobation. Maurice Papon, fonctionnaire zélé, applique les lois de la collaboration et parfois les devance, comme lorsqu'il signe la rafle organisée par Pierre Garat qui fait arrêter les Juifs français et les enfants sans en avoir reçu l'ordre des Allemands.

Papon, serviteur zélé et récompensé

On peut donc être fonctionnaire et appliquer les lois de manières différentes. Le sous-préfet Valentin Abeille est né en 1907 à Alençon. Pupille de la nation parce que son père a été tué au front en 1914, il fait de brillantes études à Paris, au lycée Henri-IV, est nommé en 1938 sous-préfet à Provins, rencontre à Marseille Henri Frenay, le fondateur du journal *Combat*. Mais, dès 1942, il est révoqué par Vichy à cause de son attitude antiallemande. Il entre aussitôt dans la Résistance du Jura puis rejoint de Gaulle à Londres en 1943. Il est parachuté à Tours pour organiser la Résistance dans le Morbihan. Arrêté à Paris en 1944 par la Gestapo, il cherche à s'enfuir et est abattu près de l'Arc de triomphe. Il meurt le 2 juin quelques jours avant le débarquement des Alliés en Normandie.

Comment comprendre ces cheminements différents ? La plupart des employés de la préfectorale ont servi Vichy.

À la Libération ils n'ont eu ni décoration ni procès. Chérif et Maurice ont reçu la Légion d'honneur et Valentin Abeille a été fait Compagnon de la Libération. Je pense que leurs réactions différentes viennent de l'acquisition d'une vision du monde imprégnée dans leur âme au cours de leur enfance. Chérif apprend deux langues maternelles, l'arabe et le français. Il acquiert ainsi deux cultures qu'il aime. La culture algérienne, pimentée, colorée surtout à Constantine, son sens de la famille et parfois ses excès émotionnels. Il apprend aussi la culture française très belle, très ancienne et qui pourtant ne l'a pas bien accueilli, puisque, après ses diplômes, il a dû rentrer à Constantine pour trouver un poste. Valentin Abeille ne se sentait que Français. Pas question de subir la moindre pression d'un gouvernement étranger. Comme son père, il a aimé la France au point d'en mourir. Maurice Papon avait lui aussi un modèle paternel qui lui montrait la voie vers l'administration de la mairie de son village natal et le conseil général. Après la guerre, il fut préfet de Constantine, député du Cher et ministre du Budget dans le gouvernement de Raymond Barre. Mais, dans la hiérarchie de ses valeurs morales, ce qui s'imprègne en lui, ce n'est pas l'ouverture du monde dans une vision transculturelle comme chez Mécheri, ce n'est pas la défense du sol français quel qu'en soit le prix comme dans la famille Abeille, c'est l'art de servir sans évaluer la moralité de l'ordre reçu.

J'ai été très proche de fonctionnaires bordelais qui avaient eu l'occasion de travailler avec Papon. Tous en parlaient avec estime en soulignant sa clarté, sa puissance de travail et sa grande culture. Il n'a volé aucun de ses succès. Jeune homme, proche du socialiste Mendès France avant la guerre, il s'est retrouvé serviteur d'un État français qui collaborait avec le nazisme : il a servi. Adjoint de Maurice Sabatier, préfet de région nommé à Bordeaux en « zone occupée » : il a servi.

Quand il a reçu l'ordre de rafler les Juifs : il a servi. L'immense majorité des fonctionnaires de cette époque ont fait comme lui : ils ont servi. En mars 1944, Mme Descoubès, l'infirmière qui m'a aidé à m'évader, fut convoquée à la préfecture de Bordeaux. « N'y va pas, lui disaient ses amis, tu vas être arrêtée. » Quand elle est entrée dans le bureau de Papon, il s'est levé, s'est avancé vers elle pour l'accueillir, lui a serré la main chaleureusement et a dit : « Nous savons ce que vous avez fait. Je vous félicite. » L'armée allemande commençait sa déroute, on disait que le débarquement allait se faire en Provence, Papon préparait-il sa future carrière ? Cela ne l'empêchait pas d'être sincère, il admirait certainement le courage et la rébellion de la jeune femme. Papon n'était pas antisémite, il servait, voilà tout. Qui se souciait de la situation des Juifs en 1944 ? La France avait été incroyablement antisémite dans les années 1930, sous l'impulsion de la sociologie raciste de Drumont et de l'anthropologie de Vacher de Lapouge. Beaucoup d'écrivains célèbres comme Brasillach et Céline enflammaient la haine des Juifs grâce à leur réel talent. Ce sont les religieux protestants et catholiques qui, les premiers, ont pris position contre la mise à mort des enfants. Les associations juives comme l'OSE, plutôt laïques à cette époque, organisaient des circuits de sauvetage, et Maurice Papon recevait chez lui des collègues juifs avec qui il avait eu le plaisir de travailler. Il n'était pas antisémite, il servait, voilà tout. Roger Samuel Bloch invité chez Papon lui en fut d'autant plus reconnaissant que tous les autres collègues du ministère des Finances avaient refusé de recevoir chez eux ce Juif qui risquait de les compromettre.

Je me souviens d'une réunion à la synagogue de Bordeaux organisée par le consistoire de Bordeaux et le docteur Aouizerate pour commémorer les rafles de janvier 1944. Jacques Blanché, le fils de la mourante qui m'avait protégé de son corps, participait à cette rencontre. Nous parlions des « Juifs intéressants » qui avaient reçu la Légion d'honneur après la guerre de 1914-1918 et que Papon avait fait libérer puisque telle était la loi de Vichy. Un historien dans l'auditoire a cité un rapport de la Gestapo allemande du 9 décembre 1943 : « Papon doit être considéré comme pro-américain. On doit renoncer à l'idée d'un travail commun entre lui et l'Allemagne. » Puisqu'il avait fait libérer trop de Juifs, il devait être arrêté. J'ai aussitôt pensé : « Si ces policiers allemands avaient eu gain de cause, Papon aurait aujourd'hui son nom sur le mur des Justes au mémorial de la Shoah. »

La mémoire ne consiste pas à faire revenir le passé. La mémoire est intentionnelle, elle va chercher dans le passé le souvenir de faits qu'elle agence pour en faire un récit. C'est à partir du présent qu'on fait une lecture du passé. Chacun choisit ses faits, mais chaque archive ou témoignage bouleverse le récit et attribue aux événements des significations différentes.

En mai 1944, Maurice Papon offre ses services à Gaston Cusin et il est nommé directeur du cabinet du commissaire de la République à Bordeaux. En septembre 1944, il représente Cusin à un meeting de la Résistance communiste. En 1947, il est nommé préfet de Corse. En 1949, préfet de Constantine. En 1956 il travaille avec le socialiste Guy Mollet. 1958, préfet de police à Paris. Fulgurant ! Quelle carrière ! Il retrouve ses engagements d'avant-guerre à gauche, après avoir servi l'extrême droite de Vichy. Mais, dans les années 1960, le FLN, qui a massacré en France 4 000 Algériens partisans de Messali Hadj, organise une manifestation pacifique, probablement pour rassurer la population française et continuer à prélever un impôt auprès des ouvriers algériens, afin de lutter contre la France. Papon avec sa compétence et sa rigidité habituelle réagit avec excès pour disperser la manifestation et l'on parle de plusieurs centaines d'Algériens noyés. Deux ans plus tard, le même comportement provoque l'accident du métro Charonne ou plusieurs manifestants sont morts entassés parce qu'ils fuyaient la brutale réaction policière.

En 1971, sa tendance politique l'oriente vers l'UDR dont il devient trésorier. Encore une fois, il fournit les preuves de sa compétence et, en avril 1978, il est nommé ministre du Budget dans le gouvernement Raymond Barre.

Tout va très bien pour lui, jusqu'en mai 1981, époque à laquelle une série de petits incidents déclenchent un processus qui s'emballe et que Papon ne parviendra plus à contrôler. Un correspondant signale au *Canard enchaîné* que Maurice Papon aurait facilité des indulgences d'impôt pour ses gendres. Au lieu de s'expliquer, il répond avec hauteur aux journalistes et les rend hostiles. C'est à ce moment que j'ai fait la connaissance de Michel Slitinsky. Ce professeur d'histoire avait envoyé à la revue *Historia* un article sur l'occupation allemande à Bordeaux où il citait mon père en écrivant « le brave soldat Cyrulnik a été arrêté sur son lit d'hôpital ». Je ne connaissais rien de l'histoire de mes parents et j'ai été ému et heureux qu'un historien m'apprenne que mon père avait été blessé à Soissons, décoré puis arrêté sur son lit d'hôpital par la police du pays pour lequel il combattait. Mes amis bordelais m'ont dit que cet historien préparait les élections sur une liste communiste opposée à la liste UDR où s'était engagé Maurice Papon.

La même année, Michel Bernès, un politologue qui faisait une thèse sur la police de Vichy, fouille dans les archives départementales et tombe sur des bouts de papier. J'ai eu l'occasion de voir ces quelques bandelettes jaunies où étaient inscrits des noms d'enfants sur la colonne de gauche, l'âge au centre (entre 3 et 11 ans), la situation de leurs parents et leur adresse sur la colonne de droite. J'ai lu mon nom sur un de ces bouts de papier.

Michel Bernès, enfant de pauvres, habitait la cité Le Corbusier à Pessac. Il donne ces bouts de papier à Michel Slitinsky qui cherchait à découvrir qui l'avait fait arrêter avec son père. Comme il avait 17 ans, il parvint à s'enfuir en courant, mais son père est mort en déportation. Michel Bernès, à cette époque, était proche des communistes dont il espérait la victoire aux prochaines élections municipales. C'était un jeune universitaire un peu étrange, très travailleur, assistant à l'IUT de Bordeaux et en permanent conflit avec les autres universitaires. Très rapidement, il s'oppose à Slitinsky : trop tard ! L'annonce est faite, les bouts de papier ont été rendus publics et, sans eux, le procès contre Papon n'aurait pas pu être enclenché.

Mes amis bordelais, proches de l'UDR, me parlaient de Papon avec estime et même admiration. Ils pensaient que Slitinsky voulait simplement couler la liste UDR pour favoriser les communistes, et m'expliquaient que Bernès était simplement un hurluberlu diplômé.

Quelques mois plus tard, ce jeune agrégé estimant que les communistes ne le citaient pas assez rencontrait Maurice Papon et, séduit par son allure et ses idées, il changeait de camp et volait à son secours.

On est sculpté par son milieu

Quand l'histoire agence les faits pour en faire une représentation cohérente, elle ne ment pas, elle réalise simplement une logique absurde. Chérif Mécheri est aujourd'hui admiré pour un délit de désobéissance, alors que Papon a été condamné pour un crime d'obéissance.

Pourrait-on vivre en société sans obéir ? Si chacun pouvait se développer au mieux de ses capacités, il prendrait tellement confiance en lui qu'il en arriverait à penser que sa vision du monde est la seule vérité. Et, dans ce cas, la démocratie en donnant la parole à tout le monde mènerait au chaos social. Par bonheur, ce que je viens d'écrire est logique mais faux. Le meilleur développement possible est celui qui n'ignore pas les épreuves et apprend à les surmonter. C'est le cas de Chérif qui a dû lutter pour apprendre le français, la langue des infidèles, celle qui éloigne d'Allah. Il a dû affronter son père qui voulait son bonheur en en faisant un guerrier et surtout pas un lettré efféminé. Cette opposition a fini par muscler la personnalité de l'enfant qui a eu le courage de quitter son pays natal tout en gardant l'amour et la fierté de ses origines. Il a eu la force de vivre à Digne, dans un lycée froid et austère où, plus tard, il est devenu « pion », maître d'internat pour se payer des études de droit à Aix. Mais l'épreuve la plus douloureuse et la plus fortifiante fut probablement celle de la réussite grâce à ses diplômes de droit… qui ne lui ont donné accès à aucun travail en France ni en Algérie, parce qu'il était indigène ! La découverte douloureuse de l'entrave des colonisés l'a probablement rendu sensible aux insupportables relations de domination, ce qui le préparait à son insoumission de 1944.

Le bon élève Maurice Papon se laissait formater par la doxa de son contexte : socialiste avant-guerre, collaborationniste pendant la guerre, communiste et capitaliste après la guerre. La très belle culture germanique des années 1920, malgré le talent de ses philosophes, de ses scientifiques et de ses artistes, se soumettait avec extase aux slogans hitlériens. Et le peuple français ne voyait aucune objection à ce que le sauveur Philippe Pétain réquisitionne les vélos des Juifs pour les empêcher d'aller au travail, interdise leurs sorties dans les jardins publics, limite le nombre de leurs enfants à l'école et, finalement, leur demande de coudre une étoile sur leur poitrine afin qu'on puisse en faire une catégorie à part dans la population et que la police puisse mieux les repérer.

D'accord, on est sculpté par son milieu. D'accord, notre histoire nous rend sensible à certaines informations plutôt qu'à d'autres, mais il suffit de douter pour avoir un choix. Dès lors, on pèse le pour et le contre, on analyse, on réfléchit, et ce travail de la pensée nous donne un degré de liberté, nous ne sommes pas totalement soumis au contexte. La certitude est une pensée paresseuse, rapide, confortable, nécessaire pour agir. Elle mène au pouvoir grâce à sa rapidité de décision et à son économie d'énergie. Dans un milieu technique la certitude est indispensable, mais dans un milieu humain changeant, évolutif, où la hiérarchie des valeurs se modifie à chaque événement, il vaut mieux prendre le temps de douter.

C'est tout autant ce constat que les soubresauts de l'histoire qui m'ont incité à aller plus loin dans ce travail de mémoire, sur les pas de Chérif Mécheri, un homme qui n'a jamais voulu transiger avec la dignité et qui, dans sa culture double, dans ses croyances inaltérables en l'homme, a cherché et trouvé la voie de l'honneur.

Avec José Lenzini, fin connaisseur de l'Algérie où il est né, je suis allé sur les pas de cet anonyme parmi les Justes dont il nous semblait utile et nécessaire de dévoiler le parcours. Un parcours exemplaire, souvent difficile et périlleux pour Chérif Mécheri, comme nous vous proposons de le découvrir…

I

TU DEVIENDRAS *TALEB*…

Doukhen, le samedi 27 décembre 1902. C'est dans ce lointain improbable, dans ce douar algérien situé près de la frontière tunisienne que naît Chérif Mécheri. Nous sommes à un jet de pierre de Morsott – un village à peine plus connu – et à quelques dizaines de kilomètres de Tébessa dont le principal centre d'intérêt pour les rares visiteurs qui y marquent une halte est la présence des ruines romaines de l'antique Theveste : la « ville aux cent portes » témoignant de la présence grecque avant celle des Numides puis des Romains.

Doukhen n'est qu'un confetti dans ce pays chaoui perché sur les hauts plateaux à l'avant du djebel Boukhadra – c'est dire si l'hiver y est sibérien et l'été, incandescent. Ce pays de contraste ne souffre pas de demi-mesure, que ce soit dans son climat ou dans le tempérament des hommes.

1902 correspond à l'année de ramadan 1320 du calendrier de l'hégire, une année particulièrement froide et sèche. Mais, ce jour-là, tout le village est en fête. Hommes, femmes et enfants convergent vers la belle maison chaulée de l'adjoint indigène Salah ben Mohamed Tayeb Mécheri, l'heureux père du garçon qui vient de voir le jour. Il a décidé que son fils se prénommerait Chérif, ce qui pourrait se traduire par « noble » ou « illustre ». « Un prénom judicieux et prémonitoire », répètent les hommes du village réunis dans le grand salon où le père, confortablement installé dans un large fauteuil de cèdre incrusté d'ivoire, reçoit les hommages et les félicitations dans une économie de mouvements et de mots seyant à son rang. À ses côtés se tiennent deux de ses enfants : Ahmed Lakdar, un beau jeune homme d'une vingtaine d'années, et son frère Ali ben Salah qui cache un gamin de 8 ans, las de cette trop longue cérémonie. Le premier vient de terminer ses études à la médersa de Constantine et ne tardera pas à devenir chef de mechta puis caïd de plusieurs douars et à Tébessa. Parlant correctement le français, il participera plus tard à la Première Guerre mondiale et sera décoré de la croix de guerre avant d'être élevé au grade de commandeur de la Légion d'honneur. Son jeune frère accédera également aux fonctions de caïd et sera décoré de la croix de guerre et de la médaille commémorative de la Grande Guerre.

Les trois autres fils de Salah ben Mohamed Tayeb Mécheri sont également présents. Tous deviendront caïds dans l'arrondissement de Tébessa. Qu'il s'agisse de Lazhar né vers 1913 ou de Tahar né vers 1914 qui choisira le camp des « rebelles » quarante ans plus tard, dès le début de la guerre d'indépendance… Un choix qui sera également celui d'Abdelmadjid, le dernier garçon de la famille. Né en 1920, il deviendra également caïd et député à l'Assemblée algérienne avant de faire le choix de la sécession.

Et que deviendra donc Chérif ? Pour l'heure, même si son heureux père n'entrevoit pas encore d'autres fonctions pour ses fils que celle qu'il exerce lui-même, il se soucie de marquer les esprits par la somptuosité de son accueil. Ce trentenaire au visage avenant barré d'une épaisse moustache mesure ses moindres gestes, jouant avec élégance de l'ample burnous brun sur lequel ne sont pas encore épinglées les décorations qui jalonneront sa future carrière comme autant de gages de fidélité : outre la Médaille d'argent de deuxième classe dont il sera décoré l'année suivante, il sera élevé en 1906 au titre d'officier du Nichan Iftikhar (ce qui signifie littéralement « ordre de la fierté[1] »). Nonobstant ses demandes et espoirs, Salah ben Mohamed Tayeb Mécheri n'obtiendra pas la Légion d'honneur. Il lui faudra se contenter du grade de chevalier dans l'ordre du Mérite agricole obtenu en 1913.

N'empêche ! Pour l'heure, il parvient à en imposer à tous ses concitoyens qui savent la rigueur de cet homme faussement débonnaire considéré par l'autorité française comme « assez bon agent ami qui a fait rentrer l'impôt dans ses douars[2] », selon la feuille signalétique dressée par l'administration départementale de l'Algérie ayant en charge le personnel des adjoints indigènes. Son large turban blanc semble donner plus d'amplitude à ses gestes du buste qu'il consent à chacun en marque de bienvenue, invitant le nouvel arrivant à prendre place sur une des banquettes encombrées de larges coussins qui cernent la pièce. Sur des tables basses trônent des aiguières, des théières et des plateaux de cuivre débordant de pâtisseries que des serviteurs en sarouel grège et gilet bleu nuit font circuler parmi les invités.

Tout le monde se doit d'être présent sauf à faire injure au maître des lieux. D'autant que, depuis quatre ans, Salah ben Mohamed Tayeb remplit les hautes fonctions d'adjoint indigène des douars de Youks et de Belkif, et deviendra forcément caïd comme son propre père. Cette dernière fonction octroyée par les Français fait d'un indigène un notable qui cumule des fonctions judiciaires, administratives et financières, notamment en matière de prélèvement des impôts. Il devient « les yeux

1. Initialement créée par le bey de Tunis pour récompenser ses sujets de services civils ou militaires rendus au pays, elle fut, par la suite, attribuée à des sujets tunisiens ou algériens de souche.

2. Archives nationales d'outre-mer à Aix-en-Provence. Fonds C//5608.

et les oreilles de la France », comme le qualifient les gens du douar avec une crainte liée à cette fonction qui en fait une personnalité importante. Elle l'est doublement : du fait de son pouvoir et de son excellente connaissance du Coran qui en font une sorte de sage consacré par les Français.

Son aisance matérielle en impose également, lui qui possède quelques maisons alentour ainsi que des terres agricoles de bon rapport et rien de moins que trois épouses qui lui donneront sept enfants en comptant celui qui somnole dans la pièce contiguë au grand salon où le silence vient de se faire à l'entrée d'une personnalité particulièrement respectée : le père de Salah ben Mohamed Tayeb. Caïd comme il se doit, il a eu ses heures de gloire militaire au temps où, sous les ordres d'Abdelkader, il s'est opposé à l'envahisseur *koufir*[1]. Tout le monde connaît le caïd Nasser que chacun appelle plus volontiers *cheikh* en signe de respect et de déférence. Il est connu pour son appétit à table et sa fougue à cheval, menant longue traque et somptueuse diffa avec une égale gourmandise. Descendant d'une lignée de guerriers, il n'a pas eu la moindre hésitation quand l'armée française entreprit de coloniser la Kabylie et d'assujettir ses habitants ancestraux… L'expédition française contre les Berbères ne devait être pourtant qu'une formalité, ces guerriers étant quasiment nos cousins, chacun estimant que du sang romain coule dans leurs veines… Ils n'auraient pas de mal à entendre raison et à rejoindre les soldats français. Alexis de Tocqueville, soi-même, en était convaincu, lui qui dès 1837 estimait que, « si Rousseau avait connu les Cabyles [*sic*], il eût cherché dans l'Atlas ses modèles. C'est là qu'il aurait trouvé des hommes soumis à une sorte de police sociale et cependant

1. Ce qui signifie littéralement « cafard » et désigne les infidèles, plus largement les Français venus conquérir l'Algérie.

presque aussi libres que l'individu isolé qui jouit de sa sauvage indépendance au fond des bois : des hommes qui ne sont ni riches ni pauvres, ni serviteurs ni maîtres, qui nomment eux-mêmes leurs chefs et s'aperçoivent à peine qu'ils ont des chefs »... Pour le père de la démocratie, il ne faisait pas de doute que « l'âme des Cabyles nous est ouverte et il ne nous est pas impossible d'y pénétrer[1] ». Abdelkader n'était pas de cet avis. Pas plus que ses fidèles – dont *cheikh* Nasser – qui avaient engagé un *djihad* contre l'envahisseur, menant des campagnes de harcèlement le jour durant et se repliant dans des zones hostiles ou désertiques dès le crépuscule...

Les soldats français ne prennent pas le risque de les suivre et ne parviennent pas à les mettre en difficulté. Notamment Si Nasser qui contrôle avec ses guerriers, voltigeurs et cavaliers tout l'Est constantinois, de Khenchela à Négrine. Moyennant quoi, les militaires français changent de technique et organisent des poches de résistance dans lesquelles ils entraînent les guerriers d'Abdelkader. Ils jouent également la carte de la séduction et parviennent à attirer certains combattants (les *Haraktas*) qui font défection et passent à l'ennemi avec leurs armes, leurs montures... et une parfaite connaissance du terrain. Affaibli sur son aile ouest, Si Nasser préfère alors se soumettre plutôt que de risquer la vie de ses hommes. Il envoie préalablement une estafette pour faire savoir à l'officier français qu'il accepte de se rendre « à la condition expresse que [son] autorité sur les tribus qui jusque-là étaient placées sous [son] contrôle ne soit en rien entamée[2] ». Il demande également à l'autorité française « que les lois de la guerre soient respectées et que l'ensemble des hommes constituant [sa] troupe

1. Cité par Charles-Robert Ageron, *Histoire de l'Algérie contemporaine*, vol. 2, Paris, Presses universitaires de France, 1970, p. 137.
2. Notes de sa fille Marie-Diane Mécheri.

soient préservés[1] ». Le commandant français accepte et demande à son unité de présenter les armes au chef arabe et à sa troupe quand ils déposent les armes. Si Nasser demeure ainsi à la tête de ses tribus dont il reste le chef incontesté. Devant son honnêteté et le respect de ses engagements, l'autorité française le nomme caïd, un poste qu'il occupera jusqu'à sa mort, remplacé alors par son fils Belkacem qui essaie de suborner ses nouveaux maîtres… Lesquels le suspendent de ses fonctions durant un an. Son fils Chérif prend la suite.

Le papier brûle… pas le souvenir

C'est dire si cette histoire a construit la légende du *cheikh* Nasser. Aussi, dès son entrée dans le grand salon de réception, son fils lui-même se lève pour lui présenter ses respects et lui céder son fauteuil. L'homme, un peu empâté, se déplace lentement, le corps courbé par les ans, traînant un peu la jambe… Séquelles de ses combats et surtout d'un diabète chronique engendré par son goût de la bonne chère. Il porte un large burnous blanc enveloppant son corps massif et arbore la croix de la Légion d'honneur. Arrivé au milieu de la pièce, il ouvre largement les bras et invite chacun à poursuivre ses agapes et ses discussions non sans avoir préalablement lancé d'une voix fluette tranchant avec sa stature : « La paix soit sur vous et qu'Il bénisse l'enfant qui nous est donné ! »

Dans un salon voisin se sont rassemblées les femmes, entrées par une autre porte pour n'avoir pas à croiser les hommes. Toutes se sont installées autour du berceau traditionnel où

---

1. *Ibid.*

sommeille le nouveau-né. Sa mère Ghalia[1] se tient en retrait, imprimant un mouvement de balancier à cette couche traditionnelle confectionnée à partir de branches flexibles, et suspendue à une poutre. Le berceau est surmonté d'un voile léger qui protège le nouveau-né des mouches, des insectes... et du mauvais œil.

La fête va ainsi durer jusque tard dans la soirée, le lendemain et les jours suivants. Plus l'enfant est honoré, plus sa vie d'adulte sera épanouie.

Pour l'heure, le bébé Chérif se soucie peu des lendemains à venir. Il vit dans la proximité permanente et chaleureuse de sa mère, des deux autres épouses de son père, de ses frères et de la grand-mère qui veille sur sa santé, le massant régulièrement à l'huile d'olive pour vivifier son sang. La *qibla*[2] qui l'a mis au monde passe régulièrement pour s'assurer de sa bonne santé et le préserver des mauvais génies en chantant doucement à son oreille : « Que la brindille tombe dans l'œil du diable. »

Ainsi va la vie, le quotidien avec ses travaux, ses rites et ses coutumes. Comme c'est l'habitude, chaque jour, les hommes se rendent à la *djemaa*[3], enroulés dans leurs burnous de laine, pour disserter, se reposer, faire silence, se côtoyer. Certains jouent aux dames avec des petites pierres de couleur sur un damier tracé à même les dalles de schiste qui pavent le sol.

C'est ici que se disent ces livres de paroles, sans mots ni chapitres...

« Que mon conte soit beau et se déroule comme un long fil ! » Ainsi commence toute évocation, légende ou histoire de mémoire en pays berbère. Le silence se fait. Les yeux

1. Ce qui en langue arabe signifie « la très chère », un troisième prénom que le préfet Mécheri donnera à sa fille Marie-Diane.

2. Sage-femme.

3. Assemblée des hommes.

s'écarquillent comme ceux d'enfants subjugués attendant l'arrivée de princes et de djinns. Le conte est souvent merveilleux, souvent trop élémentaire pour ne pas receler des enseignements subtils dont les multiples voiles se lèvent un à un au fil de l'évocation.

Le papier brûle, mais pas le souvenir dans ce pays de mémoire orale où les meilleurs livres sont ceux qui se disent. Non ceux des Français qui écrivent et réécrivent l'histoire. Qui l'inventent même parfois par manque de souvenirs. En pays chaoui, la tradition orale fait partie immuable d'un folklore propre à l'ensemble de la Kabylie et de la Berbérie. Elle se transmet par la parole, avec des mots et des inflexions inchangés quel que soit le conteur. Dans telle région, le héros de l'histoire sera Mokrani et ses exploits contre les *tabors* français. Là, il sera question des extraordinaires faits d'armes de la première reine berbéro-juive que fut la Kahena ; ailleurs, on évoquera la vie errante et poétique de Si Mohand[1], le chantre de toutes les Kabylies.

Partout se déroule le même cérémonial : les hommes font cercle autour du conteur et le silence s'installe en même temps que son histoire s'imprime dans la mémoire des jeunes qui, un jour, prendront le relais pour redire la légende sans en changer un seul mot. Il en va de ces histoires qui construisent la mémoire et l'histoire de tout un peuple ainsi que du Coran. Les unes comme le Livre saint ne souffrent pas la moindre interprétation, la plus infime digression. Le plus modeste amalgame non plus ! Les *babas*[2] peuvent dire et répéter que les musulmans et les chrétiens ont le même Dieu, que les Berbères descendent des Romains et sont des chrétiens qui s'ignorent…

1. Si Mohand Ou M'hand (1840 à 45-1905) était un poète et philosophe algérien de la confédération tribale des Aït Iraten. Poète errant, il avait l'âme et l'écriture rebelles.
2. Pères blancs et, par extension, les curés et les pasteurs.

Ça n'est pas l'avis des hommes de la *djemaa* ni celle de l'*amin*[1] qui insiste sur le fait que seul l'arabe est la langue du Coran. Et que seul l'arabe peut ouvrir les portes de la sagesse dans la parfaite connaissance de tous les versets du Livre sacré.

Chérif en fera bientôt l'expérience comme tous les gamins alentour. Dès sa troisième année, il fréquente l'école coranique pour ânonner des versets auxquels il ne comprend pas grand-chose. « C'est ainsi ! Apprends et récite ! Apprends et écris ! Au fil des jours, les mots vont t'ouvrir la porte du Salut et de la connaissance... Et plus les jours passeront, plus tu verras la lumière ! » Puisque le père le lui dit, il n'est plus question de s'interroger. Pas plus qu'il n'est envisageable d'apprendre le français. « Même pour devenir un jour caïd ? » Pressentant la question avant même que Chérif la formule, son père a coupé court : « L'arabe est la langue du Livre, le chaoui la langue de nos ancêtres... Pourquoi aurais-tu besoin du français ? Tu deviendras caïd comme ton grand-père...

– Je n'apprendrai donc...

– Tu m'apprendras rien d'autre et je veux que tu deviennes un *taleb*[2], aussi érudit que ton maître, que tu enseignes à ton tour. Et nous serons au comble de la fierté si tu deviens *hafiz*[3] et si tu récites le Coran de la première à la dernière ligne... Sans t'interrompre... Seulement pour respirer !

– Mais pour...

– Il n'y a pas et n'y aura jamais de *mais*. Si tu réussis à l'école d'ici, tu pourras, comme moi, aller à la médersa. Tu y perfectionneras tes connaissances de notre langue en découvrant les sciences et la philosophie de nos ancêtres, les chiffres, le droit,

1. Littéralement « envoyé d'Allah » : celui qui le représente au sein de la *djemaa*.
2. Étudiant d'une école coranique.
3. Personne qui connaît le Coran par cœur.

et tout ce qui construit un honnête homme. Alors, tu pourras devenir un *cheikh* comme ton grand-père ! De quel autre avenir, de quelles plus nobles prévisions pourrais-tu rêver ? »

Chérif n'en est pas encore là. Comme les autres gamins fréquentant l'école coranique, il lui faut se soumettre à la règle, suivre les leçons du maître, répéter sans cesse les mêmes mots, les mêmes phrases qui lui restent désespérément obscurs. Hormis ses cours à l'école coranique, il n'est pas autorisé à traîner dans les rues poussiéreuses du douar. Tout au plus peut-il s'attarder quelquefois en compagnie de ses condisciples les plus grands qui l'initient aux jeux se pratiquant ici depuis des générations : les billes, les noyaux d'abricot, les osselets, la toupie ou le cerceau.

Ainsi coule sa vie, morne et répétitive. Sa voie est tracée. Il sera le meilleur de la petite école coranique avant de devenir celui de la médersa de Constantine… Comme son père, il apprendra auprès des anciens qu'il appartient au peuple chaoui qui, lui-même, est une composante du peuple des Berbères dont le nom leur fut donné voilà fort longtemps par les Latins qui les nommaient Barbares, un vocable qui signifie étrangers.

Tous les historiens s'accordent à faire remonter l'origine des Berbères à 4 000 ans avant notre ère. Connus depuis l'époque des pharaons égyptiens, ils ont occupé un vaste territoire s'étendant des rives de la Méditerranée au sud du Niger et de l'Atlantique au Nil. Des groupes de Berbères subsistent encore de nos jours dans une douzaine de pays africains. S'ils sont isolés les uns des autres, ils restent attachés aux mêmes traditions, à la même culture et à la même langue.

Une chose est certaine… Plus il grandit, plus le petit Chérif envisage une autre perspective que de devenir *cheikh*, même s'il se sait d'ores et déjà pétri des traditions et de l'histoire du peuple de sa naissance.

II

EMPREINTE MUSULMANE ET ATTRACTION EUROPÉENNE

Le temps est long, et trop courts sont le printemps et l'été qui ne font qu'une frêle parenthèse dans une année de froidure rythmée par l'école coranique. De retour à la maison, Chérif se plonge dans les livres que son père ne cesse de mettre à sa disposition, soucieux de développer l'appétit de son fils pour la langue qu'il a faite sienne.

Il a 6 ans. Il ne quitte pratiquement pas la maison familiale dans laquelle ne résonne plus la voix douce de celle qui, régulièrement, lui demandait ce qu'il faisait, de quoi il avait besoin, s'il voulait manger… Une voix telle une psalmodie qui rythmait son quotidien à la manière d'une horloge égrenant le temps avec cette douce sensation d'être suspendu à chacun de ses mots. Le silence s'était installé lentement, au fil de cette torpeur dont paraissait souffrir sa mère et contre laquelle les plantes, décoctions et incantations des thaumaturges ne furent bientôt d'aucun effet. La langueur avait cédé le pas à une intense fatigue qui avait contraint la jeune femme à garder la couche le jour et la nuit. Un soir, alors qu'il rentrait de l'école coranique, le petit Chérif fut étonné de voir un attroupement devant sa maison. Quand il s'approcha de la porte, la foule se fendit pour le laisser passer, chacun y allant d'un geste d'affection. Il entendit alors, venant de l'intérieur, les lamentations des pleureuses récitant le *Salat al-Janazah*, cette prière des morts qu'il connaissait pour l'avoir apprise à l'école coranique. Il voulut entrer dans la chambre mais son frère le retint, le prit dans ses bras et, le serrant très fort, lui dit à mi-voix : « Maman est partie pour la cinquième saison… » Il ne se rendit pourtant à l'évidence que quelques heures plus tard quand il la vit immobile, les yeux clos, les mains jointes sur la poitrine. Elle ne bougeait plus. Elle ne bougerait plus jamais. Il se répéta ce *hadith* du Coran qu'il n'avait jamais bien compris avant ce jour : « Le paradis est sous les pieds des mères. » Il voulait pleurer, se jeter sur elle, la secouer pour la réveiller. Il ne pouvait pas. Son corps était pétrifié tel un rocher. Les larmes étaient trop grosses pour pouvoir remplir ses yeux. Il se retourna d'un bloc, marcha jusqu'au grand salon où il s'abîma dans le seul livre qui se trouvait là, sur un lutrin, un Coran dont il commença à ânonner les premières lignes du premier verset, la *Fatiha* dont le maître leur disait souvent qu'elle ouvre le cœur, les yeux, les oreilles, l'intelligence et tout l'être du croyant au message d'amour, de miséricorde, de bonté et de paix.

La nuit tombait et l'enfant sut que désormais le soleil serait plus terne mais que la lumière maternelle l'accompagnerait dans sa quête de savoir et de réussite. Elle passait par la connaissance, comme le lui répétaient inlassablement son père et le maître qui étaient parvenus à l'en convaincre.

Première journée d'école

Le temps passe avec une lenteur de soirée d'automne. C'est ainsi que près de huit longues années se sont écoulées depuis le décès de sa mère, et Chérif a recouvré un peu de sa joie de vivre dans la compagnie de quelques copains avec lesquels il aime déambuler dans les ruelles du village. Il les retrouve sur la placette ombragée, à la seule condition que son père s'absente au moins pour quelques heures. Tel est le cas ce jour où une réunion l'oblige à se rendre dans un casernement situé sur la route du Kouif. Les derniers nuages de poussière soulevés par sa monture se sont tout juste dispersés que Chérif quitte la maison familiale pour aller retrouver ses camarades. Installés sur les bancs de pierre de la placette, ils commencent à peine à disserter sur leur avenir que Chérif voit une nouvelle nuée de poussière s'élever en direction de la route que son père venait d'emprunter. Nul doute n'est permis : il est de retour. Chérif s'affole, se lève, se met à courir pour y arriver avant lui, se ravise jugeant que leurs routes se croiseront fatalement. Il choisit alors de fuir en sens inverse, espérant que le père trop pressé ne prendra pas le temps de vérifier qu'il est dans une pièce de la grande maison ou dans le jardin. Il se met à bondir « comme un moineau poursuivi par un oiseau de proie[1]... ». Il prend la direction opposée, hésitant, tournant à droite... Soudain, avisant un promeneur qui connaît bien son père, il est pris de panique et se cache dans la première encoignure, le souffle court, les yeux embrumés de sueur. Voyant une porte cochère ouverte, il s'y engouffre et tombe nez à nez avec une jeune femme blonde aux yeux clairs, vêtue d'une blouse grise qui lui arrive aux chevilles. Elle s'approche du gamin et lui demande : « Est-ce que tu viens à l'école ? » Derrière l'institutrice qui ouvre plus largement la porte il aperçoit quelques pupitres derrière lesquels se tiennent assis des gamins en blouse noire, face à un tableau ennuagé de craies effacées sur lequel se dessinent de curieux signes ressemblant à ceux qu'il peut

1. Toute cette évocation de la fugue et de l'arrivée dans l'école est extraite des notes de sa fille Marie-Diane Mécheri.

voir aux devantures des boutiques, sur les rares réclames qui ornent les murs du village ou sur les panneaux indiquant les directions de telle ou telle ville de la périphérie... Il aurait pu répondre à la maîtresse par la négative mais il opine mécaniquement et entre dans la classe de Mlle Marianne Perpère qui, l'apprendra-t-il beaucoup plus tard, a quitté son Alsace natale pour venir enseigner en Algérie. Très vite, cette jeune enseignante a fait l'unanimité en ville pour son implication dans sa mission scolaire en vue de l'évolution des enfants, de quelque origine et de quelque religion qu'ils soient.

« Comment t'appelles-tu ?

– Mech... Mech... Chérif !

– Bienvenue Chérif... Je te propose de nous rejoindre quand tu en auras envie ou bien quand tu en auras le loisir. Tu nous montreras les lettres de ta langue et nous t'apprendrons celles du français...

– M'oui si tu veux !

– Quand tu voudras. Tu seras toujours le bienvenu... Tiens, écris-nous la première lettre de ta langue ! »

Chérif se sent mal à l'aise, un peu comme s'il trahissait les promesses faites au père et au maître. Il a un instant d'hésitation quand il se retrouve devant le tableau. A-t-il le droit de faire découvrir la langue du Coran à des incroyants ? Fort heureusement, la maîtresse paraît douce et incapable de la moindre duplicité. À sa demande, il prend la craie, s'approche du tableau et trace un *alif* en tout point semblable au *l* de la langue française. Il prononce la lettre à la demande de l'enseignante qui fait répéter à toute la classe. Reprenant la craie, elle écrit quelques mots après avoir installé le nouvel élève à un pupitre sur lequel elle dépose une ardoise et un morceau de craie. Puis elle reprend sa classe en indiquant avec sa badine les syllabes de chaque mot inscrit sur le tableau. De temps à autre, elle se tourne vers Chérif, esquissant un sourire sans jamais demander à ce nouvel élève de répéter… Elle le sent craintif alors qu'il a surtout peur que le stick de la maîtresse ait le même usage que celui du *taleb* de l'école coranique. Mais il se rend vite à l'évidence : la badine de bambou ne servait qu'à désigner ce qui est écrit au tableau et la dame n'entre jamais dans de noires colères quand un des élèves hésite ou se trompe.

C'est ainsi que Chérif connut, bien malgré lui, sa première journée d'école communale. Il revint quelques jours plus tard, fut surpris de trouver porte close un jeudi mais s'habitua bientôt à l'emploi du temps, même s'il ne le suivait qu'épisodiquement. Il avait d'autant moins de difficultés à fréquenter sa nouvelle école que son père, devant son assiduité coranique, l'autorisait désormais à sortir en ville de temps à autre… « Sans en abuser et en restant avec des jeunes de ta langue et de ta religion. Et attention ! Jamais de français ! La langue des infidèles peut éloigner les enfants d'Allah de leur religion… »

Chaque fois qu'il le peut, Chérif se rend à l'école française et, de semaine en semaine, il prend goût à cette langue nouvelle dont il estime qu'elle lui permettra d'accéder à d'autres livres, d'autres histoires… Sans trahir ni son père ni sa religion. Parvenir à maîtriser le français sera sans doute un atout supplémentaire pour son futur métier… Même s'il ne sait pas encore clairement lequel il sera, il est convaincu que les limites de la commune seront rapidement trop étroites pour ses ambitions de voyages, de découvertes. Il a déjà soif d'un monde au-delà de Doukhen, de Tébessa, de la Berbérie, de l'Algérie même !

Ce beau rêve manque de voler en éclats le jour où Mlle Perpère rencontre le père de Chérif. Elle s'approche, le salue et lui dit tout le bien qu'elle pense de son fils : « Vous avez un enfant qui mérite d'étudier le français et compte tenu de ses facilités, il ira certainement loin… » Le père ne pipe mot, salue courtoisement et s'éloigne sans rien laisser paraître de son désappointement, de sa colère.

Le soir même, Chérif est convoqué dans le grand salon où son père et son grand-père l'attendent de pied ferme pour lui demander d'expliquer cette déloyauté. L'adolescent garde les yeux rivés sur le tapis, écoute sans mot dire les récriminations des deux hommes. Il demande pardon et obtient la clémence à condition de jurer qu'il ne retournera plus jamais dans la classe de Mlle Perpère. Il jure et se retire. Parjurer est inconcevable et il sait que, dès lors, tous les amis et administrés de son père deviendront des surveillants potentiels plus redoutables que les gendarmes de la ville. C'en est donc fini de son apprentissage du français qui n'a duré que quelques mois.

C'est sans compter avec le destin qui met toujours une seconde source sur le chemin de celui qui n'a pu étancher sa soif à la première. Après une courte période de purgatoire durant laquelle toute sortie lui est interdite, Chérif peut à nouveau retrouver ses amis de temps à autre, sous réserve qu'il n'échange avec eux qu'en arabe… Classique ou dialectal, mais en arabe seulement !

Il va alors faire une nouvelle rencontre déterminante. Un jour qu'il est sur le pas de sa porte, un homme passe et le salue en français. Il lui répond sans malice dans la même langue alors que l'autre s'éloigne déjà. C'est un garde forestier qui arbore fièrement un uniforme délavé et une casquette avachie dont la visière craquelée cache en partie ses yeux ; il est parcheminé comme un vieux fruit et son visage est sabré d'une moustache en croc qui lui donne un air martial. L'homme est aimable et Chérif prend l'habitude d'attendre son passage quotidien. Le bonjour est bientôt agrémenté de quelques paroles, puis ils échangent plus longuement avant que le garde l'invite à l'accompagner jusqu'à sa cambuse où il lui fait découvrir de grands vieux livres écornés dans lesquels il poursuit avec l'adolescent l'apprentissage de cette langue qui décidément ne peut lui rester étrangère. Une autre aventure commence... Comme il l'écrira beaucoup plus tard dans ses notes : « Je fus élevé entre mon père et mon grand-père Mohamed Tayeb[1], grand-croix de la Légion d'honneur et caïd des territoires militaires de Tébessa. Mon grand-père m'emmena vivre alors dans sa tribu où, grâce à l'influence qu'il exerçait, l'administration lui octroya trois instituteurs et deux institutrices. L'un d'eux s'appelait Fattaccioli et me prit en charge. Il s'intéressait d'autant plus à moi qu'il s'était aperçu que je voulais m'instruire et ce bien que je suive un enseignement à l'école arabe. Après deux années dans son école, il conseilla à mon grand-père de m'inscrire à l'école de Tébessa. Là, j'eus la chance d'avoir un maître extraordinaire, tant sur le plan pédagogique qu'au niveau de la culture générale qu'il enseignait. Il me comprit avec tout le discernement nécessaire et me forma si intelligemment que l'année suivante, je fus reçu au certificat d'études. Le très jeune homme que j'étais se sentait devenir un homme et j'opposai mes conceptions et ma volonté à celle de mon père. Le mois d'octobre arriva et je demandai à mon père d'aller au lycée. Le refus fut net et sans appel ! Il continuait de penser que l'instruction pouvait éloigner les enfants des parents et de la religion... Loin de l'écouter, avec la complicité de ma sœur, j'ai préparé quelques affaires pour m'exiler à Constantine... »

1. Il s'agit d'évidence de son grand-père maternel, le grand-père paternel étant Nasser, compagnon d'Abdelkader dont nous avons dressé le portrait dans le premier chapitre.

Un certain Ben Badis...

Chérif a maintenant 14 ans et une excellente connaissance de la langue française. Il paraît embarrassé par son grand corps qui mue rapidement, mais il ne semble pas laisser indifférentes les rares demoiselles qu'il croise en ville : cheveux et yeux noirs, haute stature et visage fin et long aux traits réguliers, il a déjà des gestes mesurés et un art consommé de la séduction. S'il hésitait encore sur son avenir il y a peu, le voilà convaincu qu'il se construira ailleurs, bien plus loin que Tébessa. Ses horizons sont bien plus vastes. Son avenir est encore jeune...

Arrivé à Constantine sans connaissance ni ami, il va tout de même rencontrer de jeunes étudiants qui fréquentent déjà la médersa et l'aident à trouver un hôtel modeste dans le quartier juif. Pauvre comme Job mais enrichi sur le champ de découvertes multiples, il déambule sans autre but que de nouer des contacts avec d'autres étudiants à la recherche, comme lui, d'un autre monde. Ces jeunes hommes paraissent épanouis, comme libérés des contraintes de la province, de l'étroitesse des traditions. Ville religieuse et rigide s'il en est, Constantine le fascine pourtant par son bouillonnement d'idées. Dans les cafés où ils se retrouvent des journées durant, ces jeunes parlent avec admiration d'un certain Abd el Hamid Ben Badis. Natif de la ville, ce jeune homme d'une trentaine d'années passe pour un maître à penser, un réformateur éclairé. Appartenant à une vieille famille bourgeoise, descendant des émirs zirides qui constituent une dynastie berbère fondée au xe siècle, il aurait de quoi attirer l'attention de Chérif. Pourtant, cet homme de petite taille, emmitouflé dans un burnous qui paraît trop grand pour lui, ne dégage pas de charisme particulier même s'il est connu pour être un dialecticien hors pair, littéralement obsédé par sa défense opiniâtre des musulmans de la ville. En quête de science et de savoir, il a fait le pèlerinage à la grande mosquée Zitouna de Tunis où il a rencontré des savants et des philosophes qui ont influencé sa pensée et son raisonnement nourris de l'idéologie de la Réforme. Prônant l'étude de l'histoire, il est en recherche de solutions pour repousser le colonialisme hors des frontières de l'Algérie. Il a, dit-on, profité d'un autre pèlerinage – à La Mecque cette fois – pour séjourner trois mois dans la ville sainte de l'islam, renforcer ses connaissances au contact de nombreux sages qui lui ont conseillé de rentrer en Algérie où il sera utile à son peuple. Il y est retourné en 1913 et a entamé un travail d'enseignement en direction des jeunes et des adultes avec l'idée de fonder l'Association des oulémas musulmans algériens qui porte en germe l'idée de libérer les musulmans du joug colonial.

Chérif est maintes fois sollicité par ses camarades pour aller à la rencontre de ce fameux Ben Badis, pour écouter son enseignement… Il décline mollement, ne s'inscrivant pas dans ce qui, à ses yeux, n'est que chimère avec un risque de rétrogradation pour les indigènes du pays. Comme il le consignera bien plus tard dans un de ses carnets, alors qu'il est devenu un grand commis de l'État français : « Toute la famille Mécheri s'était mise aux côtés des grands chefs français pour les aider à faire la conquête du Sud-Est algérien[1]. »

Chérif veut poursuivre ses études avec une propension pour le droit qui lui paraît être la discipline cardinale dans la compréhension, l'analyse et l'épanouissement des hommes libres. Un matin, il lit dans *La Dépêche de Constantine* qu'un concours de magistrats arabes va se dérouler prochainement. C'est peut-être une passerelle vers des études de droit français.

1. *Ibid.*

Malheureusement, pour se présenter au concours, il faut avoir un niveau d'au moins trois années d'études après le certificat d'études. Au lieu d'y voir un handicap insurmontable, le jeune homme décide de tenter l'aventure… Et, ainsi qu'il l'écrira beaucoup plus tard : « Alors que je m'attendais à un refus, je fus reçu parmi les premiers. Ce qui me donna droit à une chambre et à une pension de 60 francs. J'étais donc protégé économiquement. Mais les études de la médersa ne pouvaient conduire qu'à être magistrat arabe (*adel* ou *bachadel*). À nouveau, je m'interrogeai. Le hasard me conduisit un jour à la préfecture de Constantine. J'eus alors l'audace de demander audience au secrétaire général de la préfecture, M. Arrib. Cet homme était réputé pour sa bonté et son esprit de justice vis-à-vis des Arabes. J'exposai mon cas en lui demandant s'il était possible d'obtenir une bourse pour rentrer dans un lycée. Il adhéra à mon point de vue, à la condition que le directeur de la médersa de Constantine veuille bien donner un avis favorable, et il me remit un mot à son intention. Celui-ci en prenant connaissance de la lettre du secrétaire général eut un geste d'effroi et me fit savoir que le fait de quitter la médersa pour un lycée allait, aux yeux du public, dévaluer l'enseignement qui m'avait été donné dans cette médersa[1]. » Moyennant quoi, le jeune Chérif ne réussit à obtenir du secrétaire général qu'une réponse polie mais tout à fait défavorable. Nouvelle impasse ? Pas pour l'ambitieux étudiant qui a désormais un plan de carrière ne pouvant être contrarié par une lettre que l'intéressé « oublie » de remettre à son destinataire, préférant la déchirer et, depuis le pont de Sidi M'Cid, la jeter dans le Rhumel, le fleuve qui traverse la ville au fond d'une anfractuosité abyssale.

1. *Ibid.*

La semaine suivante, il demande une nouvelle audience à M. Arrib pour lui expliquer l'attitude « hostile » du directeur de la médersa condamnant ainsi son avenir. Devant sa déception et face à la détermination du jeune homme, le secrétaire général décide de passer outre ce refus et entreprend les démarches pour que Chérif obtienne une bourse et intègre la classe de quatrième du lycée de Constantine placé sous la direction de Césaire Legrand qui imprime à l'établissement des règles drastiques de travail et de discipline.

Croisant Chérif dans un couloir de l'établissement, il lui dira de manière quasi prophétique : « Vous ferez d'excellentes études... Et les Français vous apprécieront[1] ! »

La lettre libératrice

Pour la période des grandes vacances, Chérif regagne Tébessa où sa famille est désormais installée. Il explique à son père, sans vraiment le convaincre, combien la connaissance du français pourrait lui être utile... Y compris s'il avait à prendre sa suite. Rien n'y fait... À part le destin qui frappe encore une fois à la porte du jeune homme au cœur de l'été 1918. Son père reçoit un courrier officiel de Charles Jonnart, gouverneur général d'Algérie, dans lequel celui qui représente la plus haute autorité du pays lui fait connaître sa décision de récompenser les grandes familles indigènes qui se sont distinguées pendant la guerre, en offrant à leur fils la possibilité d'étudier dans des établissements secondaires de la métropole. Le gouverneur général fait particulièrement référence à l'attitude du père de

1. Information confiée aux auteurs par Marie-Diane Mécheri le 17 septembre 2019.

Chérif et de l'ensemble de la famille Mécheri qui, dès le déclenchement de la Première Guerre mondiale, avaient organisé la conscription dans les territoires du Sud-Est algérien et levé 300 goumiers équipés sur leurs fonds propres avant de les envoyer au front. Parmi ces « indigènes » on ne dénombrait pas moins de vingt-cinq membres de la famille Mécheri parmi lesquels un capitaine, un lieutenant et trois sous-officiers. Une contribution exceptionnelle qui ne pouvait que toucher l'autorité coloniale… Tout particulièrement son représentant dont chacun savait combien il était soucieux d'élever le niveau de culture et de vie des musulmans. À peine arrivé en Algérie Charles Jonnart avait déclaré : « Dussions-nous ne tirer aucun avantage de leur coopération, nous n'aurions pas d'ambition plus élevée et plus haute que d'améliorer le sort de nos sujets indigènes et je me dévouerai toujours avec passion à cette grande œuvre[1]. »

Après la Première Guerre, au cours de laquelle 172 019 jeunes musulmans avaient été mobilisés sur différents terrains d'opérations, le gouvernement français décida de leur manifester sa gratitude. D'autant que ce contingent africain avait perdu 25 711 hommes. Il s'ensuivit, dès 1919, des promesses d'octroi de droits politiques… qui n'eurent pas de suite. La France essaiera de régler sa « dette de sang » par la loi Jonnart du 4 février 1919 qui ouvrait l'accès de certains emplois subalternes de la fonction publique locale aux « indigènes »… Il n'en demeure pas moins que quarante-quatre fonctions d'autorité leur resteront interdites !

Selon les termes de cette loi Jonnart, le requérant devait être âgé d'au moins 25 ans, ce qui constituait un retrait par rapport au précédent sénatus-consulte dans lequel cette limite

1. Discours prononcé par Charles Jonnart en mai 1895 à Tlemcen.

d'âge n'était que de 21 ans. Il devait, par ailleurs, remplir l'une des conditions suivantes : avoir servi dans l'armée française ou avoir eu un fils ayant pris part à une campagne de guerre ; savoir lire et écrire le français ; être propriétaire, fermier ou être inscrit au rôle des patentes ; être titulaire ou l'avoir été d'une fonction publique, d'un mandat électif ou d'une décoration ; être marié avec ou né d'un indigène devenu citoyen français... Autant dire que les remerciements de la France se réduisirent comme peau de chagrin !

Il n'en demeure pas moins que le père de Chérif a autant d'estime que de respect pour le gouverneur général et, nonobstant cette loi vide de sens, il ne remet pas en cause la tradition généreuse et prometteuse de la France. Même s'il ne cache pas sa défiance vis-à-vis de l'offre permettant à son fils de poursuivre sa scolarité secondaire, voire supérieure, en métropole. Aussi ne se sentit-il pas de refuser : « L'intention est importante... Mais nous ne pouvons accepter cette offre aussi généreuse soit-elle. Ta route est différente. Tu dois finir tes études à la médersa et ensuite, tu reviendras près de moi. J'ai besoin de toi pour m'assister, et plus tard tu me succéderas comme je l'ai fait avec mon père qui lui-même l'avait fait avec son père. C'est la tradition de la famille ! » Chérif comprend que la position de son paternel est ferme, définitive et indiscutable. Il a bien voulu tourner la page sur sa fugue à Constantine mais il ne faut pas en demander plus. Qu'à cela ne tienne ! Il désobéira une fois encore ! Le jour même, il se rend au bureau des postes pour y rédiger un télégramme à l'attention du gouverneur général. Il y accepte la généreuse proposition et remercie avec déférence... Avant de signer : « Votre dévoué caïd Mécheri Salah ben Mohamed Tayeb. »

La réponse du gouverneur arrive par courrier tournant. Ses termes ne manquent pas de plonger le père dans une profonde perplexité. Il demande des explications à son fils qui lui répond : « Nous sommes mobilisés comme des soldats et tu n'as pas le droit de refuser ton fils à la France[1] ! » Son père alors s'inclina… Son destin était scellé.

1. *Ibid.*

III

L'ENFER DU DÉCOR À LA COQUETTE

À la fin de l'été 1919, ils sont une poignée d'« indigènes » à se retrouver sur le port d'Alger... Direction Marseille puis Digne, dans les Basses-Alpes, où la carrière de Chérif va vraiment prendre son essor avec son entrée au lycée en classe de troisième. Sa famille a participé au passé et à l'expansion de la France. Il souhaite s'inscrire dans la promotion de son futur.

À l'époque où il y pose sa besace, Digne est une petite bourgade de 4 000 habitants dont plus de la moitié vit en dehors de la ville dans les différents hameaux répartis sur le vaste territoire de la commune qui remonte au nord sur la rive droite de la Bléone. Quant au collège proprement dit, il est installé dans une demeure austère et froide, et l'enseignement y est rigoureux. On y perçoit encore les séquelles de la guerre durant laquelle il a été transformé en caserne.

Ses plus belles années

Assidu et appliqué, le jeune Chérif fait toute sa scolarité secondaire à Digne où il obtient de bons résultats. Comme il s'en souviendra beaucoup plus tard : « Nous étions quatre à cinq élèves par classe et le professeur qui nous dirigeait était agrégé de l'École normale supérieure. J'ai fait des progrès extraordinaires en français et en mathématiques[1]. » Ce qui se concrétise par l'obtention d'un accessit en mathématiques, un autre en physique-chimie, ainsi qu'un troisième accessit en histoire naturelle[2].

Une photographie de cette époque[3] retient l'attention : il s'agit du « monôme pour la paix » organisé en 1919 par les élèves de l'établissement à l'occasion de la signature du traité de Versailles. On en dénombre quatre-vingt-trois dont certains arborent un béret, d'autres une casquette ou un canotier, un melon ou un feutre mou... Seuls six des lycéens sont coiffés d'une chéchia ; le plus visible d'entre eux est au premier rang et bat du tambour comme un autre de ses condisciples : c'est Chérif Mécheri qui paraît alors beaucoup plus mature et fixe l'objectif de sorte que le regard se porte automatiquement sur lui. Déjà se dessinent chez le jeune homme ce goût du paraître et cette capacité à capter l'attention. Sans compter que, comme ses condisciples avec lesquels il est arrivé d'Alger, il tient à marquer ses origines, son appartenance par sa coiffe...

Pour l'heure, il convient de creuser son sillon. Nonobstant la qualité de l'enseignement qu'il reçoit au lycée Gassendi, il prend le parti de rejoindre une grande ville, ne fût-ce que pour se rapprocher d'une université au sein de laquelle il pourra poursuivre ses études et pour y nouer des contacts qui lui seront utiles dans sa carrière future. « Le climat de Digne ne convenait pas à ma santé[4] », se souvient-il comme pour y trouver

1. Notes de sa fille Marie-Diane Mécheri.
2. Archives départementales des Alpes-de-Haute-Provence (AHP), 5 516.
3. *Ibid.*
4. Notes de sa fille Marie-Diane Mécheri.

prétexte à son départ pour Marseille. « Mais quel changement ! Classes surchargées avec plus de quarante élèves, de très bons professeurs mais éloignés de leurs lycéens. J'ai travaillé avec acharnement et j'y ai fait mes classes de seconde et de première. En première, je me présente à la première partie du bac et je suis reçu. Après les vacances d'été passées auprès des miens je suis revenu à Marseille au mois d'octobre et je suis entré en classe de philosophie au lycée Thiers. J'avais un professeur éminent à tous égards : il s'appelait Ernest René Le Senne[1]. C'était un enseignant hors pair doublé d'un homme extrêmement cultivé. Il a formé mon esprit. Il m'a appris le courage et la persévérance. Il m'a donné la valeur de la force et de la bienveillance[2]. »

Baccalauréat en poche, Chérif Mécheri ambitionne de faire sa médecine. Il essaie de convaincre son père et se heurte à un nouveau refus et « toujours la même rengaine : “Maintenant que tu as servi la France, j'ai besoin de toi.” Loin de suivre son avis, j'ai sollicité une place de maître d'internat... » Le voilà de retour à Digne où il devient pion en novembre 1922 non sans avoir préalablement lu et signé le règlement intérieur dans lequel il est notamment précisé : « Les élèves dont la toilette est surveillée par le maître d'internat (qui rend compte chaque jour à M. le censeur) prennent régulièrement une douche tiède toutes les semaines, en principe le jeudi matin[3]. » La discipline est toujours de rigueur, « ce qui rend les élèves plus consciencieux

1. Normalien et agrégé de philosophie, Ernest René Le Senne (1882-1954) est d'abord professeur d'enseignement secondaire et de classes préparatoires avant d'enseigner à l'université de Nancy puis en Sorbonne. Membre de l'Académie des sciences morales et politiques (1948) puis président de l'Institut international de philosophie (1952), il est resté célèbre pour avoir fondé, avec Louis Lavelle, la collection « Philosophie de l'esprit ».
2. *Ibid.*
3. Archives départementales des Alpes-de-Haute-Provence (AHP), 1 T 28.

et silencieux[1] ». Un poste idéal pour le jeune étudiant qui peut ainsi subvenir à ses besoins mais doit tout de même faire près de deux heures de bus pour rejoindre la faculté de droit d'Aix-en-Provence où il s'est inscrit en vue d'obtenir une licence. Il fait valoir ce diplôme quand, en décembre 1923, il postule pour le poste de chef de cabinet du préfet, sans mesurer ses prétentions classées sans suite par le ministère de l'Intérieur qui s'est enquis préalablement « de manière exacte sur la situation personnelle et les antécédents de M. Mécheri Chérif ainsi que sur son aptitude aux fonctions administratives[2] ».

Après l'obtention de sa licence, il souhaite préparer son doctorat. Là encore, le destin lui sourit en plaçant sur sa route un inspecteur d'académie en poste dans la capitale ; il lui fait obtenir une place de maître d'externat au prestigieux lycée Janson-de-Sailly. Pour cette période de sa vie, les informations sont, une fois encore, relativement rares. On sait seulement qu'à cette époque il vit « les plus belles années de [sa] vie en préparant tranquillement son doctorat avec tous [ses] camarades qui l'initiaient à la vie parisienne[3] ».

Il paraît évident que cette nouvelle vie est difficilement conciliable avec le travail intense imposé par la soutenance d'un doctorat. Une chose est sûre : Chérif ne veut plus rentrer chez lui, y compris pendant les vacances d'été. Il ambitionne désormais de faire carrière en métropole et de s'inscrire au barreau de Paris ; mais il se heurte à l'avis défavorable d'un conseiller auquel l'ordre des avocats s'est adressé pour lui demander un rapport préliminaire à cette inscription. Celui-ci établit « un rapport défavorable compte tenu que [son] appartement n'était

1. *Ibid.*
2. *Ibid.*
3. *Ibid.*

pas assez grand pour accueillir de la clientèle[1] »... De quoi modifier son plan de carrière et être dans l'obligation de trouver une adaptation qui, après mûres réflexions, passe par la case Algérie où il estime qu'il sera plus facile de faire ses premières armes avant de rejoindre l'Hexagone. Il opte pour le barreau de Bône[2], et le voilà bientôt gare de Lyon, direction Marseille d'où il prendra le bateau qui accoste à midi dans cette ville exagérément affublée du titre de « coquette »... Un qualificatif qu'il sera le dernier à lui concéder au terme de son court passage dans la cité de Saint-Augustin. Au bas de la coupée, il avise un petit cireur et lui demande de le conduire jusqu'à un hôtel de confort et de prix raisonnables. Il arrive ainsi à l'hôtel de Nice, un établissement terne mais propre ouvrant sur un hall encombré par une petite banque encaustiquée derrière laquelle somnole une matrone disgracieuse qui lève à peine la tête en direction de l'arrivant. Il lui demande si elle a une chambre libre. Sans même lui répondre, elle appelle un garçon qui conduit Chérif jusqu'à une chambre située au troisième étage. Il est satisfait, dépose ses bagages et redescend pour remplir sa fiche de police. La suite, il s'en est souvenu avec acuité en dictant ses mémoires à sa fille... « En face du prénom, j'ai écrit Chérif. La dame m'a regardé avec des yeux ahuris en me disant : "Monsieur, il n'y a pas chez moi des chambres pour les indigènes." Ce propos m'a indigné, car en Algérie je me trouvais tout de même chez moi. J'ai négocié avec elle en lui disant : "Madame, permettez-moi de chercher un autre hôtel ; je vous quitterai aussitôt." Heureusement que sa fille m'a trouvé "à son goût" et lui a dit textuellement : "Tu vois bien, Maman, que c'est un garçon qui est bien ! Il est correct

1. *Ibid.*
2. Aujourd'hui Annaba.

et instruit. Nous pouvons lui faire confiance quelques jours." Évidemment, j'ai comparé l'attitude de cette grosse matrone aux gentillesses des Français de France qui n'avaient jamais fait de distinction entre moi et les autres. Ce camouflet m'a, en quelque sorte, réveillé et fait comprendre que j'étais dans un pays soi-disant français mais qui, de fait, était une colonie[1]. »

La robe noire : un privilège ?

Chérif Mécheri n'est qu'au début de ses déconvenues même s'il parvient à intégrer le 18 mai 1929 le monde fermé des avocats, en qualité de stagiaire. Dans le pays, à cette époque, la profession d'avocat est extrêmement « protégée » par une élite européenne peu encline à en partager le prestige et les pouvoirs. Rappelons qu'en Algérie le barreau, d'abord inexistant, sera organisé officieusement mais ne verra le jour que dix-huit ans après la conquête de 1830. La situation est encore complexifiée par le fait que, dès son implantation dans le pays, l'autorité coloniale peut « imposer aux indigènes musulmans de l'Algérie et ses juges et ses lois. Mais elle ne le fait pas. Dans la crainte de porter atteinte à des usages et à des lois qu'elle ne connaît pas assez et qu'elle veut respecter. [...] Elle laisse donc subsister l'organisation judiciaire musulmane[2] ». Il faut attendre 1874 pour voir apparaître, avec la création d'infractions spéciales aux indigènes, les premières mesures de différenciation entre la justice pénale indigène et la justice pénale française. C'est

1. Notes de sa fille Marie-Diane Mécheri.
2. Extrait d'une thèse intitulée *La Profession d'avocat en Algérie coloniale (1830-1962)* présentée par Ataouia Kralfa le 16 décembre 1962 devant l'École doctorale de droit de l'université de Bordeaux.

ainsi que se substitueront aux avocats européens, les caïds et les oukils judiciaires, « des “sortes” d'avocats indigènes à l'assistance desquels les plaideurs peuvent recourir dans les affaires intéressant exclusivement les musulmans[1] ». Au fil du temps, il semblera évident que ce système double ne peut fonctionner même si les « supplétifs » musulmans qui n'ont toujours pas droit d'accéder au barreau sont formés principalement dans les médersas au terme de quatre années d'études.

« On dénombre entre 1881 et 1962 quelque quatre-vingt-dix diplômés d'origine musulmane ayant été admis au stage ou inscrits au barreau d'Alger. Nombre des admissions ont cependant été rapidement suivies d'une démission. On retiendra donc plutôt que trois avocats indigènes seulement ont effectivement exercé à Alger avant 1914 (le premier en date étant Ahmed Bouderba, admis au stage en 1891) ; que, lors d'un recensement ethnique opéré sous le régime de Vichy, les professionnels musulmans, stagiaires compris, ne dépassent pas le nombre de treize, soit quelque 4,3 % de l'effectif total. [...] Il commence à y avoir une entrée plus importante dans l'entre-deux-guerres, et à partir de la fin des années 1940, la génération qui précède la guerre d'Algérie. C'est une montée progressive qui reste très minoritaire. Au milieu des années 1950 cela devait représenter 6 % du barreau[2]. »

La robe noire ne sied pas trop aux indigènes, estime sans doute une grande majorité d'Européens... Fort heureusement, Chérif Mécheri est avantagé par son physique, son aisance, son entregent et sa grande capacité de travail. Il s'acquitte avec minutie et compétence de sa tâche, préparant les dossiers,

1. *Ibid.*

2. Interview accordée par Christian Phéline au quotidien *El Watan* du 1er novembre 2016 et publié sur le site *Algeria-Watch* : https://algeria-watch.org/?p=19537.

décelant le moindre vice de forme, recherchant les failles, ne négligeant jamais d'aller rechercher les éléments de jurisprudence pouvant étayer les causes que son avocat ira plaider en correctionnelle ou devant un tribunal de commerce, le stagiaire ayant une prédilection pour les dossiers relevant de cette juridiction. Au fil des mois, il s'impose au point que le bâtonnier de l'ordre des avocats lui confie l'organisation de la grande fête annuelle qui, dans cette petite ville de province, est un événement incontournable attirant tous les décideurs économiques, politiques, militaires et religieux de la ville et du département.

Du choix de la salle à son agencement, des plans de table à l'ordre de passage au microphone, de l'orchestre à son répertoire en passant par la décoration... Rien ne doit échapper à Chérif Mécheri... Et rien ne lui échappera. Dès 21 heures tout est fin prêt. Les tables sont dressées et les serveurs en livrée attendent au garde-à-vous tandis que l'orchestre met un terme à ses ultimes répétitions. La foule bruisse, les robes de taffetas également. Des uniformes chamarrés côtoient des habits noirs. La soirée sera parfaite et ils sont quelques membres de l'Ordre à serrer la main du jeune stagiaire, à le remercier chaleureusement... Personne ne pressent la moindre bévue quand les premiers couples de danseurs s'élancent sur la piste. Chérif les imite, faisant ployer en tangos et rumbas telle ou telle autre demoiselle dont les parents n'existent qu'en fonction de ce qu'ils « pèsent » en hectares de vignes ou de céréales, en actions, en boutiques, en import-export ou en clinique médicale. Tout va pour le mieux jusqu'au moment où sa cavalière lui donne un conseil dont Mécheri gardera la blessure jusqu'au terme de sa carrière. « C'était la fille du médecin de mon père. Elle danse avec moi et me dit très gentiment : “Monsieur, lorsque nous sommes arrivées, toutes les jeunes filles, sans exception, vous trouvaient non seulement charmant, mais voyaient en vous un danseur émérite. Certaines même, vous sachant célibataire, espéraient que les circonstances leur permettraient d'envisager des épousailles. Mais je vous préviens que si vous voulez encore inviter l'une ou l'autre à danser, c'est à regret qu'elles vous refuseront, car elles ont appris que vous étiez un indigène…" Et pour elles, danser avec un indigène c'était se "dévaloriser" !

« C'est avec tristesse que j'ai remercié cette jeune femme et que j'ai quitté le bal en prétextant, auprès du bâtonnier, un peu de fatigue. Mais en réalité, j'étais sous le choc. Je ne me serais jamais attendu à ce que le colonialisme puisse aller si loin. En quittant le bal, j'étais non seulement amer mais le fait d'avoir quitté la France m'apparaissait comme un regret. Je suis allé m'affaler sur un banc, j'ai pris ma tête entre les mains et j'ai pleuré…

« Je n'ai pas dormi de la nuit et vers 5 heures du matin, j'ai pris la résolution de quitter ce pays. Le surlendemain, j'ai écrit à mon père pour m'excuser en lui disant que je ne pouvais pas vivre dans un pays qui, bien qu'étant le mien, me mettait en marge de la société[1]. »

C'est le temps béni des colonies et la France célèbre fastueusement le centenaire de l'« Algérie française » avec un luxe de représentations orientalistes et de mises en scène exhibant des indigènes dans leurs costumes traditionnels et leur environnement tellement originaux… Qu'importe si la part des enfants musulmans scolarisés entre 1883 et 1930 n'est passée que lentement de 7 à 43 % des effectifs scolaires, les indigènes représentant alors 86 % de la population de l'Algérie. Et ces indigènes restent analphabètes à plus de 90 %… Un pourcentage à nuancer dans la mesure où il s'applique à la langue française, cette statistique s'inversant concernant l'arabe… Une

1. Notes de sa fille Marie-Diane Mécheri.

langue dans laquelle la majorité d'entre eux entendent les slogans lancés par Messali Hadj qui, en cette année 1930, fonde le Parti populaire algérien (PPA) dont les objectifs sont résumés en termes clairs par un journaliste d'*El Nadjah* : « Nous n'avons qu'un moyen de sauver l'*arabia* en voie de disparition et que les réformistes estiment être l'âme du pays, c'est d'apprendre sa langue à la génération qui vient, et de l'en imprégner dès l'enfance... Pour cela il nous faut généraliser l'enseignement de l'arabe et l'imposer, à la manière de l'instruction obligatoire, au pauvre comme au riche : d'où la nécessité de réorganiser notre système éducatif, de multiplier les écoles et de choisir des maîtres capables, connus pour leur ferveur religieuse et leur patriotisme ardent, sobres, exempts de sectarisme et de toute basse ambition. »

On voit que ce programme ne diffère guère de celui de Ferry ou de Combes : généralisation, obligation, gratuité partielle, organisation structurée, exigence morale vis-à-vis des maîtres. Le plus souvent monolingues et, à la première génération au moins, formés complètement en marge de l'école française, les réformistes n'en ont pas moins saisi l'essentiel de l'institution qu'ils entendaient combattre.

Chérif Mécheri suit-il ces évolutions politiques ? Rien n'est moins sûr... Il ne voit peut-être ni malice ni esprit de manipulation quand il est approché par Émile Morinaud, le sulfureux député et maire de Constantine qui lui ouvre la première porte de sa longue carrière préfectorale. Cet avocat et député avait été initialement républicain-socialiste avant d'être exclu de ce groupe en 1898 en raison de son antisémitisme évident. Élu cette même année comme candidat du Parti français démocratique et antijuif, il devient maire de Constantine tout en étant secrétaire du groupe antisémite présidé par Édouard Drumont. Militant de l'abrogation du décret Crémieux qui accordait collectivement la citoyenneté française à tous les Juifs d'Algérie en 1871, il s'illustra dans son « combat » antisémite en interdisant notamment aux Juifs de la ville l'accès aux services sociaux et aux services de santé.

Il n'hésitera pas, quelques années plus tard, à mettre en sourdine son antisémitisme car il veut se ménager les grâces et les voix d'un électorat qui ne lui est pas forcément favorable. L'amnésie politique et le bagout aidant, il est réélu maire de Constantine en 1919… Et gardera son siège jusqu'en 1942 sans renier vraiment ses vieilles lunes. Après la Première Guerre mondiale, Morinaud est encore député socialiste avant de rejoindre le Parti radical, ce qui lui vaudra un maroquin de sous-secrétaire d'État à l'Éducation physique du 2 mars au 13 décembre 1930 dans le gouvernement d'André Tardieu. C'est à cette époque qu'il contacte Chérif Mécheri pour lui proposer un poste d'attaché de cabinet : une fonction essentiellement technique et de conseil qui peut étonner quand on connaît les engagements de Morinaud qui pouvaient difficilement échapper à Chérif Mécheri. Il semble qu'il ait été plus particulièrement touché par le statut représentatif qui lui est offert. Comme il le précise dans ses notes, Morinaud « a voulu former un cabinet à l'image de ses électeurs, c'est-à-dire prendre le fils d'un colon, un israélite et un indigène[1] ». Il hésite entre deux candidats avant que son choix se porte sur le jeune et dynamique Mécheri qui y voit une forme de vengeance vis-à-vis des avocats de Bône et de leur stigmatisation passée… « Ce fut pour moi un prétexte pour dire à mes confrères de Bône que j'étais appelé dans un cabinet ministériel. Évidemment mes collègues, tout en me félicitant, étaient heureux de mon départ. […] Mes amis indigènes de Bône comme de toute la

1. *Ibid.*

région ont salué mon départ avec de particulières et touchantes attentions. Je ne leur ai pas caché que je ne les aurais jamais quittés si je n'avais pas été mis hors la loi par les colons[1]. »

Mécheri rejoint Paris « heureux d'être libre et d'être sorti de l'enfer colonialiste[2] », un faible pécule en poche mais une soif de réussite exacerbée par sa triste expérience bônoise. Il s'installe dans un modeste hôtel proche du ministère avant d'en changer dès qu'il obtient des frais de mission. Penser que le racisme est l'apanage des petits-bourgeois de Bône serait sans doute hâtif. Il ne tardera pas à en faire de nouveau les frais alors qu'il est en charge de la lecture, de la répartition du courrier et de la rédaction de notes d'informations pouvant accompagner des correspondances le nécessitant. Certains quidams, parmi lesquels des Bônois revanchards, ne tarderont pas à s'étonner que le ministre puisse confier une charge aussi sensible à un indigène. Ce qui leur vaudra une réponse sans ambages de M. Morinaud renouvelant l'entière confiance en son attaché de cabinet.

Faut-il y voir une vieille rancœur latente ? Toujours est-il que, parmi ces récriminations, la plus virulente émane du directeur de la médersa de Constantine qui aura droit à une répartie à la hauteur de ses angoisses.

L'attaché poursuit sa tâche après le départ de Morinaud, sous la houlette de son successeur Hippolyte Ducos apprenant les codes et les coutumes de cet univers feutré aux parquets glissants et aux fauteuils interchangeables. En octobre 1931, quand il quitte le sous-ministère, il est rompu aux règles de base de la diplomatie, aux subtilités des alliances, à l'art des silences…

1. *Ibid.*
2. *Ibid.*

IV

UNE DISCRIMINATION TRÈS POSITIVE

Alors que Chérif Mécheri vient de quitter l'Algérie, le courant de pensée réformiste inspiré par Ben Badis prend corps. D'abord religieuse et morale, cette structure revendique de plus en plus clairement l'indépendance du pays, mais en l'assortissant de « l'aide de la France ». Elle demande également le « nettoyage » de l'islam du maraboutisme et des superstitions qui auraient été encouragés par les autorités coloniales.

En France métropolitaine, les gouvernements se succèdent et Chérif Mécheri tente de trouver une place, si modeste soit-elle, au sein de l'un d'entre eux ; il sait que c'est là qu'il fourbira ses armes en vue d'une carrière plus prestigieuse que celle de conseiller à laquelle il lui faut bien se résoudre pour l'heure.

Après la chute du gouvernement André Tardieu au sein duquel Pierre Laval est ministre du Travail et de la Prévoyance sociale – du 2 mars au 13 décembre 1930 –, le président de la République Gaston Doumergue fait appel à Théodore Steeg[1] pour constituer un nouveau gouvernement. Le ministère du Travail et de la Prévoyance sociale est confié à Édouard

1. Théodore Steeg (1868-1950) a été député de la Seine (1906-1914) puis sénateur de la Seine (1914-1940), président du Conseil des ministres (décembre 1930-janvier 1931) et onze fois ministre sous divers gouvernements (1930-1938). Il a été également gouverneur général de l'Algérie (1921-1925), résident général au Maroc (1925-1929).

Grinda[1] ; il engage aussitôt Mécheri qu'il considère comme un des membres de sa famille. « L'accord avec lui était parfait », se souviendra-t-il en rédigeant des notes pour ses Mémoires, évoquant « cet homme d'une belle droiture. Avec lui, j'ai travaillé de grand cœur. Il m'a adopté ainsi que son épouse et je suis devenu un de leurs familiers. Mais le ministère ne dura qu'une quarantaine de jours ! Je me souviens, à ce propos, d'une anecdote : l'un de mes collègues avait dit au ministre sur le ton de la plaisanterie : "Monsieur, si vous tombez, tâchez de tomber à gauche !" Ce à quoi, Grinda répondit : "Tomber à gauche ou tomber à droite… Je préfère ne pas tomber du tout[2] !" »

Bien loin de Paris et de ses gouvernements éphémères, l'Allemagne se débat dans une crise économique et rares sont ceux qui se préoccupent de la fin du septennat du président Hindenburg, le 5 mai 1932. Afin d'éviter de nouvelles élections, la droite et le Zentrum[3] proposent de renouveler tacitement le mandat présidentiel. L'accord des nazis étant nécessaire, Hitler exige la démission du chancelier Brüning et de nouvelles élections parlementaires. Hindenburg refuse, et le 22 février 1932, un certain Joseph Goebbels annonce la candidature d'Adolf Hitler à la présidence de la République. Le 26 février, Hitler est nommé Regierungsrat, fonctionnaire d'État, ce qui lui confère automatiquement la nationalité allemande alors qu'il était jusque-là de nationalité austro-hongroise. Voilà qui prêterait même à sourire

1. Édouard Grinda (1866-1956) a été député et ministre du Travail et de la Prévention sociale (décembre 1930-janvier 1931) dans le gouvernement Steeg.

2. Notes de sa fille Marie-Diane Mécheri.

3. Abrégé de Deutsche Zentrumspartei, le Zentrum (Centre) est l'un des principaux partis politiques de l'Empire allemand avant de devenir celui de la république de Weimar. Fondé en 1870, il est porteur d'une idéologie catholique minoritaire en Allemagne. Le parti, dissous en 1933, sera refondé après la Seconde Guerre mondiale et marginalisé rapidement par la CDU qui devient le principal parti de la démocratie chrétienne.

devant cette espèce de pantin désarticulé que l'on découvre aux « actualités télévisées » précédant les séances de cinéma, qu'il gesticule sur les podiums ou se déplace en avion et utilise pour sa propagande la curieuse formule : « Le Führer vole au-dessus de l'Allemagne »… Voilà qui relève tout au plus d'une éphémère mégalomanie. Pourtant, ce drôle de petit homme à la moustache en brosse va obtenir 30,1 % des suffrages au cours du premier tour des élections, le 13 mars 1932, et 36,8 % au second tour en avril. Le vieux maréchal Hindenburg est réélu en soufflant péniblement ses quatre-vingt-deux bougies, et lors des scrutins régionaux qui suivent l'élection présidentielle, le Parti national-socialiste des travailleurs allemands (NSDAP) renforce ses positions et arrive partout en tête, sauf dans sa Bavière d'origine.

Donner des gages d'excellence

L'été 1932 paraît calme sur tous les fronts. Gaston Ouvrard s'invite sur les ondes courtes de la TSF et chante à longueur de journée qu'il a « la rate qui s'dilate et le foie qu'est pas droit »… La France n'en finit pas de glorifier son œuvre civilisatrice en Algérie. Elle sort à peine de la conférence de Lausanne annulant les réparations de guerre dues par l'Allemagne que les élections législatives outre-Rhin confirment la position du NSDAP comme premier pari du pays (37,3 % des voix) et premier groupe parlementaire. En moins de deux ans, Hitler est devenu un phénomène de masse capable de toucher plus du tiers des Allemands. Il a réussi à faire l'unité d'un électorat très diversifié. Le pays en avait sans doute un grand besoin !

Au cours de cette rentrée d'octobre 1932, Chérif Mécheri entrouvre un nouveau chapitre de sa carrière en entrant au cabinet de Philippe Marcombes[1], sous-secrétaire d'État à la présidence du Conseil et au ministère de l'Intérieur. L'homme est affable et rigoureux. Il a gardé de ses études de médecine à l'École militaire une propension à la méthode et à la précision. Radical-socialiste avéré, il estime particulièrement son conseiller technique qui a une parfaite connaissance de l'Algérie et sait démêler les problématiques essentielles des chicaneries de clans et des problèmes identitaires qui sous-tendent les attentes des musulmans. Par des notes de synthèse brèves, claires et judicieuses, il parvient à informer son ministre des attentes de son pays natal ainsi que de celles de la Tunisie et du Maroc. Ces deux derniers pays placés sous protectorat n'ont pas forcément les mêmes aspirations que leur voisin. Un point commun à ces trois pays nord-africains reste néanmoins la mise en place d'un statut qui permettrait à la France de se prononcer clairement sur une assimilation ou une intégration. C'est ce qu'explique le jeune collaborateur du ministre qui sait d'expérience que la langue arabe et le Coran cimentent les plus humbles, lesquels restent majoritaires dans les trois pays. Il insiste notamment sur le rôle des médersas qui ne sont pas seulement des lieux où les indigènes reçoivent une initiation au droit coranique permettant aux plus évolués d'entre eux de se rapprocher du système juridique et judiciaire français sans s'y intégrer ; leur rôle reste

1. Cet ancien médecin (1877-1935) est un radical-socialiste qui fut conseiller municipal (1904) puis conseiller général (1910), puis maire (1919 et 1925). Il a été deux fois sous-secrétaire d'État, sous la tutelle du ministre de l'Éducation nationale, en charge de l'éducation physique dans le gouvernement Herriot (juin à décembre 1932) puis chargé de l'enseignement technique dans le gouvernement Sarraut (octobre à novembre 1933). Il fut également un éphémère ministre de l'Éducation nationale en 1935 dans le gouvernement Laval.

d'appliquer le droit coutumier *via* lequel la France pense se ménager une paix sociale durable. La puissance coloniale joue sur deux tableaux comme nous l'avons vu précédemment. Ce travail exemplaire lui vaudra de recevoir les insignes de chevalier de la Légion d'honneur, le 20 juillet 1933.

Dans le milieu où il évolue, Chérif Mécheri doit donner des gages d'excellence pour une « assimilation » harmonieuse dans ce milieu qu'il convoite et qui reste fermé à ceux qui ne sont pas issus du sérail. *A fortiori* quand ils ont eu l'idée incongrue de naître hors de France métropolitaine et d'être affublés d'un patronyme qui sonne faux dans le monde feutré des ministères et de la préfectorale. Comme à son accoutumée, il est un collaborateur zélé, disponible, ne ménageant pas son temps. Pas question de vacances. Encore moins en Algérie... Même s'il maintient un contact avec ses parents, sa vie est à Paris, et le 23 novembre 1933 marque son ancrage définitif dans cette France métropolitaine pour laquelle il a opté définitivement. Il a 30 ans et il est bien plus heureux que ce M. Ribière, le marchand de charbon d'Avignon dont *Paris-Soir* fait sa une au motif qu'il vient de gagner 5 millions de francs à la Loterie nationale. Le fils du caïd de Morsott vient d'obtenir la nationalité française, ce qui ne va pas de soi pour un Algérien auquel l'accès à cette reconnaissance est extrêmement rare... et semé d'embûches. Rappelons, pour mémoire, que, dès le 26 juin 1889, la promulgation de la « grande loi sur la nationalité » modifiait radicalement le mode d'acquisition de la nationalité française, en réintroduisant le *jus soli* (droit du sol) exclu depuis 1803 du Code civil français qui consacre alors comme mode exclusif d'acquisition de la « qualité de Français » à la naissance le *jus sanguinis* (droit du sang).

La modification spécifique aux trois départements français qui composent alors l'Algérie s'appuie sur la crainte d'une déflation démographique pouvant modifier les équilibres sociopolitiques. Sans parler du *risque* de devoir assimiler les étrangers installés en France métropolitaine. Les colons d'Algérie font front pour s'opposer à toute évolution même si la procédure de naturalisation des étrangers a été instaurée par le sénatus-consulte de 1865 : elle est rapide, simple mais ne convainc pas les musulmans. Ils ne seront que 276 à demander leur naturalisation entre 1865 et 1881. Le problème est ailleurs. Il puise ses racines dans les atermoiements et autres propositions qui se heurteront régulièrement à l'hostilité des Européens d'Algérie.

Comme l'explique Boualem Sansal dans *France-Algérie. Résilience et réconciliation en Méditerranée*[1] : « En 1936, il semble que le gouvernement Front populaire ait pris conscience de la situation en tentant de la modifier… Je veux évoquer ce fameux projet Blum-Viollette déposé à l'Assemblée nationale ! Il proposait que 20 000 à 25 000 *indigènes* puissent devenir citoyens français tout en gardant leur statut personnel lié à la religion. Mais les conditions imposées pour cette accession étaient tout simplement rédhibitoires au regard de la condition sociale, économique et culturelle des indigènes de l'époque. Pour s'en convaincre, il n'est qu'à rappeler les critères de *sélection.* Ils sont au nombre de neuf, et inutile de les commenter pour montrer à quel triste jeu se livrait le gouvernement français, socialiste de l'époque. » Ainsi, ne peuvent solliciter la naturalisation que les indigènes algériens français ayant quitté l'armée avec le grade d'officier, de sergent-chef ou un grade supérieur après avoir servi pendant quinze ans et en être sorti avec le certificat de bonne conduite ; ainsi que les indigènes algériens français ayant accompli leur service militaire et ayant

1. Boris Cyrulnik et Boualem Sansal, *France-Algérie. Résilience et réconciliation en Méditerranée*, *op. cit.*

obtenu tout ensemble la médaille militaire et la croix de guerre. Y sont également accessibles ceux qui sont titulaires de l'un des diplômes suivants : diplôme de l'enseignement supérieur, baccalauréat de l'enseignement secondaire, brevet supérieur, brevet élémentaire, diplôme de fin d'études secondaires, diplômes des médersas, diplôme de sortie d'une grande école nationale ou d'une école nationale d'enseignement professionnel, industriel, agricole ou commercial ainsi que les fonctionnaires recrutés au concours. Faute de quoi il leur faut être élus aux chambres de commerce et d'agriculture ou désignés par le conseil de la région économique et par les chambres d'agriculture d'Algérie... Et ainsi de suite.

Autant dire que, « même s'il ne pouvait trouver d'application sérieuse, ce projet n'a pas été voté. Il a été retiré en raison de très violentes oppositions, notamment des Européens d'Algérie, et y compris au sein de la gauche. On comprend ceux qui, parmi les "indigènes algériens français", si drôlement nommés, pensaient qu'il n'y avait rien à attendre de la France et appelaient à la lutte pour l'indépendance. Ils rejetèrent le projet Blum-Viollette tout aussi violemment[1] ».

De toute façon ce projet n'eut pas de suite du fait de l'opposition conjointe de la Fédération des maires d'Algérie et des mouvements politiques algériens. Les opposants auraient (presque) accepté que les indigènes votent mais, ce faisant, ils auraient risqué fort de mettre à mal leur électorat. Le projet sera définitivement rejeté par le Sénat en 1938.

Nanti de sa nationalité française, Chérif Mécheri est conscient qu'il est maintenant un « privilégié » et certains ne manqueront pas de le lui faire remarquer durant une grande partie de sa carrière. Parfois de manière assez brutale, d'autres

1. *Ibid.*

fois sur un mode insidieux, à l'image de ce secrétaire général sous les ordres duquel il sert lors de son passage à la présidence du Conseil : « Mécheri… vous êtes corse ? », demande-t-il sur un mode faussement naïf. « Non, monsieur le secrétaire général, je suis d'un peu plus bas dans la Méditerranée ! – Ah ! Vous êtes algérien… Mais citoyen français… Alors vous connaissez la loi… » Chérif Mécheri esquisse un sourire contrit, préférant éluder. Mais son supérieur insiste, comme pour tester sa loyauté et sa subordination… « Vous pouvez exercer des fonctions de gestion, mais pas des fonctions d'autorité ! » Mécheri opine du chef et répond d'une voix neutre : « Monsieur le secrétaire général… J'ai passé le concours de la préfectorale[1] ! » Inutile de préciser qu'il y a perfectionné ses connaissances acquises comme étudiant en droit et qu'il connaît parfaitement ses droits et devoirs… Il aurait tout loisir de préciser que ces petites remarques sont le viatique de son quotidien professionnel mais il connaît le prix de sa promotion : savoir taire ce que l'on pourrait dire ! Il est déjà plus haut que ce marchepied sur lequel semble vouloir le cantonner son secrétaire général ignorant que Mécheri est déjà pressenti par Camille Chautemps pour obtenir son premier poste de sous-préfet de Saint-Jean-de-Maurienne avec mise en disponibilité au secrétariat d'État à la présidence du Conseil. Le 20 janvier 1934, l'enfant de Doukhen revêt l'uniforme lié à la fonction : habit bleu, broderie en argent et bicorne, pantalon bleu rehaussé de bandes d'argent retenu par une ceinture de soie noire, épée à poignée de nacre, écharpe tricolore, gilet blanc[2].

1. *Ibid.*

2. Il faudra attendre 1945 pour que le général de Gaulle demande d'abandonner cette tenue de cérémonie pour le veston croisé bleu marine avec pattes d'épaules et parements de manches brodés. Le bicorne est alors remplacé par la casquette ou le tricorne de feutre uni bleu marine pour les femmes.

Cette nomination est assortie d'une longue correspondance du ministère de l'Intérieur émanant plus particulièrement de la direction du contrôle de la comptabilité des Affaires algériennes. On peut y lire notamment : « À cette candidature s'intéressent les parlementaires algériens, spécialement ceux du département de Constantine. Les représentants de l'Algérie font valoir que dans les circonstances actuelles la nomination d'un indigène [*sic*] aura la plus heureuse influence au point de vue politique. Cette considération est d'autant plus justifiée que, déjà, la nomination pour ordre de M. Mécheri a produit dans les milieux algériens et nord-africains, surtout parmi l'élite intellectuelle sortie des écoles françaises, une excellente impression.

« L'affectation de M. Mécheri à un poste effectif ne manquera pas de prouver une fois de plus que ce geste n'était nullement vain et que la sollicitude de la France vis-à-vis de ses enfants adoptifs [*sic*] est une réalité[1]. » Le signataire rappelle un peu plus loin que le nouveau sous-préfet « a tenu à payer d'exemple » (mots soulignés dans le texte : NDR) en recevant, l'année précédente, une délégation d'élus musulmans venus présenter un cahier de revendications au gouvernement français… sans être reçue. « Cette fin de non-recevoir a fort mécontenté l'opinion publique indigène. Une solution d'apaisement était recherchée et pour répondre aux aspirations indigènes (notamment à leur désir d'obtenir leur naturalisation dans le statut) le gouvernement avait défini sa position dans cette formule : « Les indigènes qui voudraient obtenir les droits attachés à la qualité de citoyens français, surtout pour accéder aux fonctions dites d'"autorité" n'ont qu'à renoncer à leur statut personnel,

1. Fonds Mécheri, Sciences Po, Mec1/Dr1.
Ibid.

non sous la forme collective comme ils le demandaient, mais par voie individuelle. Cette condition remplie, la Mère Patrie ne ferait aucune distinction entre ses propres nationaux et ses enfants adoptifs[1]. » Faisant référence à la demande et à l'obtention de la nationalité française du sous-préfet, le scripteur n'hésite pas à pousser au (pseudo) drame familial en soulignant que Chérif Mécheri « n'a pas hésité à le faire malgré la dure épreuve de mécontenter de vieux parents attachés à des traditions millénaires et surtout une opinion publique musulmane restée sous l'emprise d'un Coran qui identifie le Code civil musulman avec la religion[2] ».

Forçant le trait jusqu'à l'emphase caricaturale, l'auteur de la lettre conclut ainsi : « C'est un véritable bouleversement, presque un sacrifice, auquel s'est prêté M. Mécheri, heureux d'être incorporé à la famille française avec la fierté de servir d'exemple[3]. » Voilà bien un courrier qui, en deux pages à peine, contient les poncifs d'une administration coloniale plus soucieuse de l'intégration d'une élite par l'exemple et le mérite que de l'assimilation de toute une population marginalisée.

Le nouveau sous-préfet Mécheri est une sorte de caution, le premier exemple de cette fameuse « discrimination positive » (curieux oxymore) contrairement à celle qui sera mise en exergue en décembre 2008 par le président Sarkozy à l'occasion d'une nomination d'un autre préfet d'origine maghrébine.

1. *Ibid.*
2. *Ibid.*
3. *Ibid.*

On brûle des livres à Berlin

Ayant une parfaite connaissance de l'Algérie et plus particulièrement de l'Est et du Constantinois, Chérif Mécheri sera consulté quelques mois plus tard quand éclatera un véritable pogrom antisémite à Constantine. Nous sommes le 5 août 1934. Ce jour-là un petit groupe de musulmans attisé par des forces mal définies se livre au massacre de 28 Juifs dont des femmes et des enfants, assiège et met à sac le quartier israélite. Tout a commencé par une échauffourée entre un zouave juif pris de boisson et un groupe de musulmans réunis dans la cour de Sidi Lakhdar, la plus célèbre mosquée de Constantine. Le Juif est accusé d'avoir souillé le lieu. Il est pris à partie et la situation dégénère gravement. Le principal responsable de ce pogrom n'est autre qu'Émile Morinaud qui, une fois son écharpe obtenue et ses promesses sociales rangées, a réactivé son antisémitisme foncier. Durant ces émeutes sanglantes, il prend le parti de la non-intervention, n'envoyant la troupe pour rétablir l'ordre qu'au bout de trois jours. Trop tard ! Le nouveau sous-préfet Mécheri est sollicité pour donner des explications à ce pogrom inattendu, lui qui, quatre ans plus tôt, avait été attaché de cabinet d'Émile Morinaud. Mieux que quiconque, il en sait les stratégies, les visées et les comportements. La pertinence de ses notes ne manquera pas de surprendre leurs destinataires, ignorant en bonne part cette tension interne d'une Algérie aux colonisations nombreuses sans pour autant s'en alarmer outre mesure. Quant à Chérif Mécheri il finit de préparer ses cartons.

Dans ces derniers jours de janvier 1934, Saint-Jean-de-Maurienne fait un accueil neigeux à son nouveau sous-préfet. Ville historique au passé tourmenté, elle a connu plusieurs révolutions dont celle des transports qui est passée quasiment inaperçue. La belle qui sommeille à l'abri de ses monts va pourtant s'éveiller avec la montée en puissance de la houille blanche qui impactera fortement la sous-préfecture et ses villes alentour. Le point de départ est donné en 1907 avec le démarrage de l'usine des Plans qui produit de l'aluminium. Implantée en bordure de l'Arc sa production monte lentement en puissance jusqu'à générer un millier d'emplois... Avec les infrastructures inhérentes à cette population constituée en grande partie d'immigrés italiens. Au lendemain de la Première Guerre mondiale d'importantes cités sont construites à proximité de l'usine ainsi que sur les rives (gauche et droite) de l'Arc. De vieux bourg somnolant, Saint-Jean-de-Maurienne s'étoffe, gagne en vie et en activités sous l'impulsion notable d'Henri Falcoz[1], maire depuis 1912, qui accueille le nouveau sous-préfet avec chaleur sachant les affinités radicales-socialistes de l'impétrant. À ses yeux, elles sont un gage de collaboration fructueuse dans l'épanouissement du département et plus particulièrement de Saint-Jean-de-Maurienne qui a réussi, *in extremis*, à garder sa sous-préfecture en 1927 lors de la réforme administrative de Raymond Poincaré. M. Falcoz met tout en œuvre pour présenter le représentant de l'État à tout le gotha, insistant sur tel ou tel homme d'influence pratique ou occulte. Le sous-préfet salue, devise, s'informe, s'intéresse, dressant sa propre carte politico-sociale de son nouvel univers. Il est aidé en cela par le préfet en poste qui dispose d'une perception supérieure et peut l'orienter, l'aider tout en lui glissant certaines suggestions dont

1. Maire de Saint-Jean-de-Maurienne (1912 à 1935), Henri Falcoz fut également député de Savoie (1924 à 1936) ; il siégea d'abord comme républicain socialiste puis comme radical-socialiste et radical-indépendant. Il fut également sous-secrétaire d'État aux Travaux publics (mars à novembre 1930) dans le gouvernement Tardieu.

Mécheri sait qu'il doit en tenir compte dans la mesure où elles traduisent la sensibilité, les orientations et les attentes de son supérieur hiérarchique. Le sous-préfet reçoit les maires et les députés, les conseillers généraux et les syndicalistes, les journalistes et les représentants du monde paysan. Au terme de chaque rencontre, il rédige une note et n'hésite pas à questionner son personnel sur tel ou tel autre personnage avec un air à la fois complice et faussement naïf qui peut créer une empathie et générer les informations nécessaires à la bonne compréhension de son territoire. Comme il se doit, le sous-préfet rend compte à son autorité, reçoit les personnalités de passage, inaugure, coupe des rubans, préside des cérémonies patriotiques et des comices agricoles, taste un bon mot ou un vin encore jeune, reçoit des doléances ou des demandes de subventions… Avec une égale disponibilité et une capacité d'écoute qu'il sait ne jamais rendre distante pour son interlocuteur. Les jours et les semaines s'empilent sans qu'il ait le temps de visiter la région, encore moins de se rendre en Algérie où sa promotion a fait les titres de la presse. Fort heureusement, son passage dans différents services d'État l'a formé à ces comportements spécifiques de la haute fonction qui est aujourd'hui la sienne et pour laquelle il lui faut également s'appuyer sur des conseillers susceptibles de le tenir au fait de l'air du temps… Pas seulement celui qui nourrit les colonnes du journal local ou des confidences (rarement anodines) de tel ou tel autre visiteur.

La vie trépidante du sous-préfet suit son cours avec cette habituelle pause de la soirée pour parcourir la presse. Elle foisonne d'échos locaux et de faits divers que le romancier le plus inspiré n'oserait imaginer… À la page des actualités internationales on s'attarde peu sur d'autres événements dont il retrouve trace et plus substantielle évocation dans *Le Figaro* auquel Chérif Mécheri restera fidèle sa vie durant. Il y suit notamment ce qui se passe en Algérie et outre-Rhin où la situation s'embrase lentement à l'image des 20 000 livres *séditieux* brûlés à Berlin. Après des violences antijuives et le boycott des magasins tenus par des Juifs, le nouveau pouvoir a légalisé l'élimination des Juifs de la fonction publique. La Nuit des longs couteaux a permis à Hitler de faire éliminer ceux qui l'ont aidé à franchir les marches du pouvoir et qui peuvent le gêner dans sa future politique ainsi que ses opposants et ses rivaux. Le pire est à venir, mais on en parle peu dans les dîners en ville ou les réceptions que donne le sous-préfet dans le grand salon de la sous-préfecture. Éviter les discussions d'ordre politique ou les faits et gestes de nos voisins… Ce sont des socles sur lesquels il faut peser de tout son poids pour mériter de franchir chaque marche en son temps !

La vie est agréable malgré la charge de travail, et les invitations ne manquent pas. M. le sous-préfet, en complet veston ou en grande tenue, attire régulièrement la convoitise de ces messieurs et les regards charmés de ces dames qui n'hésitent pas à lui présenter leur fille en toute occasion. De quoi le faire sourire, lui qui vit là une sorte de revanche sur l'humiliation bônoise ! Mais, là encore, il met en pratique ce que le quotidien lui a enseigné durant ses précédents postes : éviter trop de familiarité, encore moins d'intimités, avec ses administrés.

Durant près de quinze mois, il va faire l'apprentissage de son futur métier, en découvrir les grandeurs et les difficultés au quotidien.

V

LE PARCOURS PRÉFECTORAL SEMÉ D'EMBÛCHES

La carrière de Chérif Mécheri se déroule sans accroc notable et, en avril 1935, il fait son entrée à la préfecture de la Lozère comme secrétaire général sous les ordres du préfet Jean Roussillon... Jusqu'à la nomination de ce dernier au secrétariat général du Crédit municipal, en mai 1937. Il est alors placé sous les ordres de Robert Bizardel qui était jusque-là sous-préfet d'Épernay. Avec lui, il découvre de nouvelles approches de ce travail minutieux et délicat, placé dans la situation de second auquel il sait ce que l'on peut demander et jusqu'où il convient d'avancer sans jamais se placer sous les feux de la rampe. Toujours efficace dans la discrétion, présent sans trop d'insistance, il ne tarde pas à se rendre indispensable. Devant tant de qualités on oublierait presque ses origines sauf dans certaines antichambres du pouvoir où l'on s'étonne encore et toujours de l'ascension de l'indigène. Et quand un journaliste dresse son portrait en pied, comme c'est alors le cas dans *L'Écho d'Alger*, il ne manque pas de rappeler que « Chérif Mécheri est le premier Arabe qui ait renoncé à jouir du statut auquel sa naissance lui donnait droit[1] ». À l'époque où paraissent ces lignes, il vient de convoler en justes noces avec une jeune fille

1. *In* journal quotidien *L'Écho d'Alger* du 18 février 1938, p. 2, chronique : « La galerie algérienne de Paris ».

rencontrée deux ans plus tôt lors d'une soirée mondaine donnée à l'hôtel du Parc de Vichy. Quelques années plus tard, l'établissement connaîtra une bien fâcheuse célébrité en devenant le siège d'une partie du gouvernement du maréchal Pétain qui y avait ses bureaux et ses appartements. L'article de *L'Écho d'Alger* se poursuit ainsi : « Faisant élégamment les choses il a épousé il y a quelques mois, une jeune Parisienne, jolie comme un cœur, qui de surcroît est très cultivée et d'une réelle distinction... » La jeune épouse, Huguette Cartier, a 29 ans ; elle est issue d'une famille bourgeoise de Montmorency. Le couple aura deux enfants : Marie-Diane et Djamel, auxquels il faut ajouter une petite Josette née d'un précédent mariage de Mme Cartier.

Un Arabe à la Cité du canon

Après avoir insisté sur le fait que « Chérif Mécheri [est le] premier Arabe désigné par le gouvernement pour occuper un poste élevé dans la hiérarchie administrative[1] », le chroniqueur en vient à des éléments plus factuels : « Plein d'allant et ne craignant pas de prendre ses responsabilités, Chérif Mécheri s'est mis dans la tête d'être utile à ce pays lozérien qui, par certains côtés, ressemble tant à la région kabyle[2]. » Voilà qui n'est pas dit sans une certaine malignité quand on sait que *L'Écho d'Alger* a été fondé en 1912 et fut pendant longtemps le journal de la gauche radicale qui prônait le dialogue entre le patronat et la classe ouvrière avant de mener campagne contre le projet Blum-Viollette et toute forme d'intégration des indigènes. D'ailleurs, en première page du quotidien, le même jour où

1. *Ibid.*
2. *Ibid.*

l'on fait l'éloge du sous-préfet arabe, on peut lire un éditorial intitulé « Le projet Viollette, un total d'erreurs » qui ne prête pas à confusion… On y lit notamment : « Il est surabondamment prouvé que […] les efforts des colons partout où ils se sont exercés ont créé de la richesse et de la vie là où il n'y avait que de la misère et de la mort et que la pénurie se constate aux lieux seulement où il n'y a pas de colons, c'est-à-dire où les indigènes sont livrés à eux-mêmes. Dès lors, on peut se demander sérieusement en quoi l'octroi à certains d'entre eux – à quelques privilégiés – d'un bulletin de vote pourrait améliorer la situation de ces indigènes. Mieux vaudrait, ainsi que le sénateur Jacques Duroux[1] l'a fait observer il y a quelques jours, donner aux indigènes au lieu d'une satisfaction illusoire, des satisfactions substantielles, le moyen de vivre en travaillant, en les aidant, notamment, à améliorer les conditions de leur production et en perfectionnant leurs débouchés[2]. » Curieux choix entre intégration et économie de circonstance ! Il est vrai que M. Duroux est, entre autres, patron du journal dans lequel il est cité. Politicien influent et riche colon, il est prioritairement soucieux de ses intérêts en terre algérienne… Ce qui est le cas de bien des personnalités politiques du pays qui ont généralement une emprise économique forte.

Mécheri sourit sans doute de ce portrait en pied un tantinet opportuniste et démagogique. On apprendra beaucoup plus tard[3] que, « à l'arrivée de M. Bizardel à la préfecture de la Lozère, l'intéressé [Chérif Mécheri : NDR] s'est dévoilé et

1. Jacques-Louis-Édouard Duroux (1878-1944) est un important industriel et magnat de la presse en Algérie française dont il possède plusieurs titres dont *Alger républicain*. Il a été sénateur du parti radical-socialiste de la IIIe République.

2. *L'Écho d'Alger* du 18 février 1938, p. 1.

3. *Notes sur M. Mécheri, ancien préfet délégué de la Haute-Vienne*, rapport de la Direction des renseignements généraux en date du 31 octobre 1944.

a fait une propagande acharnée auprès de ses collaborateurs – notamment auprès de M. Caillet, commissaire spécial – en faveur du Front populaire[1] ».

Ne laissant rien apparaître de ses engagements, Chérif Mécheri s'attache à un dossier proposé préalablement au préfet Jean Roussillon qui l'apprécie et lui « inculque les grands principes de l'administration dont il a hérité lui-même de son oncle ancien préfet de la Seine[2] ». Pour l'heure il s'agit de gérer sans retard le problème du thermalisme dans le département. À peine installé dans ses nouvelles fonctions, il s'est attaché aux perspectives d'une station thermale située à 20 kilomètres de Mende, à 913 mètres d'altitude et tombée en désuétude. Selon un premier rapport remis à sa hiérarchie, ce gisement serait d'un intérêt bien supérieur à la culture et à l'élevage qui sont des activités traditionnelles de la Lozère et au secteur industriel qui a du mal à prospérer. Le nouveau secrétaire général préconise que l'activité thermale connue depuis les Romains soit relancée, les eaux possédant des vertus exceptionnelles notamment dans le traitement des rhumatismes cardiaques. Voilà, précise-t-il, une particularité unique en Europe qu'elle ne partage qu'avec une autre station allemande. Son préfet tombant malade, il lui faudra délaisser un peu son dossier de prédilection, d'autant que, avec des élections législatives en vue, d'autres occupations lui incombent en ces temps où l'administration préfectorale n'hésite pas à jouer de son influence dans le choix et la défense des candidats. Il se frotte à la carte électorale, aux découpages et influences politiques ou occultes dont il faut connaître les subtilités pour préparer l'émergence des candidats ayant les faveurs du pouvoir central. De quoi

1. *Ibid.*
2. Notes de sa fille Marie-Diane Mécheri.

attendre l'arrivée du nouveau préfet en s'essayant à ce jeu des chaises musicales et des fauteuils utiles…

Le secrétaire général n'aura pas le loisir de voir les suites qui seront données à son dossier thermal parce qu'il est déjà nommé sous-préfet de Haute-Vienne. C'est à regret que ses administrés le voient quitter le poste au sein duquel il est parvenu à se faire remarquer ; la presse locale ne tarit pas d'éloges à propos de cet homme disponible et attentif qui a su s'attacher la sympathie d'une grande partie de ses administrés.

Le 15 septembre 1937, il prend ses nouvelles fonctions de sous-préfet de troisième classe en s'installant à Rochechouart surnommée « la Cité du canon » du fait de la présence de cette modeste pièce d'artillerie qui servit autrefois à tirer des salves à l'occasion des grandes occasions. Très tôt le nouveau sous-préfet ironisera gentiment sur sa charge de travail en lançant : « J'administre un château, un canon et trente communes auxquelles je rends visite régulièrement[1] ! »

Il se réjouit de cette nouvelle affectation qui lui permet de découvrir, avec son épouse, une région agréable et riche de gisements historiques. Il prend des vacances à Saint-Gervais-les-Bains et accueille, de loin en loin, des parents, des élus et des amis d'Algérie.

Il reçoit bientôt un télégramme de Tébessa : un de ses frères l'alerte sur l'état de santé préoccupant de leur père septuagénaire qui semble payer ses excès de bonne chère. Le sous-préfet dépose une demande de congé de dix jours pour se rendre en Algérie du 22 au 30 novembre 1938[2]. Arrivé sur place, le médecin traitant lui paraît préoccupé devant l'état de santé du père qui, après avoir été opéré d'un anthrax, a dû être

1. *Ibid.*
2. Fonds Mécheri, Sciences Po, MEC1/Dr1.

transporté d'urgence à Bône pour subir une nouvelle opération chirurgicale consécutive à un diabète qui le forcera à garder la chambre durant deux mois. Le sous-préfet est soucieux au vu de la faiblesse de son père qui éprouve des difficultés à se déplacer et ménage un corps émacié et un verbe beaucoup moins affirmé que par le passé. Ils échangent de longs silences, et il promet à son père de mettre tout en œuvre pour qu'il recouvre une parfaite santé dans les mois à venir. C'est sans compter avec l'usure du corps et la maladie qui gagne. Sa santé ira déclinant et le docteur Maurice Amor qui le suit préconisera une nouvelle opération en août 1939 en vue de « l'ablation d'une tumeur maligne de la région frontale gauche[1] ».

Durant son séjour, Chérif est invité par ses frères à des repas et des visites familiales qu'il ne peut toutes accepter. D'autant que chacun y va d'une demande de promotion, d'un soutien, d'une nomination… Il leur explique qu'il fera ce qu'il peut, du mieux qu'il le peut.

Avant de quitter l'Algérie, il marque une longue halte à Constantine où il retrouve des camarades de collège, rencontre des élus, des chefs d'entreprise. Tous lui disent combien ils sont fiers de lui et leur espoir de le voir revenir un jour sur ses terres pour participer à la grandeur et à l'épanouissement du pays. Néanmoins, tout est faussement calme dans l'Est. Morinaud nourrit toujours la même aversion pour les Juifs de la ville. D'autant qu'en juillet 1938 à l'issue des élections municipales complémentaires à Constantine il avait perdu son fief… Un coup de la *juiverie* constantinoise, à n'en pas douter. Favorable à Morinaud, le journal *Le Républicain* est reparti en guerre. Et le quotidien adverse, *Le Droit de vivre*, le dénonce comme l'« organe de M. Morinaud, puant la haine

1. Archives nationales d'outre-mer à Aix-en-Provence C//5608, 5623, 5786.

et la vengeance, [qui] crée une atmosphère d'émeute et de pogrom ». Dans la foulée, Morinaud fonde, en juillet 1938, les *Amitiés françaises* utilisant à nouveau *Le Républicain* pour préconiser le boycott des magasins et de la main-d'œuvre israélites... Ce qui n'est pas sans rappeler la fureur antisémite qui monte outre-Rhin. Dans son action, jouant toujours sur la même duplicité, Morinaud appelle les musulmans à le rejoindre. Ceux-ci en oublient sans doute que 10 % seulement de la population d'âge scolaire accède à l'école, et dans des conditions précaires !

À Constantine, bon nombre des anciens condisciples de Chérif Mécheri lui parlent du Parti populaire algérien (PPA) qui a succédé à l'Étoile nord-africaine et revendique toujours l'indépendance de l'Algérie. Poursuivant ses conversations amicales ou informelles, Chérif Mécheri apprend que Messali Hadj apparaît aux yeux du plus grand nombre comme un fanatique un peu illuminé qui risque bien de semer le trouble. L'autorité française déjà alertée sur la situation n'a pas voulu prendre de risque et l'a fait interner depuis août de la même année.

Qui se souvient alors de ce que prédisait le sénateur sociodémocrate Maurice Viollette – celui que les colons avaient surnommé « Viollette l'Arabe » quand il déposa sa modeste proposition de loi accordant la citoyenneté française à une infime « élite » indigène ? L'année suivante, il écrivait : « Dans quinze ou vingt ans, il y aura plus de 10 millions d'indigènes en Algérie, sur lesquels près d'un million d'hommes ou de femmes pénétrés de la culture française. Allons-nous en faire des révoltés ou des Français ? Serons-nous assez aveuglés par ce que certains considèrent comme leur intérêt matériel immédiat pour leur sacrifier notre empire africain et le sort du pays ? [...] S'il en était ainsi et si la métropole n'intervenait pas pour imposer un point de vue plus juste et plus humain, l'Algérie serait condamnée[1]. »

Chérif Mécheri se montre dubitatif devant les propos alarmistes de certains de ses amis auxquels il reproche de voir l'Algérie à travers le prisme réducteur de l'austère Constantine. La France a les moyens et la volonté de modifier sa politique coloniale et d'infléchir les velléités de Messali, de Ben Badis et d'autres oulémas inspirés… Beaucoup plus préoccupant semble être ce qui se trame en Allemagne dont la Société des Nations a condamné le réarmement trois ans plus tôt, ce qui ne semble pas perturber le pays qui a adopté le drapeau à croix gammée comme étendard national.

C'est tout de même un peu inquiet que Chérif Mécheri regagne la métropole. Préoccupé par la santé déclinante de son père. Préoccupé également par ces accès de fièvre dont semble souffrir le pays. Préoccupé par ces Algériens qui ne se sentent toujours pas Français. Que faire ? Il n'a pas le loisir de trouver des réponses aux questions qui interpellent le monde à venir face à la masse de travail qu'il lui faut assumer quotidiennement : suivre et mettre à jour l'agenda, accorder des rendez-vous, en refuser poliment d'autres, accepter une invitation et en décliner une autre, parcourir la revue de presse, enchaîner les réunions internes avant de prendre connaissance des notes de mises à jour administratives, des extraits de *Journal officiel*… Il y a aussi les lettres qui s'entassent en chemises préparées et annotées par son administration : des demandes de subventions, des interventions pour la réfection d'une route ou d'un canal d'irrigation, des sollicitations en vue de l'obtention d'une bourse pour tel ou tel étudiant toujours brillant, d'une révision

1. *In* Maurice Viollette, *L'Algérie vivra-t-elle ? Notes d'un ancien gouverneur général*, Paris, Félix Alcan, 1931.

de pension, de l'attribution d'une médaille ou d'un passe-droit en vue d'une hospitalisation spécifique... Il lit, annote, griffonne des éléments de réponse essayant de trouver une formule personnalisée, adaptée à chaque lettre[1].

En ce début d'année 1939, la fièvre continue de monter en Allemagne où Adolf Hitler annonce au ministre des Affaires étrangères polonais, Józef Beck, que Dantzig devra tôt ou tard être restituée au Reich. Bientôt, l'Allemagne, le Japon et l'Italie invitent la Hongrie à adhérer au pacte anti-Komintern. Et Benito Mussolini accepte la proposition d'Hitler de transformer ce pacte en une alliance militaire défensive... La guerre ne saurait tarder. En Europe et peut-être en Algérie. Un élu de l'Assemblée algérienne rencontrant Chérif Mécheri à Paris lui raconte ce qui s'est passé quelques mois plus tôt, à Alger, lors de la célébration de la fête nationale. Une parade avait été organisée par le Parti communiste algérien (PCA) au nom du Front populaire français et, à cette occasion, un manifestant a brandi le drapeau algérien. « Quel drapeau algérien ? Le drapeau tricolore ? », s'étonne Mécheri à qui son interlocuteur explique qu'il ne s'agit pas de l'emblème français mais d'un drapeau vert et blanc frappé d'un croissant de lune et d'une étoile rouges...

Le sous-préfet n'émet aucun commentaire. Voilà longtemps qu'il a appris à ne rien laisser paraître de ses sentiments en quelque circonstance que ce soit. Ses armes d'évitement restent le mutisme, la séduction et l'affabilité. Élégant et un rien charmeur, il n'hésite pas à se distinguer en portant la casquette (désormais de mise) légèrement penchée sur la droite... Une distinction qui sera sienne tout au long de sa carrière dans la préfectorale. Pourtant, il ne choque pas ses supérieurs par

1. Le fonds Mécheri archivé à Sciences Po regorge de ces lettres, notamment dans le dossier MEC/Dr2.

ce port peu orthodoxe qui souligne un visage régulier dont le regard charbonneux vient ponctuer une mise stricte et un port altier. Dans une note de l'époque classée « très confidentielle » et fournie par le préfet d'Eure-et-Loir, on peut lire les appréciations suivantes le concernant : « A du caractère et de la décision, de l'autorité et des dons de persuasion. [...] Style correct, parole facile, beaucoup d'activité, fonctionnaire très consciencieux[1]. » En conclusion, le préfet indique : « Je n'ai que très peu connu M. Mécheri mais j'ai perçu les échos de son passage à la sous-préfecture de Rochechouart qui lui sont unanimement favorables. Sous-préfet plein d'allant, très simple et séduisant, il avait parfaitement réussi dans la Haute-Vienne[2]. »

Jean Moulin

Désormais, il lui faut être plus qu'un sous-préfet en attente... Un haut fonctionnaire exemplaire face aux attaques assez régulières dont il est encore l'objet. Elles viennent parfois d'où on ne les attend pas ! Il est très préoccupé par la situation nationale et s'interroge sans doute sur la forme d'engagement qu'il peut prendre. Il veut « travailler pour la Libération nationale [...] et préconise une politique de dignité et de fermeté vis-à-vis des Allemands et de leurs complices[3] », alors que la guerre fait rage et que les haines s'aiguisent dans un climat qui est souvent étranger à « un même élan de ferveur et d'enthousiasme

1. Renseignements administratifs classés « très confidentiel » en date du 10 février 1940. Fonds Mécheri, Sciences Po, MEC1/Dr2.

2. *Ibid.*

3. *Rapport sur l'activité de M. Mécheri, préfet délégué à Limoges.* Fonds Mécheri, Sciences Po, MEC2/Dr4.

afin d'assurer la victoire de la France et la liberté du monde », comme il le souhaite en conclusion de sa lettre adressée à son préfet nouvellement arrivé dans le département : un certain Jean Moulin. Entre les deux hommes le courant passe immédiatement… Un courant du Sud qui leur est commun. Pour l'un, c'est le sud de l'Algérie, pour l'autre, celui de la France, plus précisément Béziers où il a coulé une enfance paisible en compagnie de sa sœur Laure et de son frère Joseph[1]. De ce temps d'insouciance, il a gardé son goût pour le dessin et griffonne souvent en écoutant ses interlocuteurs ou en téléphonant. Il aurait aimé faire carrière dans ce domaine mais son père s'y est opposé, moyennant quoi il a poursuivi une scolarité très moyenne avant de faire des études de droit tout en s'inscrivant dans la filière radicale-socialiste de son papa. Ancien conseiller général de l'Hérault, celui-ci peut se prévaloir d'un entregent et d'un engagement dans la franc-maçonnerie qui seront d'un précieux concours dans la carrière de son fils qui, au sortir de la fac, est nommé attaché au cabinet du président du conseil général de l'Hérault. Ce qui ne l'empêche pas de fréquenter le milieu artistique, de se passionner pour les vêtements griffés, les voitures de luxe… et les dames qui, nombreuses, y prennent place.

Ce dandy n'aura pas le temps de combattre durant la Première Guerre mondiale car, après sa mobilisation, en avril 1918, il fait ses classes mais, au moment de rejoindre le front, l'armistice est signé[2]. Son service militaire terminé,

---

1. Mort prématurément d'une pneumonie en 1902.
2. Alain Minc dans son ouvrage *L'Homme aux deux visages*, Grasset, Paris 2013, écrit p. 16 et 17 : « Ses biographes essaieront d'expliquer son attitude en 1939, c'est-à-dire ses efforts pour être versé dans le service actif, comme une volonté d'effacer sa relative indifférence en 1918. Sa correspondance de jeune conscrit ne traduit pas en effet une conscience aiguë des événements. Les soucis du "rata", le désespoir de voir un

il poursuit ses études de droit et il est promu chef adjoint de cabinet fin 1920. Deux ans plus tard, il entre dans l'administration préfectorale en tant que chef de cabinet du préfet de Savoie. De 1925 à 1930, il est en poste à Albertville : à 25 ans il est alors le plus jeune sous-préfet de France. Promu au même poste dans le Finistère en 1930 il poursuit sa vie mondaine tout en cultivant sa passion pour le dessin sous le pseudonyme de Romanin, en illustrant des recueils de poèmes ou en publiant des caricatures dans *Le Rire*, *Candide* ou la très célèbre revue *Gringoire*. C'est à croire que sa fonction principale est celle d'artiste… Ils sont quelques-uns, dont Max Jacob – avec lequel il est devenu ami –, à l'encourager à s'investir dans l'art. Il préfère la stabilité et craint de ne pouvoir vivre de ses mines et de ses pinceaux, d'autant que son père est régulièrement sollicité pour arrondir ses fins de mois, le salaire de sous-préfet ne suffisant pas à assouvir ses passions multiples. Ce qui ne l'empêche pas d'être apprécié de ses supérieurs, souvent avec l'appui de son père qui veille à la carrière de son rejeton un peu trop turbulent à son goût. Pour l'heure, il est évident que « son engagement dans la vie de la cité […] n'a rien de commun avec le militantisme de son père[1] ». En décembre 1932, Pierre Cot le nomme chef adjoint de son cabinet aux Affaires étrangères, et l'année suivante il est sous-préfet de Thonon-les-Bains tout en assurant la fonction de chef de cabinet de son mentor qui est alors ministre de l'Air. Jean Moulin sera ensuite sous-préfet de Montargis mais n'assumera pas cette responsabilité, consacrant tout son temps à Pierre Cot. Au début avril,

jambon dévoré par les rats, les purges au sel de magnésie : l'Histoire ne souffle guère sur l'esprit du jeune Moulin. […] Mais le Moulin de 1939 a une autre conscience politique que le jeune homme de 1918. »

1. *Ibid.*, p. 19.

il est rattaché à la préfecture de la Seine et s'installe à Paris. Le 1er juillet 1934, il prend ses fonctions de secrétaire général de la préfecture de la Somme avant d'être à nouveau chef de cabinet de Pierre Cot en 1936. Cette proximité du très radical socialiste ministre et du Front populaire lui sera sévèrement reprochée plus tard. En janvier 1937, à l'âge de 38 ans, il est nommé préfet de l'Aveyron. Après moult péripéties aériennes aux côtés des Républicains espagnols, le voilà à Chartres où il prend ses fonctions en janvier 1939 et, « l'arrivée d'un préfet du Front populaire dans ce département conservateur ne soulèvera pas, il faut bien le dire, un enthousiasme démesuré. Considéré, à tort, comme un “bouffeur de curés”, il suscite une certaine défiance. Mais pas pour longtemps. Son naturel chaleureux, son charisme firent très vite leur effet et, au bout de quelques semaines, le préfet s'était mis tout le monde dans la poche, épiscopat compris[1] ».

Chérif Mécheri tombe sous le charme de Jean Moulin et la réciprocité opère sans délai. Néanmoins, le ciel va s'assombrir pour ces deux élégants avides de réussite. Le 1er septembre 1939, les troupes allemandes franchissent la frontière polonaise, et la mobilisation générale est décrétée en France.

Tout bascule et, devant la catastrophe annoncée, Jean Moulin tente de s'engager et demande à être dégagé de ses fonctions de préfet, persuadé que « sa place n'est point à l'arrière, à la tête d'un département essentiellement rural[2] ». « Jean Moulin désirait s'engager. Malheureusement, les dispositions qu'il avait prises dès 1938 pour pouvoir intégrer un régiment d'aviation

1. Pierre Péan et Laurent Ducastel, *Jean Moulin, l'ultime mystère*, Paris, Albin Michel, 2015, p. 51.

2. Francis Zamponi, Nelly Bouveret et Daniel Allary, *Jean Moulin : mémoires d'un homme sans voix*, Paris, Éditions du Chêne, 1999, p. 72. Cité par Alain Minc, *L'Homme aux deux visages*, *op. cit.*, p. 50.

en tant que sergent-mitrailleur ne portèrent pas leurs fruits. S'il était le plus jeune préfet de France, Jean avait cependant dépassé de neuf ans l'âge limite d'incorporation. Ce refus l'indigna[1]. » Le ministère de l'Intérieur l'oblige à reprendre sans délai son poste de préfet, d'où il va s'employer, dans des conditions très difficiles, à assurer la sécurité et la survie de la population. Il sait qu'en cela il peut compter sur l'aide de son sous-préfet Mécheri. Les choses vont se corser avec la dissolution du PC par le gouvernement qui investit *illico* les préfets d'une mission jusque-là réservée à la justice et dont certains d'entre eux, à l'instar de Moulin, se dispenseraient volontiers : il s'agit de prendre des mesures d'internement à l'encontre des « individus dangereux pour la défense nationale et la sécurité publique ». Le nouveau ministre de l'Intérieur Albert Sarraut[2] précise qu'il classe sous la terminologie d'*individus* « une lie de gens sans aveu, une tourbe[3] ». Rappelons que ce radical-socialiste atypique instaurera au sein du gouvernement Daladier une politique de « discrimination » des « indésirables » et ouvrira des camps d'internement dans lesquels mourront plusieurs dizaines de milliers de Républicains espagnols réfugiés en France et des Juifs fuyant l'Allemagne nazie. Le voilà prêt à se jeter dans les bras des Allemands, lui qui votera les pleins pouvoirs au maréchal Pétain en juillet 1940.

---

1. *Ibid.*, p. 57.
2. Albert Sarraut (1872-1962) a été député radical socialiste et s'est beaucoup impliqué dans la gestion des colonies françaises. Gouverneur général de l'Indochine à deux reprises puis ministre des Colonies, il est l'un des principaux inspirateurs de la politique coloniale française dans la période de l'entre-deux-guerres. Il dirige deux gouvernements éphémères de la IIIe République et sera ministre de l'Intérieur à plusieurs reprises, il dissout l'Action française. Il est déporté au début des années 1944 mais survit. Sous la IVe République il présidera l'assemblée de l'Union française de 1951 à 1958.
3. Cité par Alain Minc, *L'Homme aux deux visages*, *op. cit.*, p. 50.

Des stéréotypes antisémites

La France va majoritairement basculer dans la collaboration… Comment l'expliquer ? Il est vrai que l'histoire des idées n'est souvent pas logique. On argumente rationnellement pour défendre un sentiment dont on ignore l'origine. Pourquoi une partie de la population française a-t-elle éprouvé un étrange plaisir à agresser Papon, alors qu'une autre partie, indignée, volait à son secours ? Pourquoi, dans les années 1930, la doxa française récitait-elle tant d'arguments antisémites au point de trouver que les lois antijuives de Pétain étaient normales ? On réquisitionne les vélos des Juifs, « ce n'est rien, tant qu'on ne s'attaque pas aux personnes », disaient de braves gens qui s'arrangeaient pour éviter de comprendre qu'un homme privé de vélo ne peut plus travailler dans une société où il n'y a pas de voitures. « Les Juifs ne respectent jamais les lois, ils cousent trop haut leur étoile, c'est normal qu'on les arrête[1] », disaient les témoins qui évitaient de prendre conscience que ces personnes allaient mourir parce qu'elles avaient cousu leur étoile trop haut.

Par quel mystère une doxa peut-elle soudainement changer et entraîner une autre manière de voir le monde ? Au moment du naufrage national de 1940, les Français étaient pétainistes parce qu'ils avaient besoin de réparer leur estime d'eux-mêmes en héroïsant le vainqueur de Verdun (1916). Mais, quand le gouvernement de Laval a décrété le STO (Service du travail obligatoire) pour envoyer des ouvriers français travailler dans les usines allemandes, il a paradoxalement renforcé la Résistance. Beaucoup de jeunes gens ont refusé de travailler pour l'occupant

1. Hélène Berr, *Journal 1942-1944*, Paris, Tallandier, 2008, p. 141.

et se sont engagés dans la lutte armée. Pendant les années 1930 et au début de la guerre, les Français récitaient les stéréotypes antisémites. Lorsque le port de l'étoile jaune a soudain désigné des gens réels et non plus fantasmés, M. Blumenthal, le gentil professeur de mathématiques, le bon élève Maurice, l'insupportable Jacquot de Ménilmontant, soudain les Juifs sont devenus des êtres réels et non plus des entités imaginées. Des religieux non juifs, des voisins ou des paysans ont alors protégé les Juifs, surtout en France où il n'y a eu « que » un Juif sur quatre déporté vers Auschwitz.

Dès le début de la guerre, Mécheri, comme Moulin, va prendre conscience que la préfectorale n'est pas une sinécure et il se sait désormais sous la surveillance de bien des zélateurs du nazisme prêts à gagner leur ciel et à sauver leur peau à n'importe quel prix ! Face au déferlement des troupes allemandes, tous deux doivent assurer le bon fonctionnement des services publics défaillants et pourvoir à l'approvisionnement de la population en produits de nécessité courante qui font de plus en plus défaut. Dans le même temps, l'exode gagne et le département manque aussi bien de légumes, de viande que de pain. Il arrive à Moulin de faire appel à son sous-préfet dont il connaît les capacités à s'adapter et à trouver des solutions à des problèmes souvent inextricables. Voilà ce que Jean Moulin griffonne sur des morceaux de papier avant de le retranscrire dans ses mémoires : « Nous n'avons plus maintenant ni gaz, ni électricité, ni téléphone, ni radio. J'assiste aux opérations de secours. Les équipes, hélas ! se réduisent de plus en plus. Mais les braves qui restent semblent d'autant plus dévoués et courageux qu'ils sont moins nombreux. Où sont les cadres de la défense passive ? Le directeur municipal de DP a fui cette nuit avec plusieurs de ses collaborateurs. Où sont les pompiers et leur matériel ? Le maire les a laissés partir ce matin, avec les pompes, sous la conduite du capitaine et du secrétaire général de la mairie, juchés sur la grande pompe. Parti aussi le directeur du service des eaux de la ville. Dans sa folle panique, avant de fuir, il a congédié les mécaniciens de l'usine hydraulique et bloqué les vannes, si bien que, dans quelques heures, la ville va être privée d'eau[1]. »

La situation est désespérante et, dans ces moments graves, Jean Moulin sait qu'il peut compter sur Chérif Mécheri même si celui-ci est également aux prises avec les bombardements allemands qui font de nombreuses victimes et des sans-abri, avec l'exode massif, avec le manque de nourriture, de charbon, de médicaments. La toiture de l'église de la Madeleine à Châteaudun a été soufflée à la suite de la chute d'une bombe allemande sur un camion transportant des fûts d'essence stationné à proximité. D'autres édifices publics dont sa propre sous-préfecture sont particulièrement endommagés. Le tribunal a été incendié ainsi que l'entrepôt de munitions que les Allemands vont investir tout en obligeant les ouvriers du lieu à continuer de travailler pour eux. Mécheri se démène au-delà même des attentes de son préfet qui en fera mention dans son *Premier combat* à la date du 16 juin 1940 : « 9 h 30. Retour à la préfecture, Minet, le journaliste que j'ai chargé du ravitaillement, me signale que les boulangeries ne rendent pas... Je voudrais faire parvenir un message à Mécheri, le sous-préfet de Châteaudun qui pourrait peut-être nous aider.

« Rousselot, l'autre journaliste qui a sa voiture, s'offre à cette mission. Je rédige aussitôt un mot qu'il emportera. Je donne à Mécheri des nouvelles de notre situation et je lui réclame du pain avec insistance. Après la fournée de cette nuit, il nous en reste seulement 300 kilos !

1. Jean Moulin, *Premier combat. Journal posthume*, Paris, Éditions de Minuit, juin 1947.

« 15 heures. J'apprends que les boulangeries ont fait enfin de bonnes fournées et qu'un stock assez important a pu être constitué. C'est heureux car aucun secours ne peut nous arriver de l'extérieur. M. Rousselot qui revient de Châteaudun, où il a crânement rempli sa mission, me fait son compte rendu : les bombardements ont été très violents. Il y a des morts et des blessés. Le tribunal et la sous-préfecture sont en feu. L'hôpital a également été atteint. Les habitants qui restent et les réfugiés ont les pires difficultés à se ravitailler. Le pain manque et le sous-préfet ne peut malheureusement rien faire pour nous.

« Ces nouvelles m'attristent, mais je suis heureux d'apprendre que Mécheri, malgré l'ordre de repli d'urgence donné l'avant-veille par le gouvernement à la radio, et valable pour tous les affectés spéciaux, est resté, comme je le pensais, à son poste, dirigeant vaillamment les secours. »

Aucun journal ne paraît plus à Paris où la circulation est désormais interdite entre 21 heures et 5 heures du matin, et sur les Champs-Élysées se déroule quotidiennement un défilé des troupes allemandes.

Même si personne ne veut y croire, chacun pense que cette guerre peut être longue et que les Français risquent d'être isolés, d'autant que Paul Reynaud n'a pu obtenir une promesse d'engagement militaire des États-Unis d'Amérique et que le Conseil des ministres a repoussé sa proposition d'union franco-britannique. La ligne Maginot a été contournée par l'armée allemande et le Maréchal devient président du Conseil après la démission de Paul Reynaud.

Jean Moulin est devenu la cible prioritaire des forces d'occupation qui l'arrêtent le 17 juin 1940, le jour même où le maréchal Pétain lance son fameux appel radiodiffusé : « C'est le cœur serré que je vous dis aujourd'hui qu'il faut cesser le combat. » L'objurgation ne peut être qu'une stratégie de la part du grand héros de la Première Guerre mondiale. Il ne peut ainsi mettre genou à terre ! Une grande partie de la population française veut le croire. Pourtant... « le matin même, dans la cour de la préfecture de Chartres, drapeau français flottant au vent mauvais, le préfet avait accueilli les forces d'occupation, en compagnie de ce qu'il restait des autorités civiles et morales : le grand vicaire, Mgr Lejards, et M. Besnard, l'unique conseiller municipal resté à Chartres. Lequel fut d'ailleurs présenté à l'occupant comme étant le maire de la ville. À 7 heures tapantes, les officiers allemands de la 8e division d'infanterie dirigée par le général Koch avaient pris possession des lieux. Moulin s'était présenté à eux, comme sa mission l'y obligeait.

« La fortune des armes vous amène en vainqueurs dans notre ville, déclama-t-il aux officiers présents. Nous nous inclinons devant la loi de la guerre, et je puis vous affirmer que l'ordre ne sera point troublé si, de votre côté, vous nous donnez l'assurance que vos troupes respecteront la population civile, et spécialement les femmes et les enfants[1] ». Le préfet n'obtint qu'un sourire poli et discret en réponse. Les officiers connaissaient bien l'homme qui était en face d'eux et, quelques heures plus tard, alors qu'il finissait de dîner, Jean Moulin recevait une convocation lui intimant de se rendre sans délai au QG du général Koch. Celui-ci, dès son arrivée, lui demandait de signer un « protocole » par lequel il reconnaîtrait qu'au hameau de La Taye, des femmes et des enfants avaient été violés et tués par des soldats noirs et français battant en retraite. Moulin savait très bien que ces exactions avaient été commises par des bombardements allemands. Il refusa de signer, persista dans ses dénégations face au général furieux de rage, ce qui vaudra à Jean Moulin d'être battu sévèrement, moyennant quoi, il prit

1. *Ibid.*, p. 65.

le parti de se murer dans le silence durant des heures pendant lesquelles il fut contraint de rester debout immobile. « On le conduisit ensuite sur les lieux pour qu'il "juge sur pièces". C'était une vision d'horreur qui s'offrait à ses yeux. Bientôt pour le confronter de plus près, un officier allemand l'obligea à se coucher sur un tronc humain qui avait été une femme. Le contact froid et gluant du corps mutilé lui glaça le sang jusqu'aux os. La nausée puis une sorte de fièvre le prirent[1]. »

De retour en prison, au bord de la perte de connaissance, il refuse à nouveau. Il est enfermé dans une cellule étroite où se trouvait un soldat noir qui lui céda sa paillasse. Aux limites de la résistance il ramassa des éclats de verre sur le sol et se trancha la gorge pour mettre fin à ses jours. Il est sauvé *in extremis* et les autorités allemandes se complaisent à diffuser en ville des rumeurs selon lesquelles le préfet a été victime de son codétenu. À une sœur venue le soigner, un officier nazi lâche sur le ton de la confidence : « Votre préfet avait des mœurs spéciales. Il a voulu passer la nuit avec un nègre. Voilà ce qui est advenu[2]. » De cette terrible mésaventure il garda le souvenir de la sauvagerie dont peuvent être capables les troupes d'occupation, de leur mépris des règles de la guerre et du statut de fonctionnaires aussi importants que des représentants de l'État comme lui. Il évite la mort de peu et gardera une importante cicatrice qu'il cachera, le reste de sa vie, sous un foulard.

Mécheri ne reverra pas Jean Moulin, révoqué en novembre 1940, et entré en clandestinité. Rejoignant la Résistance à Londres en septembre 1941, il tombe dans les griffes des nazis et meurt sous la torture le 8 juillet 1943. Comme tant d'autres, Mécheri aura été marqué par la détermination

1. *Ibid.*, p. 65 et 66.
2. *Ibid.*, p. 67.

et le courage de ce préfet hors norme dont il aura toujours été proche comme l'écrira sa sœur en 1945 : « J'ai été touchée de voir combien vous étiez attaché à mon malheureux frère et combien sa disparition vous était douloureuse. Sachez que mon frère avait pour vous beaucoup d'affection et d'estime et qu'à plusieurs reprises il m'avait parlé de vous en termes très flatteurs. Vous êtes de ceux qui ne l'ont pas délaissé après sa disgrâce de novembre 1940... »

Sur le terrain, c'est le maréchaliste Charles Donati qui succède à Jean Moulin dès sa révocation. Mais il ne s'agit là que d'une transition d'un an que le nouveau préfet met à profit pour visiter chaque commune de sa circonscription, testant l'état d'esprit de chaque maire, de quelques notables et des habitants n'ayant pas encore fui vers des cieux plus cléments. Le sous-préfet gardera néanmoins du préfet Donati le souvenir d'un « homme très strict, avec lui-même tout d'abord, avec sa famille ensuite, et bien entendu, avec l'ensemble de la population. Une seule image permettra de mieux le comprendre : lorsqu'il était invité à un banquet, à la fin du repas, il donnait l'exemple en distribuant ses cartes de ravitaillement... Et ceci se passait dans une région riche comme le département de l'Eure-et-Loir[1] ».

1. Notes de sa fille Marie-Diane Mécheri.

VI

UN ARABE DANS UNE FRANCE VERT-DE-GRIS

Les nouvelles sont de plus en plus préoccupantes et il est difficile de savoir ce qui se passe exactement, la TSF ne fonctionnant qu'entre deux coupures de courant. Et bientôt c'est un speaker allemand qui transforme les bulletins de nouvelles en propagande nazie.

Le sous-préfet Mécheri doit se résoudre à appliquer les diktats des envahisseurs allemands en leur remettant tous ses stocks de drapeaux tricolores et en retirant celui qui flottait jusque-là au fronton de sa sous-préfecture portant encore les lourds stigmates d'un récent bombardement. Toute circulation est désormais interdite dans Paris qui se met à l'heure de Berlin… Le mal ne tardera pas à gagner Châteaudun.

Le 13 août 1940, un texte émanant de l'occupant prohibe les sociétés secrètes… Les francs-maçons, pour être clairs. Une autre circulaire interdira explicitement la Loge de France et le Grand Orient. Et, à compter du 28 septembre, il est contraint comme ses confrères préfets et sous-préfets d'appliquer la « Liste Otto » : un document d'une douzaine de pages recensant les « ouvrages retirés de la vente par les éditeurs ou interdits par les autorités allemandes » qui sont des livres politiques au nombre de 143.

Le 3 octobre, la mise en œuvre par le gouvernement de Vichy de la loi « portant statut des Juifs » marque une implication française difficile à appliquer sans renier des principes élémentaires.

Comment se comporter face à cet acte donnant une définition légale à l'expression « de race juive » qui sera employée durant toute la durée de l'Occupation pour la mise en œuvre d'une politique corporatiste et racialement antisémite dans le cadre de la Révolution nationale. S'inscrivant implicitement dans le processus de la solution finale prônée par Hitler, cet acte précise les professions désormais interdites aux personnes répondant aux critères concernés. Il précède d'un seul jour la « Loi relative aux ressortissants étrangers de race juive » qui organise l'arrestation et l'internement des Juifs étrangers, marquant, pour le régime de Vichy, le début de sa politique de collaboration qui se concrétisera par l'extermination systématique des Juifs d'Europe.

Papon serviteur zélé

Vichy avance au pas de l'oie et donne des instructions pour que les officiers et assimilés en captivité aient l'obligation de se présenter une fois par mois à la gendarmerie départementale. Or, depuis l'arrivée de M. Mécheri dans le département, aucun officier ou assimilé n'a été signalé. De même qu'il fait la sourde oreille aux injonctions du gouvernement maréchaliste réclamant la liste des israélites résidant dans sa circonscription. Selon un témoignage officiel, le sous-préfet « s'est borné à faire des réponses dilatoires. La milice elle-même les a réclamées en vain, et au surplus de nombreux Juifs ont évité l'assignation à résidence par le fait même que ces listes n'ont jamais été fournies[1] ». Pas plus que celles des étrangers. Selon la même source, le sous-préfet manifeste une « opposition sourde – d'ailleurs couronnée de

1. *Rapport sur l'activité de M. Mécheri, préfet délégué à Limoges.* Fonds Mécheri, Sciences Po, MEC2/Dr4.

succès – pour ne pas donner suite au désir des Allemands de voir assigner à résidence “dans deux ou trois cantons de la Haute-Vienne”, 2 994 Juifs français qui ont fait apposer la mention “Juif” sur leurs pièces d’identité, et répartis dans les différents cantons[1] ». Rappelons que, en Charente, les mesures antijuives conduiront à la déportation de 1 880 Juifs arrêtés alors qu’ils tentaient de passer en zone non occupée ou raflés en avril et mai 1941, en février et octobre 1942 et fin février 1944. Dans la seule nuit du 8 au 9 octobre 1942, 422 Juifs sont arrêtés à Angoulême. Le 15 octobre, sur instructions de la SIPO/SD de Poitiers, 387 Juifs sur les 422 arrêtés partent pour Drancy avant d’être transférés vers Auschwitz. Ils ne seront que 8 à en revenir. Concernant les sujets américains et britanniques, le sous-préfet a fait preuve à leur endroit d’une « grande bienveillance. [...] Il leur a accordé tous les changements de résidence et tous les titres de circulation qu’ils ont désirés[2] ».

Il est bon de se souvenir qu’au moment des rafles de juillet 1942 où les Allemands espéraient déporter 40 000 Juifs de la zone occupée et 10 000 de la zone non occupée René Duchon, chargé des « questions juives », écrit à la main en marge des actes ordonnant les rafles : « Affaire réglée avec M. Garat. » Ce fonctionnaire devait attendre une signature de Maurice Papon avant de déclencher la rafle, ce qui confirme sa place dans l’organisation matérielle de cette opération. Papon n’était pas antisémite, il servait, voilà tout. Mais, pour bien faire son travail, il a demandé en décembre 1943 aux sous-préfets de Bayonne et de Mont-de-Marsan la liste des Juifs résidant dans leur arrondissement. Chérif Mécheri, dans la même situation, avait décidé de ne pas faire cette liste. Papon ne s’est jamais rebellé, il a fait son boulot

1. *Ibid.*
2. *Ibid.*

de fonctionnaire de la préfectorale. Mais, comme il faisait tout avec zèle, il a traversé la guerre comme le commandant britannique du film *Le Pont de la rivière Kwai*[1]. Dans un contexte de souffrances extrêmes analogues aux camps d'extermination nazis, les Japonais, qui occupent la Thaïlande en 1942-1943, entreprennent de construire un pont de voie ferrée afin de recevoir les vivres et les armes qui ne parvenaient plus par les voies maritimes coupées par les Anglais. Les Japonais font travailler 100 000 Asiatiques et 30 000 prisonniers de guerre occidentaux pour construire ces voies ferrées où 16 000 hommes vont mourir de maltraitances. Dans le film, le commandant anglais prisonnier, joué par Alec Guinness, doit faire travailler ses hommes pour construire ce pont. Mais, comme il a été éduqué pour toujours réussir, il se prend au jeu et devient fier du pont qu'il est en train de bâtir. Quand un commando britannique veut faire sauter le pont afin d'affaiblir l'armée japonaise, le commandant anglais défend son chef-d'œuvre, sans vraiment se rendre compte qu'il sert l'ennemi avec zèle. Cette fiction, inspirée par un fait réel, pourrait-elle nous aider à comprendre la psychologie de Papon ? Quand il reçoit l'ordre d'organiser les rafles, il obéit le mieux possible. En février 1943, il signe l'ordre d'arrêter les Juifs français et les enfants alors qu'aucune autorité ne le lui avait demandé. En janvier 1944, il fait boucler le quartier de la gare afin que personne ne puisse s'échapper.

Depuis sa prise de fonctions, Chérif Mécheri subit une campagne de dénigrement orchestrée par son prédécesseur Lucien Marchais qui a été relevé de ses fonctions par l'autorité allemande en 1939 avant de reprendre ses fonctions dans la préfectorale… Mais il sera à nouveau suspendu en 1944, cette fois par le commissaire de la République, pour des motifs

1. Film de David Lean, 1957.

restés obscurs. En attendant, Marchais se répand dans les salons, dans les administrations et même dans la population de Châteaudun, faisant preuve à propos du nouveau sous-préfet « d'une haine aussi inadmissible qu'obstinée[1] », comme l'indique Chérif Mécheri à Jean Moulin qui joint une lettre (non retrouvée : NDR) « particulièrement édifiante qui [lui] a été adressée par l'ancien commissaire de police à Châteaudun et à Rouen, M. Nazaret. Les termes employés à mon égard, par M. Marchais, traduisent son ambiguïté, un état d'esprit complètement étranger à toutes pensées républicaines – se réclamer en effet de l'amitié politique du ferme Républicain qu'a toujours été M. le président Maurice Viollette – et m'a nié [*sic*] avec un sadisme de charité africaine, les mots "Bicot, et sujet algérien… À l'heure où tant de nos hommes d'État sans distinction flétrissent à l'envie [*sic*] le racisme et ses abominables entreprises, un sous-préfet qui continue à se dire républicain distille contre un Algérien français, au moins aussi bien né que lui, un venin dont M. Goebbels ne renierait pas la paternité"[2] ». Il précise qu'il détient d'autres lettres adressées à des habitants de Châteaudun par M. Marchais dans lesquelles ce dernier se livre « sans retenue à certaines tentatives de délibérations de basse police[3] » sans parvenir à convaincre ses destinataires, qui selon Chérif Mécheri « ne cachent pas leur écœurement[4] ».

Devant ces attaques, il demande à son préfet de le seconder « dans une lutte qui [lui] a été imposée par un collègue dont les procédés peu français [l']indigneront sans doute[5] ».

1. Lettre non datée (pouvant être située en novembre 1939) de Chérif Mécheri au préfet Jean Moulin. Fonds Mécheri, Sciences Po, MEC1/Dr2.

2. *Ibid.*

3. *Ibid.*

4. *Ibid.*

5. *Ibid.*

Un engagement risqué

Chérif Mécheri ne peut plus se contenter d'expédier les affaires courantes en exécutant les ordres de Vichy sans états d'âme, en attendant des jours meilleurs. De brefs échanges avec son préfet Moulin l'ont éveillé sur la mise en place de réseaux de Résistance insufflés par le général de Gaulle qui a quitté la France pour Londres le 9 juin 1940 d'où, neuf jours plus tard, il lancera son Appel. Même s'ils sont rares à l'avoir entendu, nombreux sont les Français qui en connaissent la teneur : ne pas se résoudre à la défaite avec un gouvernement qui « s'est mis en rapport avec l'ennemi pour cesser le combat. Certes, nous avons été, nous sommes submergés par la force mécanique, terrestre et aérienne de l'ennemi. Infiniment plus que leur nombre, ce sont les chars, les avions, la tactique des Allemands qui nous font reculer, [...] qui ont surpris nos chefs au point de les amener là où ils en sont aujourd'hui. Mais le dernier mot est-il dit ? L'espérance doit-elle disparaître ? La défaite est-elle définitive ? Non ! ». Et le Général d'appeler chacun à la mobilisation en concluant ainsi son appel : « Moi, général de Gaulle, actuellement à Londres, j'invite les officiers et les soldats français qui se trouvent en territoire britannique ou qui viendraient à s'y trouver, avec leurs armes ou sans leurs armes, j'invite les ingénieurs et les ouvriers spécialisés des industries d'armement qui se trouvent en territoire britannique ou qui viendraient à s'y trouver, à se mettre en rapport avec moi. Quoi qu'il arrive, la flamme de la Résistance française ne doit pas s'éteindre et ne s'éteindra pas. Demain, comme aujourd'hui, je parlerai à la radio de Londres. »

Quatre jours après cet appel, la France se soumet et signe un armistice avec les Allemands. Révoqué par le régime de Vichy, Jean Moulin a rejoint sa maison familiale de Saint-Andiol

(Bouches-du-Rhône) pour rédiger son journal qui sera édité *post mortem* par sa sœur sous le titre de *Premier combat*. Il y relate notamment ses premières actions dans la Résistance, citant d'ailleurs Mécheri dont on peut penser qu'il a joué l'attentisme à une période où le Limousin voit naître de petits groupes qui intégrèrent des mouvements, des réseaux et des maquis bravant une forte répression menée conjointement par les Allemands et les miliciens. Plus que jamais le sous-préfet sait combien il va falloir ruser pour éviter de subir le même sort que son ancien préfet. Il a choisi de rester à son poste pour continuer d'être utile sur le terrain de l'infamie où des Français ont besoin de lui... Surtout s'ils sont Juifs ou francs-maçons. Prudent à l'extrême, Chérif Mécheri va mener une action très discrète en ces temps où « la position même des membres du corps préfectoral faisait d'eux les plus vulnérables de tous les fonctionnaires. Chargé de la direction administrative et politique du pays, le ministère de l'Intérieur devait être entre tous le plus exposé à l'attention vigilante de l'ennemi. [...] Et même si de nombreux préfets se laissèrent aller à des compromissions inadmissibles avec l'Ennemi, on ne doit pas pour autant oublier que le corps préfectoral, en place sous l'Occupation, dénombrait d'authentiques résistants et des hommes particulièrement courageux[1] ».

L'occupant et Vichy commencent d'ailleurs à mettre en doute l'attachement réel du sous-préfet à son autorité. Comme on l'apprendra dix ans plus tard, « cette action énergique à l'égard des autorités occupantes a amené M. Mécheri à contrecarrer et à combattre l'action milicienne qui aurait voulu s'immiscer dans

1. Élodie Prost, *Édouard Bonnefoy, un haut fonctionnaire sous l'Occupation (juin 1940-mai 1945)*, Lyon, Institut d'études politiques, université Lumière-Lyon-II, http:// http://doc.sciencespo-lyon.fr/Ressources/Documents/Etudiants/Memoires/Cyberdocs/MFE1999/proste/these_front.html.

les rouages de l'administration départementale et communale. Il a défendu contre la milice les fonctionnaires, les maires, et, en général, tous ceux qui se sont adressés à lui dans ce domaine[1] ».

Les temps sont périlleux en cette période où Vichy affiche une volonté de « régénération du gouvernement » particulièrement sensible dans le corps préfectoral où se multiplient les « révocations, mises à la retraite, choix dans d'autres catégories de fonctionnaires ». C'est la « marque d'un programme de force et d'action dont ne peuvent que bénéficier l'ordre et la discipline d'État[2] ».

La « régénération » est particulièrement importante au regard d'un bilan dressé un an après l'instauration du régime : « 82 postes sur 87 étaient occupés par de nouveaux titulaires, tandis que 80 anciens préfets étaient sortis des cadres – dont 33 par mise à la retraite anticipée et 40 par application de la loi du 17 juillet 1940[3]. » Ces statistiques ne concernant que les préfets, il est difficile de classer Chérif Mécheri dans telle ou telle catégorie. Cependant, comme le note dans son journal le président du Sénat Jules Jeanneney en juillet 1940 : « La foire aux emplois [était] ouverte » et, comme le précise Marc-Olivier Baruch, « selon des critères non exclusivement professionnels[4] ».

Chérif Mécheri se retrouve dans une position délicate du fait de sa fonction tout autant que de la sympathie qui le liait à Jean Moulin. Certains de ses proches le mettent en garde contre des propos malveillants tenus à son encontre et sur la

1. *Ibid.*

2. *In Les Documents français, revue des hautes études politiques, sociales, économiques et financière*, novembre 1940, 11, p. 2. Repris par Marc-Olivier Baruch *in Qui sont les préfets de Vichy ?*, https://www.ihtp.cnrs.fr/prefets/fr/content/qui-sont-les-pr%C3%A9fets-de-vichy.

3. Marc-Olivier Baruch, *Qui sont les préfets de Vichy ?*, *op. cit.*

4. *Ibid.*

malveillance de bon nombre de maréchalistes qui guettent son moindre faux pas. Il ne s'en soucie pas outre mesure et refuse de se soumettre. Ce sera le cas le 4 novembre 1940 quand il se rend en visite au camp de Châteaudun, un des neuf lieux d'internement que compte l'Eure-et-Loir. Il est accompagné de Mlle Germaine Fraine, déléguée nationale de la Croix-Rouge française qui est la rédactrice d'une « note confidentielle » signée mais dont on ignore le/la destinataire[1]. Après avoir visité les cuisines, les dortoirs et l'infirmerie, le sous-préfet demande au commandant du camp de réunir tous les prisonniers français afin qu'il puisse leur parler. Grise mine de l'homme en vert-de-gris qui obtempère cependant devant l'insistance du visiteur qui se retrouve en face de 800 prisonniers qu'il salue avant de leur dire que, « malgré notre lourde défaite, le gouvernement et les Français pensent à eux car ils ont été de braves et courageux soldats[2] ». La suite peut surprendre par son évidente référence au Maréchal... « L'intérêt que [vous] portent tous [vos] frères français s'est manifesté d'une façon plus éclatante à l'occasion de la visite de notre Maréchal au camp des prisonniers d'Amboise. » Cette assertion mérite qu'on s'y arrête pour mieux cerner le comportement de Chérif Mécheri. La visite de Pétain a eu lieu le 25 octobre 1940 dans la matinée, juste avant son entrevue avec Hitler à Montoire-sur-le-Loir dans le wagon-salon du Führer. Les 6 000 prisonniers qu'il a en face de lui ne savent rien de l'emploi du temps du Maréchal, et la plupart d'entre eux sont flattés de la visite de celui qui reste à leurs yeux un

1. *Note confidentielle sur la visite du camp de prisonniers de Châteaudun* en date du 4 novembre 1940, par Mlle Germaine Fraine, déléguée nationale de la Croix-Rouge française. Fonds Mécheri, Sciences Po, MEC2/Dr2.
2. *Ibid.*

des héros de la Première Guerre mondiale. Pétain ne reste pourtant que trente-cinq minutes sur place et déclare aux prisonniers : « La punition est sévère, mais ne pensez-vous pas que nous l'avons méritée ? » Curieuse consolation pour ces hommes qui croyaient en un autre idéal. On est en droit de se demander si Chérif Mécheri ne fait pas mention du chef de la France soumise pour mieux en ridiculiser l'attitude, tout en donnant pleine satisfaction à l'officier allemand qui n'y voit aucune malice, interprétant ce propos comme une marque de fidélité au Maréchal. Toute ambiguïté est levée quand on sait que Mlle Fraine, qui habite à Paris, connaît le sous-préfet *via* certaines relations communes… lesquelles ne peuvent pas être dans les affidés de Vichy. Il est bon de préciser que, outre son action humanitaire, cette dame participe à des opérations clandestines de sauvetage de Juifs et aide des hommes cherchant à fuir la France occupée pour rallier les Forces françaises libres à Londres. Elle a caché sept Juifs, ce qui lui vaudra de se voir décerner, le 31 mai 1990, le titre de « Juste parmi les nations » par Yad Vashem. Difficile d'imaginer qu'elle ait été proche du Maréchal et qu'elle ait jugé « utile de rédiger une note sur la visite[1] » du sous-préfet au camp de Châteaudun, durant laquelle elle précise « un point dont l'importance mérite d'être souligné, c'est l'intervention heureuse de M. le sous-préfet Mécheri auprès des prisonniers coloniaux. […] Il est souhaitable que la Croix-Rouge de son côté seconde dans ce sens les efforts de l'administration afin de resserrer, dans les circonstances douloureuses où se trouvent les prisonniers coloniaux, les liens qui les rattachent à la Mère Patrie[2] ».

1. *Ibid.*
2. *Ibid.*

Deux ennemis déterminés

Après une collaboration qu'il qualifie de « très serrée et très active[1] » sans préciser au service de qui, Chérif Mécheri est nommé en octobre 1941 sous-préfet de Rochefort, une ville défigurée par les bombardements qui ont dévasté l'arsenal militaire et par la construction d'un énorme barrage contre « l'envahisseur » potentiel. Il se retrouve là dans un « vieux bastion radical-socialiste, le pays du combisme, le département citadelle des francs-maçons... Le pays où la Révolution nationale trouve le plus de difficulté à s'implanter[2] ».

Appelé « la zone interdite », ce périmètre sous haute surveillance, où les Allemands avaient installé des immenses constructions pour faire barrage à l'envahisseur anglo-saxon, est pourtant accessible à quelques rares maires et au sous-préfet pour qui « cette forme de laissez-passer [a] généré les foudres du préfet du département et du maire de Royan. Les deux hommes se liguèrent contre moi pour me faire partir[3] ». Il est clair que ces deux personnages partagent certaines affinités. Le maire de Royan, Rémy Houssin, parle couramment allemand et il a été chargé des relations avec l'occupant durant le mandat de son prédécesseur. Par la suite, il est devenu président de la délégation spéciale puis maire lors de la nomination du conseil municipal par Vichy en février 1941. Dans la foulée, il a rebaptisé l'avenue de Pontaillac – une des principales artères de la ville – en avenue « du chef vénéré de l'État, héros de

---

1. Notes de sa fille Marie-Diane Mécheri.
2. Article de Jean Grenée dans le *Journal de Royan* du 19 juillet 1942.
3. *Note confidentielle sur la visite du camp de prisonniers de Châteaudun* en date de novembre 1940, par Germaine Fraine, déléguée nationale de la Croix-Rouge française. Fonds Mécheri, Sciences Po, MEC2/Dr2.

Verdun et Sauveur de la Patrie ». Quant au préfet, Georges Malick, c'est un ancien capitaine qui fut officier d'ordonnance du maréchal Joffre, avant de faire carrière dans la préfectorale. Son cœur et sa raison penchent très à droite et marquent une sympathie certaine pour les troupes allemandes qui ont fait leur entrée le 23 juin 1940 en Charente-inférieure (qui deviendra Charente-Maritime en 1941). Avec un zèle particulier le préfet applique l'ordonnance du 27 septembre 1940 exigeant « le recensement de la population juive dans la zone occupée » et met rapidement en place un « Service des affaires juives » ; le département sera considéré, avec le recul de l'histoire, comme « le paradigme d'un "antisémitisme à la française" porté par quelques hommes[1] », dont le préfet, qui sollicite les maires de l'ensemble des cent vingt communes de son département et ses sous-préfets afin de « mieux surveiller les mouvements de cette population[2] » estimée à 1 218 personnes.

Il est clair que, « si Malick se contente d'appliquer la législation antisémite de l'automne 1940, il devient l'un des thuriféraires de la Révolution nationale dès 1941 et participe également à la politique d'aryanisation des quarante-huit entreprises juives du département avec la mise en place d'administrateurs provisoires en lieu et place des Juifs qui sont rapidement spoliés de leurs biens. Il est vrai que dans certains cas, les propriétaires ont même fait preuve de "bonne volonté [*sic*]"[3] ».

Il semble acquis que les deux hommes veulent la peau du préfet Mécheri dont ils connaissent sans doute les actions clandestines en faveur de la Résistance même si elles restent discrètes

1. *In* William Guéraiche, « Administration et répression sous l'Occupation : les "affaires juives" de la préfecture de Charente-inférieure (septembre 1940-juillet 1944) », *Revue d'histoire moderne et contemporaine*, 1998, 45 (2), p. 380-403.
2. *Ibid.*
3. *Ibid.*

comme en attesteront plus tard plusieurs témoins. Ainsi, le directeur de l'école publique de Tonnay-Charente le confirmera, cinq ans plus tard, en écrivant notamment : « Quand M. Mécheri a pris son poste de sous-préfet à Rochefort, il vint un jour à Tonnay-Charente pour entrer en contact avec les autorités municipales du canton. À cette occasion M. Oré, maire, avait convoqué tous les fonctionnaires de la commune, mes collègues et moi-même assistions à la réunion. Avant les présentations officielles, M. Mécheri fit un discours qui nous remplit d'aise en nous donnant l'impression que nous avions affaire à un homme vraiment antiallemand et patriote ; entre autres choses, il déclara qu'il fallait "résister" à "ces gens-là" et ne se soumettre à leur volonté qu'absolument contraint et forcé[1]. »

Chérif Mécheri n'ignore pas qu'il est étroitement surveillé et que, au moindre manquement, il n'échappera pas à la vindicte de son préfet qui ne l'apprécie pas et met un point d'honneur à interdire les « sociétés secrètes » dont il dresse la liste des membres conformément aux injonctions du gouvernement de Vichy du 13 août 1940. Dès le lendemain de leur publication, il signe une circulaire préfectorale précisant que les fonctionnaires et responsables politiques doivent signer une déclaration dans laquelle ils affirment ne pas être francs-maçons ou avoir rompu toute attache avec une quelconque obédience. Le prédécesseur du sous-préfet Mécheri est interpellé par le directeur de la Caisse d'épargne de Rochefort car « quatre de ses administrateurs sont connus comme francs-maçons et leurs noms ont été publiés au *Journal officiel* en août et septembre 1940[2] ».

1. *In Rapport concernant le sous-préfet Mécheri* en date du 21 novembre 1945. Fonds Mécheri, Sciences Po, MEC2/Dr4.

2. Cité *in* William Guéraiche, « Administration et répression sous l'Occupation : les "affaires juives" de la préfecture de Charente-inférieure (septembre 1940-juillet 1944) », art. cit.

Le sous-préfet sollicite sa hiérarchie pour savoir s'il faut sanctionner ces hommes. « Selon une technique déjà éprouvée, G. Malick écrit le 28 novembre 1941 au ministre de l'Intérieur pour savoir s'il y a lieu de poursuivre les dignitaires de la Caisse d'épargne “afin de rester dans la légalité”[1]. » Il convient d'insister sur cette attitude très légaliste du préfet consistant à être apprécié de Vichy et de l'occupant tout en jouant les Pilates et en se ménageant les apparences d'une neutralité qui pourra lui être salutaire en cas de défaite du pouvoir, ultérieurement. Concernant les administrateurs francs-maçons de la Caisse d'épargne de Rochefort, la réponse des services préfectoraux est laconique : la loi en vigueur n'a pas prévu de sanctions à l'encontre des administrateurs francs-maçons de Caisse d'épargne. Malick estime avoir fait son travail et ne donne aucune suite à l'affaire malgré les protestations véhémentes des milieux collaborationnistes rochefortais. Si le préfet se contente d'appliquer la législation antisémite de l'automne 1940, il devient l'un des adeptes de la Révolution nationale dès 1941. Par contre, son sous-préfet Mécheri continue de faire « la sourde oreille aux extrémistes de droite qui lui désignaient les francs-maçons de Rochefort, de la Caisse d'épargne, de l'Office des habitations, et M. Bonnin, procureur de la République. Non seulement, M. Mécheri n'a pas bougé et n'a donné aucune suite aux [un mot illisible] qui lui étaient exprimées de la manière la plus impérative et la plus véhémente par les ultra-collaborationnistes[2] »... Mécheri a choisi son camp : il ne trahira pas ses idéaux tout en restant à son poste de sous-préfet, une charge difficilement acquise et qui lui permet d'avoir accès à bon nombre d'informations importantes

1. *Ibid.*
2. *Ibid.*

sur le gouvernement de Vichy et sur la milice tout autant que sur l'occupant. Autant d'informations qu'il fait circuler auprès des maquis car, contrairement à ce que veulent faire croire ses détracteurs, il a « constamment soutenu par tous les moyens à sa disposition les agents de la Résistance [et] ces derniers ont toujours trouvé le meilleur accueil auprès de lui[1] », comme l'attestera plus tard le pasteur Albert Chaudier, président du comité départemental de la Libération nationale dans le département. M. Georges Bédions qui est son chef de cabinet est de ceux qui regrettent son départ car « il a pu se rendre compte que M. Mécheri a toujours eu une attitude ferme et antiallemande et qu'en toutes circonstances il a défendu la population contre les entreprises de l'autorité occupante qui était alors particulièrement sévère dans cette région. Cette attitude est d'autant plus méritoire que M. Mécheri avait à lutter dans son arrondissement contre les éléments ultra-collaborationnistes. [...] M. Mécheri s'est toujours employé à éviter toute mesure de représailles à l'encontre des francs-maçons et des communistes, et s'est refusé notamment à fournir des listes de gaullistes, de francs-maçons et de communistes qui lui étaient demandées à l'époque[2] ».

S'il choisit de rester dans la légalité, le préfet Malick n'en est pas moins un manipulateur dont Chérif Mécheri restera une des cibles privilégiées. Tout commence par ce qui restera dans les mémoires du département et de bien des résistants : l'affaire Jean Hay.

---

1. Lettre en date du 18 juin 1945 d'Albert Chaudier, président du comité départemental de la Libération de la Haute-Vienne à M. le ministre de l'Intérieur. Fonds Mécheri, Sciences Po, MEC2/Dr4.
2. Attestation de M. Bédions Georges André datée de Saverne le 15 février 1946. Fonds Mécheri, Sciences Po, MEC2/Dr4.

VII

LES DESSOUS D'UNE TÉNÉBREUSE AFFAIRE

Chérif Mécheri sait qu'il est désormais un « otage virtuel », pour reprendre l'expression de Jean Moulin. S'il a décidé de rester à son poste, c'est pour ne trahir ni ses idéaux ni ses administrés, encore moins laisser l'occupant le débarquer et nommer à sa place une marionnette du Führer. Il sait qu'il est une sorte de bouclier contraint de « collaborer » avec le seul objectif d'aider celles et ceux qui se sont donné pour mission de libérer le pays de l'occupant. Ce faisant, il a pour obligation d'appliquer et de faire appliquer l'article III de la Convention d'armistice[1] sans pour autant se soumettre aux diktats allemands et aux vexations des troupes d'occupation. La grande difficulté reste de servir l'État sans s'asservir... Avec tous les risques que cela peut induire car « la position même des membres du corps préfectoral faisait d'eux les plus vulnérables de tous les fonctionnaires. Chargé de la direction administrative et politique du pays, le ministère de l'Intérieur devait être entre tous le plus exposé à l'attention vigilante de l'ennemi[2] ».

---

1. « Le gouvernement allemand a l'intention de réduire au strict minimum l'occupation de la côte occidentale après la cessation des hostilités avec l'Angleterre. Le gouvernement français est libre de choisir son siège dans le territoire non occupé, ou bien, s'il le désire, de le transférer même à Paris. »
2. Élodie Prost, *Édouard Bonnefoy, un haut fonctionnaire sous l'Occupation (juin 1940-mai 1945)*, *op. cit.*

Il faut rappeler que, si le régime de Vichy écarte plus de la moitié du corps préfectoral, trente-cinq préfets et sous-préfets seront « juillétisés[1] ». Un an après l'avènement du nouveau régime, le bilan des « neutralisations » est de quatre-vingt-quatorze révocations, cent quatre mises à la retraite et soixante-dix-neuf mutations. Bon nombre de ces hauts fonctionnaires entrent dans la Résistance et quelques-uns choisissent de rester en poste « parfois au prix de leur vie. Et même si de nombreux préfets se laissent aller à des compromissions inadmissibles avec l'ennemi, on ne doit pas pour autant oublier que le corps préfectoral en place sous l'Occupation dénombre d'authentiques Résistants et des hommes particulièrement courageux[2] ». Tous seront « répertoriés en mai 1944 par les nazis comme membres ou proches de l'organisation Super-Nap (Noyautage au sommet des administrations publiques). Douze préfets seront arrêtés, internés au camp de Compiègne puis déportés en Allemagne. Cinq de ces hauts fonctionnaires patriotes mourront en déportation : Édouard Bonnefoy, Jacques-Félix Bussière, Louis Dupiech, Georges Fourneret et Paul Théry[3] ».

Une manipulation raciste

Chérif Mécheri sait que son travail au quotidien ne sera pas une sinécure car il est sous le contrôle étroit des Allemands et des collabos parmi lesquels les incontournables Malick, préfet, et Rémy Houssin, maire de Royan, qui vont mettre tout en

1. Mise en congé sans délai des fonctionnaires peu sûrs, en application du décret du 17 juillet 1940.
2. *Ibid.*
3. *Ibid.*

œuvre pour le faire chuter. La manipulation est une arme courante dans cette période trouble et le sous-préfet va en être une cible sans en prendre la pleine mesure… Même si certains de ses proches collaborateurs l'ont mis en garde contre les agissements de sa hiérarchie directe et de certains suppôts du Maréchal.

Tout commence à quelques jours de Noël 1942 ; le préfet Malick reçoit un courrier de l'Inspection générale des services de police administrative lui demandant des renseignements concernant M. Hay[1], député de Marennes, ancien enseignant, et sa femme qui est institutrice et directrice de l'école des filles de Marennes. Tous deux « mèneraient une campagne active contre l'œuvre de restauration nationale entreprise par le gouvernement, et tiendraient des propos injurieux à l'égard de M. le maréchal, chef de l'État[2] ». Un double de ce courrier est transmis au sous-préfet Mécheri qui, au terme de l'enquête qui lui est confiée, juge ces accusations infondées. M. Malick en informe le responsable de la sûreté nationale : « M. Hay a été élu sous l'étiquette radicale-socialiste, parti dans lequel il avait milité, mais que, ni avant ni après son élection, il n'a fait preuve de sectarisme[3]. » Il précise que l'enquête menée par le sous-préfet Mécheri « n'a pas permis de révéler que M. et Mme Hay aient eu, au cours de ces derniers mois, une attitude opposée aux directives gouvernementales et il semblerait, tout au contraire, que les intéressés approuvent les vues du

1. Jean Hay (1893-1945) a participé à la guerre de 1914-1918 comme volontaire alors qu'il était réformé. Membre très actif de la Ligue des droits de l'homme, il s'investit dans des sociétés de secours mutuels et d'épargne et aux pupilles de la nation. Élu conseiller d'arrondissement en 1937 et député en 1939.

2. Lettre en date du 21 décembre 1940 signée du sous-directeur, chef de cabinet. Fonds Mécheri, Sciences Po, MEC1/Dr2.

3. *Ibid.*

gouvernement, notamment en ce qui concerne la collaboration[1] ». Cette dernière phrase a de quoi surprendre dans la mesure où M. Hay est un résistant important de la région... Tout donne à penser que le sous-préfet Mécheri a volontairement occulté les activités antivychistes de M. Hay qui est tout de même signalé par le préfet Malick comme « ayant appartenu à une loge maçonnique et il n'est pas douteux que ces anciennes attaches avec une association secrète l'ont rendu suspect à certains, ce qui pourrait peut-être amener ceux-ci à porter sur son compte des accusations que l'enquête ne peut prouver[2] ». Autant dire que Malick laisse planer un doute... Plus tard il s'en servira pour accuser Mécheri d'avoir dénoncé M. Hay et favorisé ses problèmes futurs.

Rien n'est clair... Ce qui est curieux, c'est que le 25 juin 1942 Mécheri écrit à son préfet une lettre qui semble bien accusatrice à l'encontre du couple Hay et de « leur action nettement hostile au Maréchal et au gouvernement. [...] M. Jean Hay continue de s'immiscer dans les affaires administratives, vous l'avez constaté vous-même, à l'occasion de votre visite à Marennes. Votre invitation l'invitant à plus de discrétion n'a pas porté et je sais qu'il continue de se considérer comme le député [il ne l'est plus depuis le 31 mai 1942 : NDR] de la région[3] ». Un peu plus loin, le sous-préfet dénonce le comportement de Mme Hay qui tiendrait « des propos nettement défavorables au Maréchal [et] ne peut, dans ces conditions, continuer d'exercer ses fonctions pour desservir un régime que, par ses fonctions officielles, elle devrait servir. L'éloignement de

1. *Ibid.*
2. *Ibid.*
3. Un décret de juillet 1939 a prorogé jusqu'au 31 mai 1942 le mandat des députés élus en mai 1936 et M. Jean Hay a été député du 2 avril 1939 au 31 mai 1942.

M. et Mme Jean Hay de Marennes s'impose pour des raisons politiques[1] ».

M. Malick est aux anges. Il fait suivre le courrier à M. Emanuely, l'inspecteur d'académie de La Rochelle qui sollicite à son tour une enquête de ses services sur Mme Hay. Les conclusions semblent sans appel à en croire l'enquêteur... « Je suis arrivé inopinément dans cette école à 11 heures et demie. Mme la directrice était dans ses appartements ; ses adjointes faisaient du tricot dans la galerie, tout en surveillant les enfants qui jouaient dans la cour. Je n'eus pas de peine à établir que les élèves n'étaient pas entrés en classe de la matinée et l'examen de leurs travaux m'eut vite convaincu que la garderie sur laquelle j'étais tombé à l'improviste était le régime normal de la maison[2]. » On peut s'étonner de l'effarement de ce fonctionnaire face à cette directrice qui ose prendre son repas dans ses appartements jouxtant l'école en laissant quelques marmots sous la surveillance de ses adjointes, alors que nous sommes à quelques jours des vacances d'été.

Face aux « sévères observations [faites] à Mme Hay lui [rappelant] que l'an dernier, Mme l'inspectrice générale des écoles maternelles l'avait prise en défaut dans des conditions analogues, Mme Hay ne parut pas autrement émue, donnant l'impression d'une personne qui n'avait rien à redouter[3] ».

L'inspecteur d'académie sollicite « son déplacement d'office et sa rétrogradation comme adjointe[4] » même s'il n'a pu constater chez cette enseignante « désinvolte » quelque manquement que ce soit vis-à-vis du Maréchal... Néanmoins il

1. *Ibid.*

2. Lettre de l'inspecteur d'académie à M. le préfet en date du 30 juin 1942. Fonds Mécheri, Sciences Po, MEC1/Dr2.

3. *Ibid.*

4. *Ibid.*

s'estime moralement tenu de signaler que son époux M. Hay « récemment démissionné de ses fonctions de professeur comme haut dignitaire de la franc-maçonnerie a conservé une grosse influence dans tous les milieux de la région ; il n'est pas interdit de penser que sa femme partage ses opinions mais c'est à la police, je crois, qu'il appartient de faire une enquête sur l'activité du ménage[1] ». Le préfet Malick l'a devancé en demandant au commissaire central de police de La Rochelle d'effectuer une nouvelle enquête « sur l'attitude des intéressés[2] ». Le chef de la police se montre plus nuancé dans ses conclusions car « aucun fait précis n'a pu être établi à l'encontre des susnommés. Certes des accusations ont pu être portées par les ennemis politiques de M. Jean Hay, mais aucun témoignage n'a pu être recueilli permettant de les étayer ». Il précise que M. Hay « dignitaire de la franc-maçonnerie a été démissionné d'office, en application des lois en vigueur ; Mme Hay, fille d'un grand vénérable de la Loge maçonnique reste fidèle à la doctrine paternelle et ne peut concevoir les mesures qui frappent les francs-maçons. [...] Des personnes diamétralement opposées aux conceptions du député de Marennes seraient désireuses de le voir – ainsi que sa femme – quitter la région pour une autre destination. Mais s'il est facile d'engager un procès contre M. et Mme Hay, il est plus difficile de constituer les éléments qui permettraient de les condamner[3] ». Le ton très mesuré de ces propos tranche avec la conclusion du commissaire qui nous replonge dans l'ambiance torve de l'Occupation où le noir voisine avec le clair, où tout est dit et son contraire... « Il est à peu près

1. *Ibid.*
2. Lettre du préfet de Charente-Maritime au commissaire central de police de La Rochelle en date du 29 juin 1942. Fonds Mécheri, Sciences Po, MEC1/Dr2.
3. *Ibid.*

certain que Mme Jean Hay ne voudra pas quitter Marennes qui est le berceau de l'évolution politique de son époux et qu'elle trouvera, en la mesure prise contre elle, un nouveau motif de continuer sournoisement à se montrer opposée au maréchal Pétain, chef de l'État[1]. »

Le dossier n'est pas clos pour autant car, le 16 juillet, le préfet Malick reçoit une lettre « personnelle » de l'inspecteur d'académie dans laquelle celui-ci propose, à nouveau, le déplacement de Mme Hay, précisant que « l'influence du ménage Hay sur le personnel enseignant de Marennes [lui] paraît néfaste[2] ». Par courrier tournant le préfet interroge, une fois encore, son sous-préfet sur « les mesures qu'il convient de prendre à l'égard des intéressés[3] ». Sa réponse confirme celle du commissaire : Mme Hay « ne porte pas une vénération particulière au chef de l'État[4] » et si son époux a tendance à toujours se considérer comme député et à se comporter comme tel, « l'opinion publique dans cette région de mon arrondissement ne serait pas trop défavorable au Maréchal et à son œuvre de rénovation nationale, si ce n'était la présence de personnes comme M. et Mme Jean Hay qui font servir [*sic*] l'influence que leur ancienne fonction peut encore leur donner, à la propagation d'une sourde hostilité, à laquelle seul le départ mettrait un terme. [...] Le manque de loyalisme de Mme Hay va de pair avec son manque de conscience professionnelle[5] ».

---

1. *Ibid.*
2. Lettre de l'inspecteur d'académie à M. le préfet de Charente-Maritime en date du 16 juillet 1942. Fonds Mécheri, Sciences Po, MEC1/Dr2.
3. *Ibid.*
4. Lettre du sous-préfet de Rochefort à M. le préfet de Charente-Maritime en date du 18 juillet 1942. Fonds Mécheri, Sciences Po, MEC1/Dr2.
5. *Ibid.*

Mécheri n'agit-il pas de la sorte pour favoriser un éloignement légal du couple Hay afin de lui éviter de plus sérieux déboires avec les collabos de Marennes dont il sait qu'ils nourrissent une haine sourde à son encontre ? Cet éloignement n'est-il pas, en fait, une mise à l'écart salutaire ? Les réponses sont évidentes quand on sait que le sous-préfet, travaillant pour la Résistance, connaît les risques imminents auxquels peut être confronté le couple Hay. Mais rares sont celles et ceux qui connaissent son engagement. Et ce sauvetage sera perçu comme un alignement sur le gouvernement du Maréchal, une condamnation inéluctable…

En cette fin d'année 1941, Chérif Mécheri se sent de plus en plus menacé par M. Malick. L'antipathie que lui voue le préfet se manifeste notamment par son racisme exprimé explicitement à l'encontre de son sous-préfet. Et il aurait trouvé un allié en la personne de Rémy Houssin qui entretient de très mauvais rapports avec Mécheri ; ils ne s'amélioreront pas quand, en juin 1942, le maire de Royan est mêlé à une histoire d'employé municipal communiste qu'il couvrirait, se mettant *de facto* en infraction avec les lois de Vichy…

Tout part d'un rapport de M. Villetorte, commissaire de police de Royan, qui dresse un constat quasi apocalyptique de la situation dans laquelle la ville s'enfonce à la suite… des bris de glace et à la distribution de tracts factieux dans le cadre d'une « agitation communiste[1] » fomentée par des « malfaiteurs » bolcheviques au nombre desquels figure un employé municipal parfaitement connu de M. Houssin. Ce dernier tente d'échapper aux poursuites et demande même au commissaire

1. Rapport du commissaire de police de Royan au sous-préfet de Rochefort sur la « propagande communiste », en date du 18 juin 1942. Fonds Mécheri, Sciences Po, MEC1/Dr2.

de faire échapper à la mesure d'internement cet employé fiché comme secrétaire de cellule en tentant de fausser son identité. Moyennant quoi, le sous-préfet Mécheri estime que face à cette grave faute « la suspension de ce maire [lui] paraît s'imposer[1] ». Le sous-préfet trouve là de quoi mettre en difficulté l'un de ses détracteurs. Dans le même temps il adresse un courrier au préfet de Charente dans lequel il semble chanter les louanges du « Maréchal et son gouvernement [qui] luttent contre tous les éléments de désagrégation de l'esprit national[2] ».

C'est d'évidence une manière de mettre en avant son (pseudo-) attachement à Vichy et de s'en servir comme levier pour faire sanctionner Rémy Houssin, même si la suite de ce courrier a de quoi étonner : Mécheri y livre des noms en pâture à une autorité toujours friande de supprimer les sociétés secrètes… « M. le maire de Royan emploie à la mairie des hommes de la maçonnerie : M. Leclerc et M. Chaillé de Néré, demeurant à Royan, dignitaires (30°). Ses collisions [*sic*] personnelles, intimes et fréquentes avec les grands dignitaires de la Franc-maçonnerie sont notoirement publiques[3]. »

Inscrit sur une liste noire

Ces dénonciations ne manquent pas de choquer à Rochefort et au-delà, notamment dans les rangs de la Résistance où Chérif Mécheri n'est pas connu de tous. Comme on l'apprendra

1. Note non datée du sous-préfet Mécheri en réponse à un rapport du commissaire de police de Royan daté du 18 juin 1942. Fonds Mécheri, Sciences Po, MEC1/Dr2.
2. Lettre du sous-préfet de Rochefort au préfet de Charente-Maritime en date du 13 juillet 1942. Fonds Mécheri, Sciences Po, MEC1/Dr2.
3. *Ibid.*

beaucoup plus tard par des témoignages irréfutables, il s'agit d'une stratégie faussement loyaliste sans conséquences et extrêmement risquée. À l'époque où il se livre à ces « dénonciations » le sous-préfet sait pertinemment que les francs-maçons dénoncés se sont évaporés dans les maquis et que l'employé municipal ne peut être identifié et arrêté, son dossier ayant été détruit dès juin 1940, avant l'arrivée des Allemands en ville.

Le sous-préfet, sous contrôle étroit, doit se livrer à un véritable exercice de funambule pour continuer à informer les opposants au régime de Vichy sans courir le risque d'être identifié par les collabos ou les troupes d'occupation. « Une forme minimale de collaboration, on l'a vu, était obligatoire pour les autorités administratives françaises. Collaboration "courtoise et loyale", qui n'excluait "ni dignité ni fermeté", comme l'avait recommandé aux préfets, le 2 septembre 1940, le délégué général du gouvernement dans les territoires occupés. [...] Le "travail en commun" avec l'occupant était devenu une obligation professionnelle du fonctionnaire[1]. »

La situation précaire du maire de Royan et la manière dont Chérif Mécheri le pousse à la chute font l'objet de nombreux commentaires, notamment dans la presse. Pour le journaliste du *Journal de Royan* : « L'évidence s'impose : au lieu de rester dans ses bureaux, M. Mécheri, homme actif et résolu, sort, se dépense, visite ses administrés, met de l'ordre où il faut en mettre, se heurtant chaque fois à l'une de ces personnalités que son prédécesseur avait confirmées dans leur place, en fonction, trop souvent, des attaches qu'elles pouvaient avoir avec le régime d'hier, d'une part, et de l'autre, en accord avec les forces occultes (presque toujours d'essence franc-maçonne) qui

1. Élodie Prost, *Édouard Bonnefoy, un haut fonctionnaire sous l'Occupation (juin 1940-mai 1945)*, *op. cit.*

plaçaient ces hommes afin de freiner la Révolution nationale ou d'en travestir le visage[1]. »

Face à la dégradation sensible de ses relations avec son préfet et conscient des risques qu'il court, Chérif Mécheri choisit, une fois encore, de jouer la carte de la légalité maréchaliste. Il en appelle à l'arbitrage de son ancien préfet Charles Donati alors en poste à Angers et dont il sait qu'il est « hautement considéré par le gouvernement de Vichy[2] », espérant qu'il sera à même de déjouer le « complot[3] » ourdi contre lui en coulisses. Donati a gardé un excellent souvenir de son sous-préfet de Châteaudun et intervient auprès de Vichy qui prend l'affaire au sérieux et délègue sur place un enquêteur de renom en la personne de Jean-Pierre Ingrand. On ne peut trouver meilleur avocat/procureur que cet homme communément appelé « l'anguille » ou « passe-partout » ; il occupe le poste stratégique de représentant du ministre de l'Intérieur au sein de la délégation de Vichy auprès des Allemands.

Lors de sa mission en terres charentaises, M. Ingrand s'entretient avec le préfet Malick avant de se rendre à Rochefort où le sous-préfet Mécheri a réuni les maires ainsi que les personnalités politiques et religieuses du département pour qu'ils attestent de ses valeurs et de sa disponibilité. À cette occasion, le maire de Rochefort « insist[e] particulièrement sur le fait que c'[est] grâce à [son] énergie et à [sa] force de volonté [qu'il a] pu protéger les populations des troupes d'occupation et des réquisitions. L'archiprêtre de Rochefort, en termes très émouvants, loue [son] action de patriote lucide et de protecteur des

1. « La crise municipale », *Journal de Royan* du 19 juillet 1942. Fonds Mécheri, Sciences Po, MEC1/Dr2.
2. Notes de Chérif Mécheri mises à la disposition des auteurs par sa fille Marie-Diane.
3. *Ibid.*

lieux saints[1] ». L'émissaire de Vichy est subjugué par ce concert de louanges et face à la menace de démissions formulées par bon nombre d'élus au cas où leur sous-préfet serait déplacé. M. Ingrand rassure Chérif Mécheri : « Je vous félicite pour votre action et pour les résultats obtenus. Dès mon retour à Paris, j'en ferai part au gouvernement[2]. »

Les résultats ne se font pas attendre : Rémy Houssin est invité à démissionner, ce qu'il fait le 8 juillet en même temps que son conseil municipal. Bientôt le préfet Malick est déplacé alors que le maire de Royan est révoqué. « C'était donc pour moi un succès total qui renforça d'autant plus ma vigilance et mon autorité dans le département[3] », écrit Mécheri qui provoque de la défiance chez les opposants au Maréchal de plus en plus convaincus que le sous-préfet est un homme de Vichy. Il figure désormais sur leur liste noire. Fort heureusement, le préfet Malick va être déplacé, et lui-même est muté à un nouveau poste… C'est là sûrement l'une des dernières vengeances de Malick obtenue de haute lutte auprès de l'administration centrale vichyssoise.

Est-ce une libération ? Chérif Mécheri tente de s'en convaincre. En tout cas, il n'a d'autre choix que de poursuivre son action clandestine, laquelle est rarement gratifiante… Pas plus au quotidien qu'à l'heure future des comptes à rendre car « moins encore que le résistant moyen, le fonctionnaire engagé ou sympathisant d'un mouvement ne correspondait à l'image héroïco-romantique du maquisard portant mitraillette : son terrain d'opération se confondait pour lui avec son bureau, et ses armes essentielles restaient le stylographe et la machine à écrire[4] ».

1. *Ibid.*
2. *Ibid.*
3. *Ibid.*
4. Marc-Olivier Baruch, *Servir l'État français*, Paris, Fayard, 1997.

Une semaine après l'éviction de son préfet, Chérif Mécheri apprend sa nomination à Narbonne.

Le 25 novembre 1942 il s'installe dans la ville occitane où de funestes bruits circulent déjà sur son compte : il serait responsable de la déportation de Jean Hay. La rumeur enfle, y compris dans les rangs de la Résistance. Elle est insidieusement alimentée par les sbires du Maréchal dont certains se vantent même d'en avoir eu des échos au plus haut niveau.

Passant outre les injonctions préfectorales par lesquelles Mécheri pensait le mettre à l'abri de poursuites plus sérieuses, Jean Hay et son épouse ont refusé de quitter Marennes où ils sont arrêtés le 9 octobre 1943 à la suite d'une dénonciation provenant sans aucun doute des proches de Vichy ou de l'occupant. Conduits à la prison Saint-Maurice de Rochefort ils seront torturés et M. Hay sera ensuite transféré à Bordeaux où il sera jugé et acquitté faute de preuves. Mais il est de nouveau poursuivi, condamné et interné aux camps de Dachau, d'Allauch, de Mauthausen puis d'Ebensee où il meurt trois semaines avant la Libération.

Insidieuses, les accusations prennent corps au point que Mécheri est bientôt désigné comme le principal responsable du martyre de Jean Hay qui, depuis 1942, participait au groupement des parlementaires résistants avant de diriger, début 1943, l'Organisation civile et militaire pour le secteur de Marennes. Or Mécheri et Hay se connaissaient forcément par-delà leurs fonctions respectives. Le premier ayant précédé le second dans le combat clandestin, comme en attestent de nombreux témoignages à l'instar de celui-ci : « Sous l'occupation allemande, il fit partie dès 1941 de la Résistance du Limousin[1] », ou cet autre : « Pendant son séjour à Rochefort, M. Mécheri était en

---

1. Note blanche issue des Archives départementales de Digne.

liaison avec des chefs de secteurs résistants de la Haute-Vienne tels qu'Antoine et Besson[1]. »

Il est improbable que Jean Hay ait pu être dénoncé par un autre membre de la Résistance. Sur cette ténébreuse affaire, Chérif Mécheri s'expliquera au lendemain de la guerre comme nous le verrons par la suite. D'évidence, il ne peut être tenu pour responsable de la déportation de M. Hay.

1. Lettre de M. Chaudier, président du Comité départemental de Libération de la Haute-Vienne à M. le ministre de l'Intérieur en date du 18 juin 1945. Fonds Mécheri, Sciences Po, MEC2/Dr3.

VIII

RÉSISTER ENTRE LES LIGNES ENNEMIES

Chérif Mécheri n'est pas mécontent de quitter Rochefort où l'atmosphère devenait oppressante.

Le 8 novembre 1942, il est informé du débarquement de plus de 100 000 hommes sur les côtes d'Afrique du Nord et de leur rapide prise de contrôle du territoire grâce aux résistants à la tête desquels se trouvent notamment le docteur José Aboulker et Emmanuel d'Astier de la Vigerie.

Le 21 novembre, il prend ses fonctions de sous-préfet à Narbonne, une ville littorale devenue une place stratégique après l'envahissement de la zone « libre » par les Allemands à la suite du débarquement allié en Afrique du Nord. Le nouveau sous-préfet va devoir composer avec des élus et notamment le maire maréchaliste mis en place par Vichy à la tête d'une délégation spéciale. Une préoccupation qui s'ajoute à la situation en Algérie où, contre toute attente, le cours de l'histoire s'est inversé en quelques mois.

Souvenons-nous que, comme toutes les colonies françaises, l'Algérie est soumise à l'autorité de Vichy et qu'elle est restée longtemps spectatrice d'une guerre qui se déroulait bien loin d'elle. Le pays paraît d'autant plus éloigné des combats et de l'invasion qui se déroulent en métropole et en Europe qu'il est relativement privé d'informations précises sur le conflit et ses conséquences tragiques. Comme l'écrira le grand écrivain algérien Mouloud Mammeri dix ans plus tard : « Nous n'avions ni le loisir ni le goût de lire les journaux et ce fut des civils que nous apprîmes les étapes de l'avance allemande. Nous admirions l'efficacité de la ligne Maginot quand elle était déjà tournée, nous nous révoltions avec notre informateur de la félonie des Belges quand les Allemands étaient en France et plaignions Amiens au moment où déjà Paris capitulait[1]. »

Vichy est décidément très loin. Cependant, Mgr Leynaud archevêque d'Alger et le *cheikh* El Okbi, personnalité influente du mouvement des oulémas, recommandent à leurs ouailles respectives de suivre le Maréchal et de lui faire entière confiance. Les médias leur emboîtent le pas et leurs lecteurs avec. C'est ainsi que naîtra la Légion française des combattants formant « faisceau de leurs volontés. Ils doivent partout et jusque dans chaque village constituer des groupes décidés à faire respecter et exécuter les sages conseils de leur chef de Verdun et de 18 ».

Coup de bluff à l'officier allemand

Malgré son éloignement et l'absence d'implication directe, l'Algérie applique les consignes de Vichy avec notamment l'exclusion des Juifs et d'autres groupes considérés comme ennemis. Le décret Crémieux de 1870, qui accordait la nationalité française à tout Juif d'Algérie, est aboli. De même, la politique de la nouvelle démocratie pétainiste y est appliquée avec minutie. Maires et élus sont nommés par Vichy pour éviter de maintenir en poste des dissidents issus du Front populaire ou de toute autre société secrète. Plus question de ce « suffrage universel »

1. Mouloud Mammeri, *La Colline oubliée*, Paris, Gallimard, 1992.

dont le vieux Maréchal évoque régulièrement les perversions qui ne feraient qu'entretenir « certaines apparences trompeuses de la liberté[1] ».

En 1941 est instauré un *numerus clausus* excluant la quasi-totalité des enfants juifs des établissements publics d'enseignement, y compris des écoles primaires… Une mesure qui n'existe pas en France métropolitaine où les enfants juifs parviennent à aller à l'école souvent sous de fausses identités.

Par ailleurs, l'Algérie collabore étroitement avec le Reich en envoyant certains de ses ouvriers travailler pour l'Allemagne et en ravitaillant l'Afrikakorps. La franc-maçonnerie est interdite et ceux qui en font partie sont considérés comme des « opposants au régime » de même que les volontaires de la Légion étrangère et les réfugiés étrangers sans contrat de travail. Tous sont internés dans des camps du Sud algérien ou au Maroc.

Chérif Mécheri reçoit des lettres de sa famille ou d'amis de Tébessa, de Constantine et d'autres régions d'Algérie où il a gardé des attaches. Toutes témoignent de la grande rigueur de l'hiver qui, après la sécheresse du printemps, laisse présager de très mauvaises récoltes et de sévères famines. Elles s'ajoutent à la crise de l'année 1942 et il en résulte un désœuvrement et une perte de confiance des indigènes algériens vis-à-vis de Vichy et plus largement de la France.

À peine installé à Narbonne, Chérif Mécheri s'aperçoit qu'il n'est pas un inconnu. Les autorités allemandes cantonnées dans l'Aude ont sans doute obtenu de leurs collègues charentais des renseignements concernant le nouveau sous-préfet qu'il convient de soumettre à ce qui ressemble à un test. À peine arrivé, Henri

1. Extrait du discours prononcé le 10 octobre 1940 par Jean-Louis Tixier-Vignancour, chargé de l'information du maréchal Pétain. Cité par Jacques Cantier *in L'Algérie sous le régime de Vichy*, Paris, Odile Jacob, 2002, p. 82.

Caillard, le maire de la ville, sollicite une entrevue pour lui faire part des doléances de la population vis-à-vis des troupes nazies. Chérif Mécheri le rassure « faisant valoir qu'ayant été le collaborateur de Jean Moulin, [il saurait] faire face aux nécessités et aux besoins[1] ». Le lendemain matin, très tôt, le secrétaire en chef de la sous-préfecture se présente à ses appartements pour le prévenir que deux officiers allemands souhaitent le voir sans retard. Le sous-préfet ne s'alarme pas. « Après l'avoir rassuré car il était fort troublé, je lui demandai de dire à ces messieurs de m'attendre car je n'avais pas fini de prendre mon bain[2]. » Prenant son temps, il déjeune et, revêtu de sa grande tenue de sous-préfet, se rend à la rencontre des visiteurs de l'aube ; il leur demande quel est l'objet de leur visite. Dans un garde-à-vous impeccable, ils répondent que le général commandant de la région – dont les bureaux sont au Grand Hôtel – désire le rencontrer d'urgence. Moyennant quoi, ils lui proposent de prendre place à bord de leur voiture pour se rendre à la convocation, ce qu'il refuse, leur disant qu'il préfère y aller à pied. Des décennies plus tard, il se souviendra de la mine déconfite des Allemands… « Situation comique que de les voir rouler, au pas, en voiture à ma hauteur… Enfin, arrivé à l'hôtel, je [suis] accueilli par un capitaine qui parlait très bien français et qui m'introduisit dans un petit salon en me disant : "Le général va vous recevoir." Le maire de la ville était présent, apeuré et tremblant. Je l'apaisai en lui disant que lorsque nous verrions le général, j'allais revendiquer toutes mes responsabilités ! Rassuré, il m'embrassa[3]. » Une effusion excessive qui ne sera d'aucun secours face à une attente qui va durer deux heures au terme

1. Notes de sa fille Marie-Diane Mécheri.
2. *Ibid.*
3. *Ibid.*

desquelles on les fait entrer dans le bureau du commandant qui, avec une froideur signifiant clairement son mécontentement face à l'attitude désinvolte du sous-préfet, daigne à peine le saluer. C'était un grand gaillard portant monocle qui était entouré de tout son état-major. « Monsieur le sous-préfet, me dit-il, voici un document que vous allez signer et par lequel vous ferez connaître à la population de la ville de Narbonne et au département qu'ils doivent collaborer avec le gouvernement allemand. » Après avoir parcouru le document très calmement, il le dépose sur le bureau, refusant de le signer et lui signifiant que cette demande est contraire aux clauses de l'armistice. Le général se cabre, s'énerve, devient menaçant, et tend à nouveau le papier à Chérif Mécheri qui refuse une nouvelle fois de le parapher lui objectant que pareil document ne peut être validé par le sous-préfet mais par le gouvernement de Vichy. Un silence opaque s'installe au cours duquel l'état-major se raidit d'un bloc avant que le général frappe du poing sur le bureau, rattrape son lorgnon, menace à nouveau... Il est probable qu'à cette minute le sous-préfet pense à Jean Moulin et à l'issue de son entrevue avec un autre général allemand aussi imbu de sa toute-puissance. Cependant, sans perdre son sang-froid, il se livre alors à un coup de bluff qui impressionne son vis-à-vis. « Je vous demande de bien vouloir me passer votre téléphone, afin d'appeler le Maréchal à Vichy pour lui exposer la situation. Et si le Maréchal accepte, je vous donnerai ma signature. Mais sans son autorisation, n'espérez de moi aucune concession[1]. »

Occupant oui. Dominant non ! À l'instar du préfet Édouard Bonnefoy, Mécheri a définitivement choisi de « lutter contre le régime, de l'intérieur même de l'appareil de l'État. Il [est], en effet, persuadé que l'appartenance au sérail constitu[e] un gage

1. *Ibid.*

d'efficacité. La place qu'il occup[e] lui permettra[it] d'accéder à des informations de valeur [et en présentant] l'apparence de la loyauté, indispensable pour être maintenu à son poste. Dans ces conditions, les gestes d'opposition [...] apparurent plus feutrés, moins directement lisibles que les sabotages des voies de chemin de fer. On ne peut, pour autant, sous-estimer leur impact et le risque pris par leur auteur[1] ».

Devant son attitude déterminée, le général hésite et Mécheri lui propose une solution médiane : « Je retourne à la sous-préfecture et, si vous le souhaitez, faites-moi accompagner par un membre de votre état-major. De mon bureau je téléphonerai au Maréchal lui-même[2]. » Le général accepte de mauvaise grâce ajoutant en allemand : « Je vous fais confiance. » Le sous-préfet n'a droit à aucune escorte mais, une fois arrivé à son bureau, il ne téléphone pas à Vichy. Il se contente de prendre langue avec le secrétariat particulier du Maréchal pour lui dire qu'il vient d'être « l'objet de pressions inadmissibles de la part des autorités allemandes et qu'après une résistance justifiée, ils avaient capitulé. Le secrétaire particulier [le] félicite chaleureusement en [lui] accordant toute sa confiance[3] ».

Le maire de Narbonne qui a assisté à l'entretien et à ses suites parcourt la ville pour vanter les mérites et le courage du nouveau sous-préfet. « Ce fut le point de départ de mon administration dans le département, ce qui me valut la reconnaissance et la confiance de la plupart des élus[4] », avec lesquels il maintiendra un contact étroit. Il en va de même avec la population qu'il rencontre en se rendant dans toutes les communes

1. Élodie Prost, *Édouard Bonnefoy, un haut fonctionnaire sous l'Occupation (juin 1940-mai 1945)*, *op. cit.*
2. Notes de sa fille Marie-Diane Mécheri.
3. *Ibid.*
4. *Ibid.*

relevant de son autorité, histoire d'écouter les uns et les autres, d'essayer de trouver des solutions aux problèmes endémiques telle la pénurie de vêtements, de charbon et de nourriture, laquelle est amplifiée par des cultures maraîchères très modestes sur lesquelles l'occupant n'hésite pas à prélever une large part. La situation est telle, explique le sous-préfet dans un de ses rapports mensuels, que « beaucoup de personnes se couchent sans souper ; d'autres mangent des topinambours destinés aux chevaux ou des salades bouillies[1] ».

La période audoise de Chérif Mécheri est la seule pour laquelle nous avons l'ensemble de ses comptes rendus mensuels à son autorité de tutelle. Voilà qui est particulièrement intéressant à scruter car, dans ces rapports denses et détaillés, il aborde aussi bien l'ambiance générale que celle de l'opinion publique, le ravitaillement que les activités des divers mouvements politiques, l'économie ou les relations avec l'occupant. Le sous-préfet s'y livre mensuellement à une étude quasi clinique de ces différents domaines mais sans jamais vraiment s'impliquer… Serviteur de l'État sans jamais être son vassal. Même en ce qui concerne les actions de police ou les rapports avec les troupes allemandes qui relèvent de son autorité. Il est généralement plus disert (et le plus souvent de manière négative) vis-à-vis des structures collaborationnistes et beaucoup moins en ce qui concerne le Parti communiste pour lequel on sent, tout au long de sa carrière, qu'il n'a pas une grande sympathie… Ce qui lui sera certainement préjudiciable à la Libération.

Il reste cependant dans la légalité de Vichy concernant l'arrestation des « indésirables » que sont les communistes ou les francs-maçons, en signalant par exemple une opération de police menée à Narbonne le 2 mars « avec le concours

---

1. Rapport en date du 24 avril 1943. Archives de l'Aude, fonds Mécheri.

d'inspecteurs de Vichy et de Montpellier [qui a eu] pour but de purger la ville de ses suspects et indésirables. 410 individus ont été interpellés : 42 ont fait l'objet d'un examen approfondi ; 15 ont été retenus pour être soit internés administrativement ou dirigés vers la "Relève", soit déférés au Parquet[1] ». Cette information est significative de l'attitude du sous-préfet : il rend compte en des termes « appropriés » mais en gardant un certain recul, sans donner son sentiment propre comme il semble le faire plus volontiers quand il est question des milieux proches de Vichy. Ainsi, concernant le Parti populaire français – principale structure collaborationniste (avec le Rassemblement national populaire de Marcel Déat) –, il estime qu'il est le « seul à manifester quelque activité. Il comprend environ 70 membres. Ils nourrissent [*sic*] de voir entrer leur chef Jacques Doriot dans le gouvernement[2] ». Néanmoins, le sous-préfet se plaît à mentionner les bisbilles opposant les différents groupes collaborationnistes. Ainsi la création de la milice est-elle considérée « dans les milieux légionnaires comme une atteinte à leur prépondérance[3] ». Et pendant ce temps-là, « la population critique vivement son manque de loyauté et accuse les membres du groupe "Collaboration" de se livrer à la délation auprès des troupes d'opération pour seulement assouvir des rancunes personnelles, mais aussi pour "renflouer" leurs affaires grâce à la clientèle allemande[4] ».

Au fil du temps, il note que « la constitution de la milice française continue de provoquer de nombreux commentaires. [...] Dans son ensemble, la population reste sceptique et

1. Rapport du 24 mars 1943. *Ibid.*
2. *Ibid.*
3. Rapport en date du 24 février 1943. *Ibid.*
4. *Ibid.*

réservée en présence de ce nouveau groupement largement diffusé par la radio et répandu par la presse[1] ».

Sous couvert de sentiments populaires, voire populistes, le sous-préfet ne se montre pas plus exalté par la Légion française des combattants, tout en indiquant la montée de « périls » politiques... En septembre 1943, il écrit : « L'union et l'unité françaises prêchées à l'occasion du troisième anniversaire de la Légion ont été accueillies avec indifférence. Ce n'est pas sans une certaine appréhension que l'on voit se former des opinions contradictoires quant aux moyens de sauver notre pays. Les milieux gaullistes appellent de tous leurs vœux le débarquement des Alliés en France. La radio étrangère est de plus en plus suivie par un nombre croissant d'auditeurs avides de nouvelles sensationnelles. [...] Certains voient dans l'avancée méthodique et continue des armées russes, dans les échecs de la Wehrmacht dans le bassin méditerranéen comme les signes précurseurs de la défaite très prochaine de l'Axe. Ils font un rapprochement entre la position allemande actuelle et celle de 1918[2]. »

De faux éclats de loyauté

Chérif Mécheri ne montre jamais la moindre sympathie pour les mouvements qui pactisent avec les Allemands. Bien au contraire, d'un mois sur l'autre il s'emploie à mettre en exergue leur affaiblissement, jusqu'à ce mois de novembre 1943 où il signale que « la permanence du parti [PPF] est peu fréquentée ; certains militants PPF commencent à douter de la victoire

1. Rapport en date du 24 mars 1943. *Ibid.*
2. Rapport en date du 25 septembre 1943. *Ibid.*

allemande[1] », même si la venue récente de Philippe Henriot a obtenu un certain écho, car « le succès de l'orateur tient moins au thème développé qu'à un immense talent qui a fait revivre un passé récent dont beaucoup ont la nostalgie[2] ».

Son attitude vis-à-vis de l'armée allemande ne se dément pas. Dès le début de son installation, il se plaint du comportement de l'occupant qui s'est installé dans bon nombre de locaux scolaires… « Il semble qu'il y ait là un abus[3]. » Il insiste à longueur de rapports sur la conduite discutable des troupes allemandes : « Malgré les apparences de courtoisie, ces relations deviennent de plus en plus difficiles en raison des exigences des formations locales qui, sous couvert des nécessités de la guerre, présentent des demandes difficiles à satisfaire[4] ! » Et, dans une suite logique, « les populations, dans leur quasi-unanimité, se réjouissent du recul des armées allemandes et de leur défaite devant Stalingrad[5] ». Même si « la population est lasse et souhaite la fin de la guerre. Devant cette lassitude, la propagande étrangère trouve un terrain bien facile à exploiter[6] ».

Plus largement, il n'hésite pas à mentionner que l'estime des Audois ne va pas aux Allemands : « La sympathie de la quasi-unanimité de la masse [*sic*] pour les Anglo-Saxons n'est nullement entamée. Elle demeure sceptique et hostile à une politique de collaboration avec l'Allemagne[7] » en ces temps où les Alliés viennent de débarquer en Afrique du Nord. Moyennant quoi, il semble que l'attitude de la population

1. Rapport en date du 25 novembre 1943. *Ibid.*
2. *Ibid.*
3. Rapport en date du 25 novembre 1942. *Ibid.*
4. Rapport en date du 24 janvier 1943. *Ibid.*
5. Rapport en date du 24 février 1943. *Ibid.*
6. Rapport en date du 25 octobre 1943. *Ibid.*
7. Rapport en date du 24 décembre 1942. *Ibid.*

évolue négativement vis-à-vis de l'occupant qui procède à des arrestations lui paraissant infondées, voire arbitraires, et « rien n'est changé en ce qui concerne l'attitude de la population à l'égard des troupes d'opérations [même si] elle supporte leur présence avec dignité et correction[1] ». Quant au STO il ne fait qu'engendrer « des mécontentements et donne lieu à des récriminations. Un malaise certain est visible[2] ».

Son rôle de sous-préfet l'astreint à rendre compte à son préfet des activités des divers mouvements politiques. Se souvenant de l'affaire Houssin, le sous-préfet va être de plus en plus mesuré face au Parti communiste dont il signale quelques exactions bien modestes à l'instar de ces quelques distributions de tracts « mais en petite quantité[3] ». Cependant, il revient assez régulièrement sur la « propagande communiste », n'hésitant pas à la qualifier de « campagne sournoise[4] » mais nuance l'analyse politique en évoquant les activités gaullistes qui, il est vrai, retiennent rarement l'attention de Chérif Mécheri. Même s'il est vrai que les résistants ont déserté Narbonne et sa région extrêmement surveillée par les Allemands pour l'arrière-pays.

Cependant, le sous-préfet peut-il ignorer le travail d'écoute intensif effectué par des groupes de renseignement résistants travaillant au central téléphonique de la poste qui se trouve juste en face de la sous-préfecture ? Il faut attendre septembre 1943 pour qu'il évoque à deux reprises « la propagande gaulliste » et qu'il la juge « en harmonie avec la propagande communiste[5] ».

1. Rapport en date du 25 octobre 1943. *Ibid.*
2. Rapport en date du 24 décembre 1942. *Ibid.*
3. Rapport en date du 24 décembre 1942. *Ibid.*
4. *Ibid.*
5. *Ibid.*

Chaud et froid... Le lecteur passe de l'un à l'autre en découvrant ces rapports dans lesquels Chérif Mécheri ne manque jamais de laisser affleurer des compliments à l'adresse du Maréchal dont « l'attitude provoque une admiration unanime[1] », ce qui le place « à l'abri de critique[2] », quand il n'est pas comme « toujours l'objet d'une vénération unanime[3] »...

Ces petits éclats de loyauté laissent parfois sourdre quelques remarques moins laudatives. Ainsi, en mars 1943, s'étonne-t-il du « silence prolongé du Maréchal [qui] est interprété par certains esprits comme l'indice que son rôle de chef d'État subit actuellement une éclipse[4] ». Huit mois plus tard, il laisse percer certaines inquiétudes comme « la démission du maréchal Pétain annoncée par la radio étrangère et divulguée par les milieux PPF et collaborationnistes [qui] a particulièrement préoccupé l'esprit public qui l'entoure de commentaires abondants, variés et souvent tendancieux[5] ». Sans préciser la nature exacte de ces commentaires et leur teinte politique, M. Mécheri ne croit pas utile de localiser « la » radio étrangère qui émet peut-être depuis Londres ! Dans ce même rapport, il fait état d'autres informations émanant du PPF selon lesquelles « la France n'aurait même plus de gouvernement, la situation se présenterait de façon grave : Doriot rappelé du front russe, se trouverait seulement à Paris où il aurait réuni tous les chefs responsables de ce parti en vue d'une prise éventuelle du pouvoir[6] ». Une situation d'autant plus délicate que « le calme des esprits, déjà ébranlé par toutes ces nouvelles, est encore mis à l'épreuve

1. Rapport en date du 25 novembre 1942. *Ibid.*
2. Rapport en date du 24 janvier 1943. *Ibid.*
3. Rapport du 23 avril 1943. *Ibid.*
4. Rapport en date du 24 mars 1943. *Ibid.*
5. Rapport du 25 novembre 1943. *Ibid.*
6. *Ibid.*

par les actes de terrorisme qui, par leur fréquence, font croire à la possibilité de la guerre civile. Celle-ci hante bon nombre d'esprits[1] ». Une fois encore, le sous-préfet ne précise pas qui sont ces terroristes, pas plus que, dans aucun de ses rapports durant sa présence narbonnaise, il n'aura évoqué les actions de la Résistance…

Le même mois, il signale que, « dans la nuit du 10 au 11 novembre, une tentative de sabotage aurait été dirigée contre des soutes à essence et à munitions du terrain d'aviation de Lézignan. Cinq individus auraient attaqué le poste de garde[2] ». Qui sont ces « individus » ? M. le sous-préfet, une fois encore, reste vague. Il l'est beaucoup moins dans un passage de son dernier rapport de l'année 1943 où il évoque l'assassinat de M. Maurice Sarraut, directeur de *La Dépêche*, qui « a provoqué une véritable stupeur à Narbonne et dans l'arrondissement où cette personnalité jouissait de l'estime quasi générale[3] ». Voilà qui ressemble à une position peu orthodoxe quand on sait que ce patron de presse, fervent républicain, était un proche de la Résistance. De plus, il est de notoriété publique qu'il a été abattu au cours d'un traquenard que lui ont tendu trois miliciens de la région et un membre de la Légion des volontaires venu de Paris pour piloter cette opération. De nombreux tracts sont diffusés aussitôt à travers Narbonne en attestent dont celui des FTP où il est écrit : « Le patriote Maurice Sarraut sera vengé parce qu'il avait rejoint les rangs de la Résistance [et] parce que sa personnalité bien connue des Toulousains patriotes attirait depuis longtemps la haine des laquais de Laval[4]. »

1. *Ibid.*
2. *Ibid.*
3. *Ibid.*
4. Cité par *La Dépêche.fr* du 10 mai 2004, https://www.ladepeche.fr/article/2004/05/10/171960-l-obscur-assassinat-de-maurice-sarraut.html.

Comme l'explique l'historien Félix Torres : « Plusieurs raisons convergent pour désigner Maurice Sarraut, qui subit depuis 1940 les avanies du régime de Vichy, pour qui il incarne, avec son journal *La Dépêche*, cette "démocrassouille" (le mot est de Pierre Pucheu) *laïcarde* et franc-maçonne qui serait à l'origine des malheurs de la France. L'homme de presse radical est aussi en butte, depuis l'occupation de la zone sud en novembre 1942, à la méfiance et à l'hostilité de l'occupant allemand, qui voit en lui "le représentant de la maçonnerie internationale" travaillant en faveur "du clan [des hommes politiques] américanophile[s] se trouvant à Alger"[1]. »

Selon M. Pech, qui occupera le poste de commissaire du gouvernement au cours du procès des assassins à la Libération, l'idée du crime viendrait « de Fernand de Brinon [...] et de Darnand, désireux de venger les miliciens exécutés par la Résistance par l'élimination d'une personnalité représentative du régime républicain[2] ». Le sous-préfet ignorait-il les dessous de cette exécution qu'il évoque comme une condamnation ? De qui donc veut-il parler quand il écrit, fin 1944, que « de nombreuses personnes de bon sens [qui] ne voient pas la situation actuelle sous un très bel aspect[3] » ? De manière à être plus explicite, il précise : « Pour beaucoup la désillusion est grande d'enregistrer une avance anglo-saxonne réduite à quelques kilomètres de gain de terrain par semaine[4]. » Comme pour enfoncer le clou, il note : « L'opinion fréquemment exprimée est que le gouvernement n'est plus que l'ombre de ce qu'il devait

1. *In* Félix Torres,« L'assassinat de Maurice Sarraut. Lectures d'un crime politique », *Arkheia, Revue d'histoire. Histoire, mémoire du Vingtième siècle en Sud-Ouest*, 2004, n° 11, 12, 13, p. 80-101.
2. *Ibid.*
3. Rapport en date du 25 janvier 1944. Archives départementales de l'Aude.
4. *Ibid.*

être et que c'est, en réalité, la voix de l'Allemagne qui se fait entendre dans les instructions émanant de Vichy[1]. » Pendant ce temps-là « la lutte contre le terrorisme continue à préoccuper l'opinion. Les récompenses attribuées par le gouvernement à certains défenseurs de l'ordre, chargés de réprimer le terrorisme, ont produit la meilleure impression dans les milieux soutenant habituellement la politique du gouvernement[2] ». Les autres ? M. Mécheri n'en parle pas mais ne paraît-il pas suggérer qu'ils représentent une majorité silencieuse ?

Une ville enfin libérée

Le sous-préfet semble légaliste mais parfois, sous cette fidélité au gouvernement du Maréchal, percent de subtiles manipulations sous couvert d'informations très officielles remontant de ses différents services de renseignement. Ce peut être le cas quand il informe son autorité que « la violence offensive des Anglo-Saxons donne aux éléments anglophiles les plus grands espoirs et leur permet même d'envisager l'expulsion des forces germano-italiennes de ces territoires d'Afrique du Nord. La supériorité numérique des ennemis de l'Axe en Afrique, laisse prévoir à la majorité de la population une issue très prochaine de la lutte sur le front et beaucoup s'inquiètent de voir la guerre se transporter dans les régions côtières de la Méditerranée[3] ». C'est à se demander si le signataire n'infléchit pas un peu l'analyse de la majorité concernant une issue de la guerre dont il semble là qu'elle sera gagnée par les Alliés. D'autre part, il fait

1. *Ibid.*
2. *Ibid.*
3. Rapport du 23 avril 1944. *Ibid.*

montre d'une (fausse ?) inquiétude quand il évoque un possible débarquement sur les côtes méditerranéennes. Rappelons qu'à cette époque Narbonne et sa région sont littéralement envahies par un front de 15 000 soldats allemands répartis sur une bande côtière dont ils sont persuadés qu'elle accueillera le débarquement allié… en Provence ! Chérif Mécheri, qui travaille pour la Résistance, a peut-être déjà des informations sur l'opération Anvil Dragoon en cours d'élaboration et vise un débarquement dans le sud-est de la France entre Toulon et Cannes. Le sous-préfet semble être passé maître en art du camouflage car il est avéré que, durant son passage dans l'Aude, il a accompli « une œuvre patriotique remplie dans l'arrondissement […] en contact étroit avec le colonel Carrel[1], chef de la Résistance de la région de Montpellier, il a déjoué et saboté les initiatives des nazis et leurs complices[2] ».

La guerre touche à sa fin… Une autre se prépare là même où les Alliés ont débarqué. Personne ou presque ne se préoccupe de l'Algérie. On en oublie que Ferhat Abbas et quelques autres élus viennent de publier le *Manifeste du peuple algérien* qui demande une constitution dans laquelle « l'égalité absolue entre les hommes, quelle que soit la race ou la religion sera proclamée ».

Alors qu'il s'apprête à prendre ses nouvelles fonctions à Limoges, le sous-préfet Mécheri assiste depuis son balcon de la sous-préfecture à la libération de Narbonne que les Allemands ont quittée depuis le 30 août 1944. Pierre Rougé, président du comité de la Libération de Narbonne, a appris par Radio

---

1. Pseudonyme de Gilbert de Chambrun (1909-2009), homme politique, diplomate et résistant, il sera l'un des responsables du mouvement *Combat* et sera chef des FFI pour la région Languedoc-Roussillon.
2. Rapport du 23 avril 1944. *Ibid.*

Londres que les Alliés ont débarqué en Provence. Aussitôt, il organise les actions en ville. Pendant trois jours, plusieurs résistants vont saboter des câbles de télécommunications. Néanmoins une partie des occupants nazis est toujours à Narbonne et les représailles menacent la population. Depuis la terrasse du café *La Cigale* sur la place des Pyrénées, les résistants se relaient pour surveiller le défilé ininterrompu des Allemands qui battent en retraite. Au moment du départ de Chérif Mécheri, la ville est libérée.

IX

LE MASSACRE DES INNOCENTS

Le 24 janvier 1944, Chérif Mécheri est heureux de retrouver la Haute-Vienne. Après avoir été sous-préfet à Rochechouart, le voilà à Limoges où, semble-t-il, son affectation de préfet délégué n'est pas seulement le fait d'un mouvement administratif classique. La lecture d'un témoignage du responsable de la Résistance de la région en atteste : « C'est moi-même et mon ami Bess, conseiller général du canton de Saint-Mathieu, qui l'avons fait revenir de Narbonne[1]. » Il a quitté une ville libérée et il s'installe dans une autre capitale qui l'est également depuis le 21 août par les résistants FFI.

Dès septembre 1939, Limoges a été une terre d'accueil pour les populations fuyant la guerre et a doublé sa population en même temps que s'implantait la Résistance qui y sera très opérationnelle. Les réfugiés juifs arrivent dans les villes importantes et en particulier à Limoges avant d'être répartis, suivant les mesures de dispersion du préfet, dans des petites communes de la Haute-Vienne. Le 27 août 1942, une rafle est organisée par la police française pour interner au camp de Nexon les Juifs étrangers arrivés en France après 1936. Prévenu par la Croix-Rouge, le rabbin Deutsch alerte les familles israélites dont la majorité

1. Témoignage d'Antoine, responsable de la Résistance de la zone de la Haute-Vienne, daté de Cussac le 6 octobre 1944. Fonds Mécheri, Sciences Po, MEC1/Dr4.

prennent la fuite alors que d'autres sont arrêtées. Le 8 novembre 1942 la zone sud est occupée et en février 1943 la Gestapo organise de nombreuses rafles ; elle sera bientôt « aidée » par la milice française qui opère de nombreuses arrestations.

Pourtant, même libérée, Limoges porte les stigmates de ces années de plomb qui vont perdurer malgré la débandade nazie.

Violence et baptême du sang

Le 10 juin 1944, alors que le débarquement vient d'avoir lieu en Normandie, les Allemands font marche arrière et tentent de combattre les forces françaises. Pour surprendre les résistants, les SS exécutent froidement des populations entières, comme sur le front de l'Est. Ce jour-là un détachement appartenant à la division SS Das Reich fait irruption en début d'après-midi dans le petit village limousin d'Oradour-sur-Glane avec la ferme intention de récidiver l'exaction commise la veille à Tulle. Comme le rappelle Guillaume Agullo, responsable du musée de la Résistance à Toulouse, à propos de la division SS incriminée : « C'est une unité qui a été présente pendant quelques mois, au cours du printemps 44 dans le Sud-Ouest, et qui a laissé durablement, pour des décennies, un souvenir de terreur : des massacres de civils, de Résistants, une violence dans leurs façons d'être, d'agir, d'occuper[1]. »

1. Voir le document de France 3 Limousin, *Les SS de la Das Reich, un parcours de la désolation*, 1er juin 2018, réalisation Caroline Reussner, avec le soutien de la DMPA, documentaire labélisé par l'Office national des Anciens combattants de Corrèze, https://france3-regions.francetvinfo.fr/nouvelle-aquitaine/emissions/qui-sommes-nous-nouvelle-aquitaine/coup-projecteur-tristement-celebre-division-nazie-das-reich-1486141.html.

En fait, les Allemands savent que les Alliés vont débarquer mais ils ignorent où. Ils les attendent, comme nous l'avons vu, dans la région de Narbonne. La mission de la division stationnée dans le secteur de Montauban est d'assurer le contrôle entre la façade atlantique et le Bassin méditerranéen. Ce ne sont pas moins de 12 000 hommes qui arrivent progressivement dans la région mais ils manquent d'armement, de techniciens et d'encadrement. Il faut créer un amalgame entre ces soldats qui n'ont parfois que 18 ans et les autres plus âgés et rompus aux horreurs de la guerre… « On va le faire par la méthode de la SS : par la violence et le baptême du sang[1]. » La division gagne le front de Normandie. « Sa mission première est de combattre la Résistance, les Maquis dans le secteur de Limoges[2] » et de faire des exemples en vue de semer la terreur parmi les populations du cru mais plus largement dans la France entière. Cette unité « *der Führer* » arrive à Tulle où, le 7 juin, les maquis francs-tireurs et des partisans ont attaqué la garnison allemande trois jours plus tôt. En représailles, les soldats de Das Reich investissent la ville et raflent tous les hommes sous l'habituel prétexte d'un contrôle d'identité. « Ils les rassemblent dans la cour de la manufacture d'armes de Tulle. Comme à Figeac, en mai, ils procèdent à un tri pour sortir les hommes indispensables au fonctionnement de la ville et de la manufacture qui travaille pour les Allemands. À l'issue de ce tri, ils pendent 99 hommes aux réverbères et balcons de la ville et en déportent 149 dans les camps de la mort[3]. » Le même jour, un autre massacre a lieu à Argenton-sur-Creuse : 67 personnes sont exécutées. Au sud

1. Guillaume Agullo *in Les SS de la Das Reich, un parcours de la désolation, ibid.*
2. *Ibid.*
3. *Ibid.*

de Montauban, ce sont les SS du régiment Deutschland qui entrent en action. « Partout des massacres. Des hommes, des femmes, des enfants, un bébé assassiné à coups de baïonnette dans son landau. Des jumelles qui sont tuées… Et l'unité qui continue son chemin pour faire d'autres massacres. » Ceux que va commettre la Das Reich tout au long de cette route meurtrière ne relèvent pas du hasard.

Arrivés à Oradour-sur-Glane les soldats de la division SS veulent prendre de nouvelles mesures de rétorsion et faire des exemples : toute la population du village est rassemblée sur le champ de foire pour ce qui est présenté comme un simple contrôle d'identité. Les habitants des hameaux voisins sont également raflés et invités à rejoindre la population d'Oradour-sur-Glane. Sur place, les SS forment deux groupes : d'un côté, les hommes âgés de plus de 14 ans ; de l'autre, les femmes et les enfants. Ces derniers sont enfermés dans l'église du village. Les soldats allemands y déposent des explosifs avant de sortir pour mitrailler l'édifice et y mettent le feu. Quant aux hommes, ils sont conduits dans les granges d'Oradour-sur-Glane où ils sont abattus à la mitrailleuse avant que les bâtiments soient incendiés pour empêcher l'identification des corps. Avant de quitter le village, les SS en font le tour pour débusquer et tuer toutes les personnes ne s'étant pas rendues sur la grande place. Le bilan sera de 642 morts. Trois habitants seulement survivront au massacre des innocents.

M. Freund-Valade, préfet de la région de Limoges, est informé par la rumeur publique – les communications téléphoniques étant interrompues – avant que le sous-préfet de Rochefort, M. Pauchon lui confirme la tragédie, les services de police n'ayant pas daigné en rendre compte. La ville de Limoges étant entièrement verrouillée, le préfet demande aux autorités allemandes un laissez-passer qui lui est refusé par le général Gleiniger, commandant le *Verbindungsstab* (groupe de liaison). Chérif Mécheri entreprend la même démarche et se voit opposer le même refus. C'est donc le sous-préfet de Rochechouart qui se rend sur place et lui décrit le « spectacle d'horreur qu'il a eu en arrivant » et que le préfet régional décrit dans un important rapport adressé au chef du gouvernement[1]. « Le village qui comptait 85 maisons n'était plus qu'un amoncellement de ruines et la population tout entière, y compris les femmes et les enfants avait été massacrée par les troupes allemandes. »

Le mardi 13 juin, le préfet Freund-Valade obtient enfin un laissez-passer et se rend sur les lieux accompagné de son préfet délégué Chérif Mécheri et de Mgr Rastouil, évêque de Limoges. Il peut alors raconter ce qu'il voit et donner la parole aux rares rescapés… « Dans l'église, en partie en ruines, se trouvaient encore des débris humains calcinés provenant de cadavres d'enfants (tels qu'un pied d'enfant dans une pantoufle), des ossements étaient mêlés aux cendres des boiseries. […] Si la toiture de l'église est effondrée, le plafond qui est fait en maçonnerie est à peu près intact ainsi que les murs. Le feu n'a donc pu prendre à l'intérieur de l'église que s'il y a été mis intentionnellement.

« À l'extérieur de l'abside, le sol était fraîchement remué : les restes des femmes et des enfants avaient été enterrés par les troupes allemandes. À côté, des vêtements d'enfants avaient été rassemblés à moitié calcinés.

« Sur l'emplacement de ce qui avait été des granges, des corps humains entièrement calcinés, entassés les uns sur les

1. Lettre de M. le préfet de région Freund-Valade au chef du gouvernement à Vichy en date du 15 juin 1944 sous la référence 33.74R/CCAB. Fonds Mécheri, Sciences Po, MEC1/Dr2.

autres, partiellement recouverts de matériaux divers, offraient le spectacle du plus atroce charnier[1]. »

Les témoignages des survivants confirment que c'est un détachement SS de Das Reich qui a fait irruption à Oradour après l'avoir entièrement cernée et ordonné le rassemblement de toute la population sur la place centrale en déclarant que, d'après une dénonciation, il y avait des explosifs cachés dans le village, qu'ils allaient procéder à des perquisitions ainsi qu'à des vérifications d'identité. « À cet effet, ils ont invité les hommes à se grouper en quatre ou cinq groupes qui furent enfermés chacun dans une grange. Les femmes et les enfants ont été conduits et enfermés à l'intérieur de l'église. Peu après, les mitraillades commencèrent et le feu fut mis ensuite à tout le village ainsi qu'aux fermes environnantes. L'allumage des incendies se fit maison par maison et dura certainement plusieurs heures en raison de l'étendue de l'agglomération[2]. »

Le préfet rapporte le témoignage de la seule femme ayant pu s'évader et échapper à la mort. C'est à l'hôpital de Limoges où elle est en cours de soins qu'il lui a rendu visite avec Chérif Mécheri qui écoute médusé… « Les femmes et les enfants ont été enfermés dans l'église à 14 heures. Jusqu'à 17 heures, elles vécurent dans l'angoisse en entendant les échos des premiers incendies et des fusillades [puis] des soldats allemands pénétrèrent à l'intérieur de l'église et déposèrent sur la table de communion un engin constitué par une sorte de caisse d'où s'échappaient des mèches enflammées qui, au bout d'un d'instant, rendirent l'atmosphère irrespirable. Une des femmes parvint à forcer la porte de la sacristie, ce qui permit de ranimer les femmes et les enfants déjà touchés par l'asphyxie.

1. *Ibid.*
2. *Ibid.*

Les soldats allemands se mirent alors à tirer par les vitraux de l'église puis ils y pénétrèrent pour achever par les tirs de leurs mitraillettes les derniers survivants et, en même temps, répandaient sur le sol une matière inflammable. Au moment où le témoin parvenait à se hisser jusqu'à un vitrail, les cris d'une mère qui voulait lui confier son enfant, attirèrent l'attention d'une sentinelle placée au dehors qui fit feu sur la fugitive et la blessa grièvement. Elle n'eut la vie sauve qu'en simulant la mort.

« Vers 18 heures, les Allemands firent arrêter le tramway départemental qui passe à une centaine de mètres du village, firent descendre les voyageurs à destination d'Oradour et, après les avoir mitraillés, jetèrent leurs corps dans le brasier.

« En fin de soirée, et le dimanche matin, les habitants des hameaux environnants alertés par l'incendie, ou angoissés par l'absence de leurs enfants qui étaient à l'école d'Oradour, essayèrent vainement de s'approcher du village mais ils furent soit mitraillés, soit éloignés de force par des sentinelles allemandes qui continuaient à garder toutes les issues du village. Dans l'après-midi du dimanche, certains d'entre eux purent tout de même pénétrer dans les ruines et attestent que l'église était remplie de corps de femmes et d'enfants recroquevillés et calcinés. Un témoin absolument sûr a pu voir, à l'entrée de l'église, le cadavre d'une maman tenant son enfant dans les bras ; devant l'autel se trouvait le cadavre d'un petit enfant agenouillé, les mains jointes ; auprès du confessionnal deux cadavres d'enfants s'étreignaient encore.

« La nuit suivante (nuit de dimanche à lundi) les Allemands revinrent et firent disparaître ces traces en ensevelissant à la hâte femmes et enfants[1]. »

---

1. *Ibid.*

Dès le lundi, quarante-huit heures après ce massacre, le préfet de région se rend à nouveau auprès du général Gleiniger « pour élever une protestation formelle contre de telles méthodes de répression contraires à toutes les lois de la guerre et dont l'atrocité soulève l'indignation et l'horreur dans toute la région. Dès ce moment, j'ai pu constater que le général ne semblait avoir qu'une connaissance très imparfaite des événements d'Oradour-sur-Glane et il marqua d'ailleurs son étonnement et son émotion en ma présence et m'exprima sa réprobation[1] ». Quant aux motifs de pareille exaction, il lui faut attendre encore pour avoir des précisions de la part des autorités allemandes : « Un attentat aurait été commis aux abords du village. Un officier allemand et son chauffeur auraient été capturés par des éléments du maquis puis molestés à travers le village, notamment par les femmes qui leur auraient lié les poignets avec des fils d'acier. Conduits ensuite sur les lieux de l'exécution, l'officier allemand se serait enfui tandis que le chauffeur aurait été tué. L'officier serait revenu à Limoges et provoqua une expédition punitive (*Straftokommando*) à laquelle il aurait pris part[2]. »

Créer une politique de terreur

Le général allemand, à la suite de la rencontre qu'il vient d'avoir avec Freund-Valade, adresse un premier rapport à ses supérieurs. Il y fait un compte rendu de l'exaction de Tulle au cours de laquelle le préfet faillit être exécuté, ne devant sa vie sauve qu'à son bon comportement passé avec les soldats et officiers allemands. Néanmoins, le préfet Freund-Valade

1. *Ibid.*
2. *Ibid.*

s'étonne qu'après avoir évoqué le pillage par les SS de la préfecture de Guéret Gleiniger ne consacre alors que quelques lignes à Oradour. Il note simplement : « À l'occasion d'une opération punitive d'une unité de la division Das Reich contre la localité d'Oradour, celle-ci fut rasée et tous ses habitants, y compris les femmes et les enfants, ont, depuis, disparu. »

Le général précise dans ce premier rapport comme dans tous ceux qui suivent que le préfet régional était « extrêmement choqué » et souligne son accord pour que « les terroristes soient combattus durement par tous les moyens, mais qu'on devait éviter que des personnes tout à fait innocentes aient à souffrir des mesures de la troupe ou soient tuées[1] ».

Dans la conclusion de son rapport, le général Gleiniger exprime une position analogue à celle du préfet de Vichy, estimant que de pareilles exactions risquent de « compromettre la loyale collaboration entre les services administratifs français et allemands[2] ».

Si le massacre d'Oradour-sur-Glane est généralement connu du grand public, celui de Tulle en Corrèze l'est beaucoup moins[3]. On ignore généralement que de très nombreux villages, bourgs et bourgades du Grand Sud-Ouest et du centre de la France, ont eux aussi été saignés à blanc par cette division SS au printemps et à l'été 1944. Entre mai et août de terribles massacres ont été commis dans trois cent cinquante communes de treize départements[4].

---

1. *Ibid.*
2. *In* journal *L'Humanité*, 8 juillet 1994, https://www.humanite.fr/node/83205.
3. Voir le document de France 3 Limousin, *Les SS de la Das Reich, un parcours de la désolation*, *op. cit.*
4. Lot, Lot-et-Garonne, Gers, Dordogne, Haute-Garonne, Corrèze, Haute-Vienne, Creuse, Indre, Mayenne, Manche, Hautes-Pyrénées, Ariège.

« L'ampleur du massacre d'Oradour va rejaillir sur toute la France. [...] Ça n'est pas seulement le Massif central qu'on veut "pacifier"... On veut créer une politique de terreur en France. Tous ces massacres sont la responsabilité des officiers, des soldats qui les commettent, du général Lammerding qui les encadre... D'accord ! Mais il y a aussi la responsabilité de l'état-major allemand qui définit ces moyens-là comme une stratégie militaire[1]. »

Chérif Mécheri sera profondément marqué par « l'une des plus dramatiques histoires de la guerre. [...] Ce fut quelque chose de totalement inhumain, inqualifiable, innommable, indescriptible qui donna à la guerre toute sa perversité et son indignité[2] ! ». Le jour des obsèques, dans l'odeur persistante du bois et des corps calcinés, toutes les autorités civiles et religieuses se sont réunies autour des dépouilles de ces martyrs auxquels un détachement de résistants en armes rend les honneurs. Le silence n'est rompu que par l'appel aux morts et quelques discours poignants dont celui de Mécheri « dénonçant la sauvagerie et l'inhumanité des troupes d'occupation[3] ».

Il lui revient alors en mémoire cette terrible comptine que tous les enfants de Kabylie et des alentours connaissent par cœur : celle de Bijou ; quand ils étaient trop dissipés ils étaient menacés d'être jetés tout vifs dans le feu du terrible Bijou... Un démon bien pire que tous les *chitans* (diables) de l'Enfer où se consument les corps des mauvais sujets... En fait, ce mythe a été emprunté à l'histoire pour devenir une légende du mal et de la méchanceté. Ce Bijou était né de la déformation

---

1. France 3 Limousin, *Les SS de la Das Reich, un parcours de la désolation*, *op. cit.*
2. Notes de sa fille Marie-Diane Mécheri.
3. *Ibid.*

phonique du nom Bugeaud dont chacun se souvenait dans les montagnes hautes comme dans les plaines du pays chaoui. Lui qui avait pratiqué la politique de la terre brûlée. Lui qui avait semé la misère en empêchant les paysans de semer, de récolter, de pâturer. Lui qui lançait à ses officiers : « Allez tous les ans leur brûler leurs récoltes ou bien exterminez-les jusqu'au dernier. » Lui qui donna l'exemple avec les *enfumades* au cours desquelles hommes, femmes et enfants furent asphyxiés comme de mauvaises bêtes dans leurs terriers. Alors, mieux valait rester sage. Ne pas raviver la colère de Bijou !

Oradour paraît être un moment crucial dans l'implication de Chérif Mécheri. Il va marquer un peu plus sa détermination face à l'occupant, son engagement, car, « loin de capituler [il] a constitué un dossier accablant contre la milice qu'il est allé présenter lui-même à Vichy où il a dénoncé les méfaits, les exactions et les crimes de la milice (Aff. Magnac-Laval, de Guéret et de Saint-Victurnien) ; les arrestations arbitraires des maires et des fonctionnaires, les perquisitions irrégulières, l'absence de toute légalité dans leurs actions et, cependant, en arrivant à Vichy, M. Mécheri avait appris par M. Laval lui-même qu'il allait être relevé de ses fonctions, sur la demande formelle et expresse de la milice qui lui reprochait son "action dissolvante" sur le préfet régional, son empressement à demander la libération des personnes arrêtées par la milice (notamment des francs-maçons, des Juifs, etc.)[1] ».

La milice ne lui pardonnera pas cette prise de position même si elle paraît s'imposer en pareille circonstance. « Il a même été question, certains jours, de l'arrestation de M. Mécheri par la Gestapo, sans doute sur l'instigation et les dénonciations solidaires de la milice. Durant plusieurs jours [il] a été obligé de

1. *Ibid.*

ne plus rentrer chez lui et de ne venir à son bureau que par intermittence[1]. »

Bientôt la France pétainiste va être sous le choc. En ce bel été 1944, elle vient de perdre l'un de ses meilleurs défenseurs : Philippe Henriot tombé sous les balles d'un commando de la Résistance. Avec lui disparaît un anticommuniste à la fois antisémite et antiparlementaire. Collaborateur très actif et suppôt d'Hitler, ce « Goebbels français » était devenu, malgré l'avis contraire de Pétain, secrétaire d'État à l'Information et à la Propagande du gouvernement de Vichy, suivi par sa cohorte de fidèles miliciens.

Il a droit à des funérailles nationales le 7 juillet. Plusieurs cérémonies auront lieu en France. C'est à l'occasion de l'une d'entre elles qui se déroule à Limoges que le préfet Mécheri refuse de serrer la main du général représentant les forces d'occupation[2].

Le 21 août 1944 Limoges est en liesse pour célébrer sa libération. Et parmi les discrets carillonneurs se mêlent des collaborationnistes vengeurs et des résistants mal informés.

1. *Rapport de l'activité de M. Mécheri, préfet délégué à Limoges* par le Comité de libération de Cussac, en date de 1945 (non précisé) portant cachet de l'Association. Fonds Mécheri, Sciences Po, MEC2/Dr4.
2. *Ibid.*

X

GERMAINE ET CHÉRIF… PROCHES DESTINS

Le temps de l'épuration est venu. Celui des règlements de comptes et des basses vengeances également... Même si, dans un discours prononcé à la radio le 14 octobre 1944, le général de Gaulle estime que celles et ceux qui ont collaboré avec les Allemands représentent « une poignée de misérables et d'indignes, dont l'État fait et fera justice ». La « poignée » est tout de même conséquente et nécessite cinq ans de travail pour les tribunaux chargés de la répression pénale de la collaboration. Près de 350 000 personnes sont mises en cause et aucun secteur professionnel ne sera épargné.

« On peut estimer à 125 000 le nombre des procès au terme desquels 95 000 personnes sont frappées "d'indignité nationale" et 22 000 à 28 000 fonctionnaires ou employés des entreprises nationales sanctionnés. Parmi les 99 préfets de Vichy en poste à la Libération, 6 seulement sont maintenus en affectation ou en expectative[1]. »

En ces temps de brouillard, une femme attend d'être libérée du camp de Ravensbrück où elle vit l'humiliation. Cette résistante, cette ethnologue qui a beaucoup travaillé sur la Kabylie et

1. Les éléments statistiques qui précèdent sont extraits du livre de Marc-Olivier Baruch, *Une poignée de misérables. L'épuration de la société française après la Seconde Guerre mondiale*, Paris, Fayard, 2003.

dans des villages semblables à ceux où naquit et grandit Chérif Mécheri, nous le rappelle à bien des égards…

Germaine Tillion, dans le contexte fiévreux de la montée du nazisme puis de la décolonisation, a marqué notre époque. Elle est née en Haute-Loire en 1907, dans une famille active et sécurisante. Son père, magistrat et écrivain, sa mère travaillant dans l'édition des Guides bleus, composaient pour l'enfant un milieu catholique, républicain, aimant la littérature, la musique, la photo et le sport. Cette manière de vivre offre à la petite Germaine une ouverture au monde grâce aux lectures, aux échanges amicaux et aux voyages. Germaine est pourtant mise en pension à Clermont-Ferrand, ce qui est une preuve que ses parents désiraient la socialiser. En effet, à cette époque, ce sont les garçons qu'on mettait en pension pour les endurcir, alors qu'on gardait les filles à la maison. Germaine devient étudiante à l'école du Louvre et à l'Institut d'ethnologie où enseigne Marcel Mauss. Dès l'âge de 23 ans, elle fait plusieurs séjours en Allemagne et s'étonne du développement d'idées inquiétantes. Ses amis allemands la rassurent en lui expliquant que ces idées sont tellement stupides qu'elles n'ont aucun avenir.

Marcel Mauss envoie Germaine en mission dans les Aurès de l'Est algérien. Elle partage la vie quotidienne des Abderrahmane semi-nomades et apprend le berbère à l'école des Langues orientales. En 1940, elle trouve un poste au CNRS, en même temps que l'armée allemande rentre à Paris.

Germaine dénoncée par un prêtre

Quand, le 17 juin, elle entend Pétain annoncer la capitulation, elle contacte tout de suite le colonel Paul Hauet pour aider les prisonniers de guerre. Elle envoie des colis alimentaires et collecte des informations pour préparer quelques évasions. Cette résistance non armée la fait entrer dans le réseau du musée de l'Homme où elle rencontre des hommes admirables. L'aristocrate Anatole Lewitsky, chassé de Russie, chauffeur de taxi à Paris comme beaucoup de Russes blancs, cuisinier la nuit dans un hôtel à Lausanne et étudiant le jour, Boris Vildé venu d'une riche famille russe s'associe avec Marcel Mauss, Jean Paulhan et Pierre Brossolette, belles figures de la Résistance qui pensent que la victoire nazie serait un esclavage pire que la mort.

En 1942, ces intellectuels sont dénoncés par deux employés du musée de l'Homme, 19 membres sont arrêtés et condamnés à mort, 7 seront fusillés au Mont-Valérien. Boris Vildé demande à être fusillé en dernier et sans bandeau, de façon à vivre encore un peu, le plus longtemps possible. Mes amis, admirateurs de Papon, vénèrent ces hommes fusillés dont la pensée est presque à gauche. Ils me font remarquer que, sur la plaque du Mont-Valérien qui honore les 4 500 fusillés, il n'y a pas un seul nom juif.

Serge Klarsfeld a fait une enquête[1], comme il le fait d'habitude, où, nom par nom, image par image, archive par archive, il retrouve 1 007 personnes fusillées dont 174 Juifs. Il y avait donc, parmi les fusillés du Mont-Valérien, 18 % de Juifs, alors que, dans la population française de l'époque, il n'y en avait que 0,8 %. Cette discordance des chiffres est pleine d'enseignement. Les défenseurs de Papon admirent ces résistants qui ont affronté le nazisme et, pour mieux les admirer, ils gonflent

1. Les détails de cette enquête seront connus de Boris Cyrulnik en 1995 lors d'une rencontre avec Serge Klarsfeld, Léon Tsevery, les 1 007 fusillés du Mont-Valérien parmi lesquels 174 Juifs. Association « Les fils et les filles des déportés juifs en France », 1995.

involontairement le chiffre des fusillés. En même temps, ils révèlent leur intention non consciente de ne pas parler des Juifs. Ils voient Papon comme un résistant, ce qui est un petit peu vrai, et évitent de le voir comme un organisateur zélé de rafles de Juifs.

Peut-être pourrait-on dire la même chose pour chacun d'entre nous ? Nous ne pouvons pas tout voir du monde, alors nous éclairons ce qui nous convient et nous nommons « vérité » cette lumière partielle.

En août 1942, Germaine est à son tour arrêtée. Elle avait rendez-vous avec un prêtre qui la dénonce à la Gestapo. Elle est emprisonnée à la Santé, puis à Fresnes avec sa mère Émilie, et se retrouve à Ravensbrück où elle passera trois ans. Sa mère y sera gazée en 1945. Comme pendant toute sa vie, Germaine cherche à reprendre possession de son monde mental dépersonnalisé par la prison. C'est un règlement qui dit à quelle heure on se lève, le travail auquel on est condamnée, l'heure à laquelle on mange, l'heure des appels, l'heure des visites médicales, aucune décision personnelle dans un tel cadre de contraintes. Germaine demande à travailler à sa thèse dans les prisons parisiennes mais son travail disparaît dès son arrivée à Ravensbrück. Il y a beaucoup de belles personnes féminines dans le camp : Geneviève de Gaulle-Anthonioz cherche à côtoyer la prisonnière Tillion « parce que, celle-là, elle en connaissait des poèmes et des poèmes ». Anise Postel-Vinay est âgée de 20 ans quand elle arrive au camp. Ces trois femmes se lient d'une amitié durable. Ce qui caractérise leur résilience, c'est leur aptitude à se fabriquer des facteurs de protection dans un monde où tout les agresse : le froid, la faim, l'humiliation et la mort qui rôde. Germaine est douée pour la poésie, pour le bavardage amical et pour le plaisir d'observer. Elle analyse le comportement des gardiennes SS comme si elle faisait un travail d'ethnologie dans les Aurès. Ses deux points forts sont constitués par le sentiment de beauté qu'elle éprouve facilement et par son sens de l'humour qui attire beaucoup de codétenues, surtout quand Germaine parodie la domination des gardiennes, ce qui transforme le désespoir en éclats de rire.

Les gardiennes SS étaient d'une grande cruauté : sur les 500 enfants accueillis ou nés dans ce camp, 460 sont morts par manque de soins. Au moment des repas, les geôlières renversaient volontairement la soupe par terre de façon à obliger les prisonnières affamées à se mettre à quatre pattes pour lécher le sol.

Germaine applique ses méthodes d'observation mises au point dans les Aurès pour analyser le comportement des gardiennes. Le soir, elle fait des conférences pour expliquer aux codétenues ce qu'elle a découvert. Geneviève de Gaulle dit : « Tes conférences nous faisaient beaucoup de bien car nous n'étions plus des choses bousculées par les commandements. » Un soir, elle raconte comment elle a observé les comportements d'un soldat qui cherchait à séduire une gardienne, et les prisonnières sont attendries : « Enfin un comportement humain dans cet enfer sans affectivité. » La vie quotidienne n'est que souffrance, on meurt beaucoup à Ravensbrück où la mort est vécue comme un soulagement. Germaine y pense tant elle est usée. Quand elle sort de son baraquement pour passer à l'acte, elle est soudain frappée par le bleu du ciel, la beauté de ce bleu par un jour d'hiver glacé près de Berlin. « Je ne peux pas mourir quand le bleu est si beau », pense-t-elle. Et elle rentre dans son baraquement.

Plus tard, elle entreprend d'écrire l'invraisemblable « *Verfügbar* aux Enfers[1] » où, s'inspirant de la musique du Juif

1. Germaine Tillion, « Le *Verfügbar* aux Enfers », joué à l'opéra de Nantes et à Paris au Châtelet, 2010, a été écrit à Ravensbrück en 1944.

Offenbach, elle parodie les gardiennes et les ridiculise. Les prisonnières, affamées et désespérées, répètent les rôles, jouent les saynètes et pouffent de rire quand elles redeviennent actrices. En chantant et en jouant, elles retrouvent leur dignité et ne sont plus des choses emprisonnées, bafouées et broyées par le nazisme.

Chérif et Germaine restent eux-mêmes quand autour d'eux le carcan des idées toutes faites emprisonne l'esprit d'une grande partie de la population. Chérif a eu l'esprit ouvert par son enfance biculturelle et par sa contrainte à surmonter les injustices de son trajet social. Germaine a eu l'esprit ouvert par ses parents curieux de découvrir d'autres mondes, par ses voyages dans l'inquiétante Allemagne des années 1930 et surtout par l'affection qu'elle a ressentie pour les Berbères des Aurès.

Quand deux conceptions du monde s'affrontent sans négociations possibles, la guerre devient un moyen de résoudre le problème, il faut que l'un s'impose à l'autre. Mais, quand les deux partis s'associent pour donner le pouvoir à un chef, l'ordre règne et la culpabilité disparaît. Si notre chef a gagné la guerre, c'est grâce à notre obéissance. Et, s'il a perdu la guerre, il est seul responsable puisque nous, les subordonnés, nous n'avons fait qu'obéir. Nous n'avons commis aucun crime, notre police a emprisonné et tué des innocents et même des enfants, mais nous ne sommes coupables de rien puisque nous n'avons fait qu'obéir. Les inculpés de Nuremberg et Maurice Papon ont argumenté ainsi. L'obéissance aveugle est une bonne affaire puisqu'elle mène au pouvoir sans angoisse ni culpabilité.

Le musulman Chérif Mécheri a acquis une conception de la société proche de celle de la catholique Germaine Tillion, comme si ces deux-là avaient dit : « Nous appartenons à la religion et à l'histoire de nos ancêtres, nous sommes fiers de notre lignée mais nous savons aussi que d'autres filiations existent toutes passionnantes et méritant notre estime. » Germaine s'attache aux familles berbères, elle découvre leurs vêtements, leurs bijoux, leurs rituels, leurs croyances différentes de celles des chrétiens et elle est enchantée par ces différences. Chérif éprouve de l'affection pour ses racines constantinoises, son pays pimenté et cette culture du panache qui accepte un peu trop facilement la violence guerrière. Il ne peut pas ne pas s'attacher à la culture française qui l'accueille à Digne, à Marseille et à Aix où il étudie, mais qui l'accueille difficilement dès qu'il s'agit de prendre une place en France. Peut-on aimer deux cultures ? Oui, comme on aime deux parents, comme on aime deux langues quand on a la chance d'être bilingue. Peut-on aimer deux cultures qui se font la guerre et qui pourtant s'imprègnent au fond de votre âme. Les Berbères et la France ne se faisaient pas la guerre, alors que la France et l'Algérie avaient des relations de violence insupportable depuis la colonisation armée de 1830. Les Algériens et les Français d'Algérie alternaient des moments d'hostilité avec des moments de tissage d'attachement quand les colons pauvres venaient s'associer aux pauvres algériens pour construire leur pays. L'ambivalence était au cœur de Mécheri : « J'aime mes origines auxquelles je ne peux pas totalement me soumettre et j'aime ma culture d'accueil qui me rejette parfois. » Chez Germaine Tillion, il n'y avait pas d'ambivalence : « J'aime la France qui m'a façonnée et j'aime l'Algérie qui m'a passionnée. » L'affirmation de soi était plus facile pour Germaine, alors que pour Chérif elle devait suivre un débat intime plus laborieux. L'appartenance n'est pas la même. Pour Germaine, la culture chrétienne française offerte par ses parents constitue une base de sécurité qui lui donne le plaisir d'explorer et d'aimer une autre culture. Alors que le sentiment d'appartenance de Chérif se construit autour d'un conflit intrapsychique : « Je suis fier d'appartenir à ma culture algérienne et je suis fier d'appartenir à ma culture française et ces deux cultures sont souvent en conflit. » Le mot « appartenance » est lui-même ambivalent. Dire : « J'appartiens à une culture », c'est dire en même temps « je possède cette culture qui s'est imprégnée en moi et désormais constitue un trait de ma personnalité ».

Lendemains douloureux de Libération

Chérif Mécheri et Germaine Tillion ont été façonnés par leur mode de vie qui leur a donné le plaisir de découvrir d'autres conditions humaines, d'autres croyances, d'autres conceptions de la société. Ils étaient incapables de se soumettre à une seule représentation du monde. Leur esprit enrichi, ouvert sur d'autres mondes empêchait tout esprit totalitaire. Maurice Papon n'était pas totalitaire puisqu'il acceptait sans peine de servir des chefs qui avaient des théories opposées. Mais, dans l'échelle de ses valeurs, l'obéissance, en l'invitant à réaliser les désirs politiques de ses chefs, lui permettait de grimper vers les postes de décision.

La stratégie d'existence de Maurice Papon est différente. Il veut servir, appartenir à l'État qui gouverne et appliquer les ordres sans juger de leur valeur morale. Un État dépourvu de tels serviteurs ne pourrait pas fonctionner, mais si une ordonnance médicale prescrivait de donner à un enfant, le soir au coucher, une capsule de cyanure, le pharmacien devrait-il la donner sans juger ? Mécheri doute des ordonnances de Vichy, il en exécute quelques-unes et en récuse d'autres. Tillion se met en colère contre ses amis algériens qui prescrivent des attentats pour assassiner des jeunes faisant la fête et des grand-mères et leurs petits-enfants. Papon s'applique à exécuter les ordres d'où qu'ils viennent, des socialistes, des Vichyssois, des communistes ou des libéraux. Il faut obéir. Une telle attitude évite les débats et améliore les performances administratives, ce qui explique l'estime que lui portaient ses amis bordelais.

Germaine et Chérif respirèrent à pleins poumons le temps de la liberté recouvrée. Mais, en ces temps de liesse populaire, Chérif Mécheri va prendre la pleine mesure des lendemains douloureux aux accents de représailles. Il tombe des nues en recevant copie d'un décret émanant du ministère de l'Intérieur[1] au terme duquel il est relevé de ses fonctions, à compter du 9 septembre 1944, et ce en application de « l'ordonnance du 3 juin 1944 portant organisation provisoire du statut de l'administration préfectorale [et] vu l'ordonnance du 27 juin 1944 relative à l'épuration administrative sur le territoire de la France métropolitaine[2] ». Le 9 septembre, il est placé dans une position d'expectative pendant laquelle il est relevé de ses fonctions durant un an… Le temps que la justice passe. Il s'installe dans son appartement parisien de la rue Kléber pour préparer sa défense.

De quoi donc est-il accusé ?

Rien de moins que de collaboration avec les occupants allemands durant le temps où il exerçait ses fonctions de sous-préfet en Haute-Vienne… En fait, il s'agit de ses relations avec le maire de Royan et de la chasse qu'il aurait faite aux francs-maçons. Et plus particulièrement de « l'affaire Jean Hay » dans laquelle le sous-préfet de Rochefort, M. Charrier, a apporté son

---

1. Décret du 17 novembre 1944 plaçant les préfets dans la position d'expectative, sous la référence n° 372.CAB du ministère de l'Intérieur. Fonds Mécheri, Sciences Po, MEC2/Dr3.
2. *Ibid.*

témoignage *via* une note en date du 12 février 1945, accusant Mécheri d'être l'auteur de persécutions à l'égard du couple.

Se retrouver dans le rang des collabos meurtrit Chérif Mécheri, même s'il sait qu'il n'aura pas de mal à prouver sa bonne foi. Le voilà, malgré lui, placé à un poste d'observation d'où, mieux que quiconque, il peut juger de la manière parfois un peu hâtive dont sont instruits divers dossiers. Dans certains cas, les faussaires d'hier se transforment en témoins de moralité et, cocarde à la boutonnière, montent à l'assaut des prétoires pour désigner tel ou telle autre à la vindicte judiciaire. Comme l'écrit si justement Sébastien Laurent : « Les procès de l'épuration ne fonctionnent pas comme un miroir parfait de la réalité de l'Occupation. L'épuration en dit finalement plus sur la longue sortie de guerre du pays que sur la France occupée. En effet, les jugements ont inévitablement interféré avec le climat politique, avec certaines campagnes d'opinion mais aussi avec les enjeux propres à chacune des professions. À cet égard, les études confirment les hypothèses antérieures en mettant notamment en avant le fait que l'épuration fut particulièrement sévère dans certains domaines de l'administration (police, magistrature, armée). [...] Pas moins de 109 ordonnances et lois [furent] prises entre 1943 et 1953 et de très nombreux arrêtés et décrets encadrèrent l'épuration. Le droit administratif est par nature contentieux et l'épuration des commissions donna lieu à de multiples recours[1]. » Dans une étude remarquable et exhaustive à souhait, Alain Bancaud et Marc-Olivier Baruch parlent de la « désépuration[2] » qui s'étire jusqu'aux années 1970.

---

1. Sébastien Laurent, « L'Épure de la France occupée », *Parutions.com*, 7 novembre 2003, https://www.parutions.com/pages/1-4-7-3752.html.

2. Alain Bancaud et Marc-Olivier Baruch, *Une poignée de misérables. L'épuration de la société française après la Seconde Guerre mondiale*, *op. cit.*

Chérif Mécheri a décidé de se battre contre ses détracteurs et sait qu'il lui faudra s'armer de patience pour mettre un terme à tous les doutes, à toutes les spéculations dans cette affaire qui s'étiolera jusqu'en 1948. Il se lance dans une véritable opération de sauvetage pour récupérer un maximum de documents, de témoignages attestant de son implication dans la Résistance. Il n'en manquera pas. Les uns venant de combattants de l'ombre, les autres de responsables de structures officielles dont la représentativité ne peut être mise en cause. Tel est le cas du pasteur Albert Chaudier, résistant de la première heure devenu sous-préfet par intérim et qui occupe le poste de président du Comité départemental de Libération (CDL) de la Haute-Vienne[1] à l'adresse de l'autorité chargée de l'instruction. Dans un rapport, il rappelle qu'à Limoges M. Mécheri a rempli « une œuvre de patriote parfait, de républicain sincère et de Résistant dévoué et militant[2] », il démonte point par point les allégations et accusations portées contre M. Mécheri accusé d'avoir favorisé la mise en place à Rochechouart d'un maire proche de Vichy, ce qui est contraire à la réalité. Il se serait également opposé à la nomination d'un commissaire de police « alors que cette nomination était faite cinq ans avant[3] » l'arrivée du sous-préfet. Concernant les « persécutions contre les francs-maçons, il est possible qu'il ait bousculé un ou deux maçons sur les 200 environ qui habitent l'arrondissement de Rochefort, mais cela uniquement pour des motifs de bassesses et d'indignité de ces deux hommes vis-à-vis de l'occupant. […] Par contre, M. Mécheri s'est abstenu de notifier l'arrêté de démission qui avait été pris

1. Rapport du président du Comité départemental de Libération de Haute-Vienne à M. le commissaire régional de la République de Limoges, en date du 5 mars 1945. Fonds Mécheri, Sciences Po, MEC2/Dr4.

2. *Ibid.*

3. *Ibid.*

le 29 novembre 1941 par M. Malick, préfet de la Charente-Maritime contre M. Créandeau Clodomir Gabriel, instituteur, secrétaire de mairie, franc-maçon de Saint-Saturnin [et il l']a maintenu malgré les critiques et menaces des collaborationnistes maçons ci-après… ». Le pasteur Chaudier précise que le sous-préfet de Rochefort a « fait la sourde oreille aux extrémistes de droite qui lui indiquaient les francs-maçons de Rochefort[1] ».

Concernant Rémy Houssin, ancien maire de Royan nommé par Vichy, le président de la CDL ne fait pas montre d'une grande estime pour ce « singulier personnage qui montrait une servilité totale vis-à-vis des Allemands[2] » et n'a pas eu de mal, pour obtenir la disgrâce de Mécheri, à se mettre en tandem avec le préfet Malick qui lui-même « est souvent arrivé à ses fins, grâce à l'amitié dont il bénéficiait auprès de personnages importants de l'époque, tels M. Bouthillier ancien ministre des Finances, Marquet, maire de Bordeaux ; [mot illisible] de *Gringoire*, du PPF, dont il était le serviteur intégral et l'ami intime[3] ».

Revenant brièvement sur « l'affaire Hay » et le témoignage du sous-préfet Charrier (cité plus haut), le pasteur Chaudier rappelle que « c'est à la suite de deux inspections inattendues de M. l'inspecteur d'académie que Mme Hay a été déplacée. […] C'est donc uniquement pour des raisons professionnelles que cette institutrice a été sanctionnée. Mais il faut ajouter que M. Mécheri s'est précisément employé pour atténuer cette sanction en obtenant sa nomination à Saintes[4] ». Le président du CDL de Haute-Vienne regrette qu'un préfet du gouvernement

1. *Ibid*
2. *Ibid.*
3. *Ibid.*
4. *Ibid.*

issu de la Libération « se fasse le défenseur d'un maire de Royan tel que M. Houssin [et] regrette surtout qu'il tolère et approuve les affirmations aussi étranges que celles qui consistent à dire en parlant de Mécheri : “Comme tous les gens de sa race il était faux, et n'avait aucune confiance à avoir en lui.” Cette généralisation est proche de la théorie du racisme, et en tout cas il convient de se rappeler que les Algériens indigènes sont présents sur tous les champs de bataille et que l'Algérie a été l'asile de la Résistance et le berceau de la renaissance française dont les Mécheri ont été les plus agissants ».

« Démoralisation des troupes allemandes »

Dans un autre courrier à destination du ministre de l'Intérieur[1], M. Chaudier précise : « La commission d'épuration de la Haute-Vienne affirme que M. Mécheri, préfet, a constamment soutenu par tous les moyens à sa disposition, les agents de la Résistance, que ces derniers ont toujours trouvé le meilleur accueil auprès de lui et qu'il les a toujours aidés au maximum. Elle précise en outre que, même pendant son séjour à Rochefort, M. Mécheri était en liaison avec des chefs de secteur résistants de la Haute-Vienne tels qu'Antoine et Besson ; d'où l'absurdité de ces accusations aujourd'hui formulées qui manquent d'ailleurs de toute solidité[2]. »

Une note des Renseignements généraux indique par ailleurs que « sa sollicitude à l'égard des Juifs de la région de Limoges a

1. Courrier du Comité départemental de la Libération nationale de la Haute-Vienne signé Chaudier et portant le sceau du CDL, en date du 18 juin 1945, adressé à M. le ministre de l'Intérieur. Fonds Mécheri, Sciences Po, MEC2/Dr4.
2. *Ibid.*

été telle que le rabbin de cette ville lui a témoigné à plusieurs reprises sa reconnaissance personnelle et celle de tous ses coreligionnaires. [...] Lors d'une opération effectuée par la milice de Darnand, plusieurs notabilités de Limoges et de la région ainsi que certains fonctionnaires "résistants" avaient été arrêtés. Il protesta énergiquement auprès de M. Darnand et obtint que toutes les personnes arrêtées furent [*sic*] relâchées [...]. M. Mécheri a joué un rôle important dans la démoralisation des troupes allemandes qui occupaient Limoges. C'est ainsi que leur reddition a été obtenue sans aucun combat préalable[1] ».

Le 30 décembre 1944, après enquête dans les départements où il a été sous-préfet puis préfet délégué, les Comités départementaux de la libération de l'Eure-et-Loir, de l'Aude et de la Haute-Vienne « sont pleinement favorables à l'intéressé dont on proclame l'action antiallemande et résistante[2] ». Le Comité de libération de la Charente-Maritime formule à l'occasion un avis dont les premiers mots ont de quoi étonner : « D'origine berbère, M. Mécheri n'a jamais eu d'attitude pro-allemande, au contraire. Mais on peut lui reprocher d'avoir servi le pseudo-gouvernement de l'État français et d'en avoir accepté l'avancement. »

Ça n'est pas un hasard si ce courrier est adressé au ministre de l'Intérieur. Alors que Chérif Mécheri est poursuivi pour « collaboration », il se trouve que, depuis le 29 mars 1945, il est maintenu dans l'administration préfectorale en qualité de préfet hors cadre et qu'il a été intégré au cabinet du ministre de l'Intérieur Adrien Tixier comme chargé de mission aux Affaires

1. Note sur M. Mécheri, ancien préfet délégué de la Haute-Vienne par la Direction des renseignements généraux en date du 31 octobre 1944. Fonds Mécheri, Sciences Po, MEC5.

2. *In* Lettre du ministre de l'Intérieur à M. le commissaire régional de la République à Poitiers en date du 15 juin 1945. Fonds Mécheri, Sciences Po, MEC2/Dr2.

algériennes. Si le sous-préfet a reçu une promotion en même temps qu'une affectation, c'est parce que le ministre juge qu'il sera très utile à ce poste compte tenu de ses origines et de sa bonne connaissance de l'Algérie où Adrien Tixier a été commissaire au travail et à la prévoyance sociale au sein du Comité français de la Libération nationale. Certes, il n'a occupé ce poste que de manière éphémère (de juin à novembre 1943) mais il s'est intéressé à la situation des indigènes, aux indispensables mesures en vue d'une nécessaire évolution de ces femmes et de ces hommes qui représentent près de 70 % de la population d'Algérie. Il a gardé de sa période algérienne un attachement profond pour ce pays. Il a une grande estime pour Chérif Mécheri et ne doute pas de son engagement aux côtés des résistants comme en attestent les propos contenus dans une lettre que lui adresse la Commission d'épuration de la Haute-Vienne qui tient à témoigner « du haut patriotisme de M. Mécheri, de sa belle attitude résistante et de ses convictions fermement républicaines[1] ». Pour sa part, Charles Sterna, haut dignitaire maçon de Limoges, se porte également garant de Mécheri : « Il est avéré et notoire à Limoges, qu'il a été un des artisans actifs de la libération de notre ville en organisant, au début d'août 1944, la dissidence des forces de police de Vichy au profit de la Résistance. C'est sur son instigation que les GMR et la Garde se sont dissociés des miliciens, les laissant ainsi à découvert devant les FFL[2]. »

À son nouveau poste de chargé de mission, Chérif Mécheri doit s'acquitter d'une tâche ardue et délicate en cette période

1. Courrier du Comité départemental de la Libération nationale de la Haute-Vienne. *Ibid.*

2. Lettre de Charles Sterna à M. Dasseux, Comité départemental de la Libération de La Rochelle en date du 21 juin 1945. Fonds Mécheri, Sciences Po, MEC2/Dr2.

où l'Algérie montre des signes croissants d'impatience. Il lui faut notamment travailler sur des scenarios d'urgence en vue « d'intégrer les Algériens dans la citoyenneté française. [Son] premier acte [est] d'abord d'établir un rapport demandant la suppression des services d'exception qui frappaient les Algériens [...] qui étaient pourtant Français et pour lesquels ça n'était pas le droit commun qui s'appliquait mais un droit d'exception. Ainsi lorsqu'un délit était commis par un Algérien, il n'était pas instruit par la police normale, mais par une police spéciale. C'était inacceptable, car il y avait bien là deux poids et deux mesures, les Algériens ayant été de surcroît de vaillants combattants contre l'ennemi commun, au même titre que les Français de souche, depuis la conquête de l'Algérie[1] ». Pour ce faire, Chérif Mécheri va s'appuyer sur l'ordonnance prise en mars 1944 par le général de Gaulle, dans la droite ligne du projet Blum-Viollette. « Devant lui, Mécheri développa des arguments suffisamment pertinents pour que le Général, en accord avec le ministre de l'Intérieur, accepte mes propositions dans leur globalité[2]. » Mais l'idée d'une assimilation a fait long feu ! Néanmoins, la Libération a permis des avancées impossibles et impensables jusque-là[3]. C'est pour gommer ces incohérences qu'il va rédiger un rapport contenant en germes l'ordonnance du 17 août 1945 qui doit introduire la parité de représentation entre le collège musulman et le collège de droit commun, chacun étant représenté par 22 parlementaires – 15 députés et 7 sénateurs.

Le soleil n'a jamais été aussi radieux dans cette France enfin libre ! Si les produits de première nécessité font encore défaut,

1. Notes de sa fille Marie-Diane Mécheri.

2. *Ibid.*

3. L'ordonnance du 7 mars avait supprimé le statut pénal de l'indigène et soumis les musulmans aux mêmes tribunaux et aux mêmes lois que tous les Français vivant en Algérie.

chacun fredonne *La Romance de Paris* en imitant Trenet, qui fut un résistant très discuté... Mais il chante avec tellement de dynamisme !

Mécheri passe un peu à côté des fêtes qui célèbrent la victoire partout en France et dans tous les territoires de l'empire français. Et voilà que, dès le lendemain du 8 mai, de préoccupantes nouvelles parviennent de l'Est algérien où des heurts sérieux ont eu lieu à l'occasion de ces commémorations. Mécheri est appelé à se mobiliser, toutes affaires cessantes, pour fournir un rapport circonstancié à son ministre, Adrien Tixier. Dans un premier temps, il doit se contenter de rendre compte des faits... Les partis nationalistes ont décidé de mettre à profit cette célébration pour rappeler leurs revendications. À Sétif (dans l'est du pays) plus de 10 000 *indigènes* sont dans la rue. Leur cortège s'ébranle et les manifestants entonnent *Min Djibalina* (« De nos montagnes »), hymne nationaliste, qui deviendra celui de l'Algérie à son indépendance. Ils agitent des drapeaux français et ceux des différents alliés. Des pancartes également sur lesquelles on peut lire : « À bas le colonialisme », « Nous voulons être vos égaux » ou « Libérez Messali ». Soudain, il y a un mouvement de foule, un début de cohue et des bousculades avec des policiers dont l'un d'eux tire sur un jeune scout brandissant le drapeau algérien et le tue. Il s'ensuit des émeutes qui vont gagner plusieurs localités, notamment Guelma et Kerrata. Le bilan sera lourd : 102 morts chez les Européens et 20 000 à 30 000 victimes chez les « musulmans ».

« Est-ce un accès de fièvre des indépendantistes, ou bien... ?, interroge le ministre.

– Peut-être, mais...

– Ah ! Non, Mécheri, pas de ça avec moi ! Je veux savoir ce qui se passe réellement.

– Comme vous le savez, monsieur le ministre, l'est du pays est le fief des indépendantistes.

– Alors, qui est derrière : Abbas, Messali Hadj ou l'autre Ben…

– Ben Badis ? Peut-être les trois, encore qu'ils aient toujours eu du mal à s'entendre sur les méthodes même s'ils sont à peu près d'accord sur la finalité…

– Je sais tout ça ! Et qu'en dit Alger ?

– Qu'ils seraient… Enfin qu'ils seraient manipulés par l'Allemagne nazie !

– Mécheri, voyez ça de plus près… Et tenez-moi informé au fur et à mesure. »

Le chargé de mission a bien son sentiment profond sur la situation et sur ses conséquences éventuelles, mais sa carrière préfectorale lui a appris combien il convient de s'appuyer sur l'officiel en prenant garde de ne donner à l'officieux ou au personnel qu'une valeur secondaire ou anecdotique… toujours en creux ou dans le non-dit. Cependant, il rédige des fiches sérieuses et détaillées sur les différents leaders, leur panégyrique et leur poids politique, sur l'importance du système tribal, sur les décalages économiques entre les Européens et les indigènes pouvant induire une lassitude, sur l'influence des écoles coraniques et des médersas… Autant de fiches qui donnent un éclairage sans laisser entrevoir des effets ou préconiser des actions.

De son côté, la presse française, tout à la célébration du 8 mai sur le territoire national, ne relatera que brièvement et tardivement ces « événements », et souvent de manière inattendue. *Le Monde* et *L'Humanité* du 12 mai 1945 publient le communiqué du gouvernement général de l'Algérie en date du 9 mai selon lequel « des éléments troubles d'inspiration hitlérienne se sont livrés à Sétif à une agression à main armée contre la population qui célébrait la capitulation. La police aidée de l'armée maintient l'ordre et les autorités prennent toutes les décisions utiles pour assurer la sécurité et réprimer les tentatives de désordre ». Le 19 mai, *L'Humanité* demande « de punir comme ils le méritent les tueurs hitlériens ayant participé aux événements du 8 mai 1945 et les chefs pseudo-nationalistes qui ont sciemment essayé de tromper les masses musulmanes, faisant ainsi le jeu des cent seigneurs dans leur tentative de rupture entre les populations algériennes et le peuple de France ».

Seul le journal *Combat* évoque largement les faits, à partir du 13 mai, dans une série de six articles consacrés au malaise algérien. Le journaliste s'élève contre certaines assertions de ses confrères évoquant une exaction sans lendemain dont le « dangereux agitateur » n'est autre que Ferhat Abbas. D'emblée, il affirme que l'Algérie vit une crise et non de simples incidents. Il insiste sur le fait que « le peuple arabe existe », qu'il « n'est pas inférieur sinon par les conditions où il se trouve ». Plus encore, en proclamant que « l'Algérie est à conquérir une seconde fois », il met en évidence une réalité présente : elle est perdue pour la France si elle ne réagit pas de manière humaine, politique, sociale. Face à cette violence qui se perpétue depuis des décennies, il explique de manière implicite qu'il est trop tard pour parler d'assimilation et que la demande des Algériens est maintenant une accession aux mêmes droits civils et politiques que ceux des Français... S'il garde confiance dans une fraternisation entre les différentes communautés, il lance tout de même un cri d'alarme... « J'ai lu dans un journal du matin que 80 % des Arabes désiraient devenir des citoyens français. Je résumerai, au contraire, l'état actuel de la politique algérienne en disant qu'ils le désiraient effectivement mais qu'ils ne le désirent plus. » Le signataire de ces lignes est un certain Albert Camus. Un des très rares journalistes à avoir pressenti que ces « événements » constituent une fracture profonde, qu'ils sont les prémices de la guerre d'indépendance qui sera déclenchée neuf ans plus tard.

Même s'il n'envisage pas que l'Algérie puisse un jour être indépendante, Mécheri tire la sonnette d'alarme aussi discrètement qu'il se doit. Mais la France vit entre la joie de sa Libération et celle de sa reconstruction… Alors l'Algérie ? L'Afrique ? C'est tellement loin…

XI

SUSPECT DANS L'ENFER DU DÉCOR

Chérif Mécheri suit de très près l'évolution de la situation en Algérie tout en poursuivant sa défense… Car les accusations ont la vie dure quand les vengeurs endossent la toge des procureurs.

De nombreux témoignages lui parviennent au fil des jours, notamment de la part d'anciens résistants comme celui de Georges Bedions devenu substitut du procureur de la République à Saverne après avoir longtemps été chef de cabinet de Chérif Mécheri, ce qui le plaçait alors en proximité de son sous-préfet. Il confirme qu'il ne s'est jamais livré à une chasse aux sorcières… « Dans son arrondissement, il s'est efforcé de les maintenir et de confirmer dans leurs fonctions les maires et les fonctionnaires maçons. J'ajoute que cette activité patriotique lui a valu l'estime de la quasi-unanimité de la population et a motivé, peu de temps après, son déplacement à Narbonne à la suite d'interventions d'éléments collaborateurs[1]. »

Quant à M. Charron, directeur d'un établissement scolaire, il est « absolument persuadé que sans son intervention [il serait] actuellement dans quelque camp de déportés en Allemagne[2] ».

1. Attestation de Georges Bedions en date du 15 février 1946.

2. Lettre de R. Charron, directeur du cours complémentaire et de l'école publique de garçons de Tonnay-Charente, en date du 22 janvier 1945. Fonds Mécheri, Sciences Po, MEC2/Dr2.

Une frénésie d'épuration

Alors que la commission d'épuration l'a blanchi le 29 mars 1945, voilà que, quelques semaines plus tard, le 5 juin 1945, Chérif Mécheri reçoit un nouvel arrêté[1] qui prescrit son enfermement « au centre d'internement de La Rochelle où il sera conduit aussitôt son arrestation par les services de police compétents[2] » en application de l'ordonnance « relative aux mesures à prendre à l'égard des individus dangereux pour la défense nationale et la sécurité publique[3] » ainsi que celle relevant de la « répression des faits de collaboration[4] ». Faut-il y voir une marque de la frénésie brouillonne qui règne alors dans certains secteurs de l'administration centrale faisant montre d'une curieuse obstination ?

Un passage de l'arrêté joint à la missive a de quoi laisser pantois ; il y est stipulé que M. Mécheri est « actuellement préfet délégué à Limoges[5] »... Or il a quitté ce poste depuis le 17 novembre 1944, date à laquelle il a été relevé de ses fonctions. Soit près de sept mois avant la sommation d'emprisonnement ! De quoi s'interroger sur le classement des dossiers et la gestion d'affaires qui ne sont tout de même pas courantes.

Il décide d'écrire à son ministre de tutelle Adrien Tixier pour lui expliquer « l'origine perfide de cette mesure odieuse venue des profiteurs des systèmes administratifs[6] ». À la suite de quoi

1. Arrêté du préfet Verneuil de Charente-Maritime en date du 5 juin 1945. Fonds Mécheri, Sciences Po, MEC2/Dr3.
2. *Ibid.*
3. *Ibid.*
4. *Ibid.*
5. *Ibid.*
6. Copie de la lettre adressée par Chérif Mécheri au ministre de l'Intérieur le 13 juin 1945. Fonds Mécheri, Sciences Po, MEC2/Dr2.

il évoque les parentés, amitiés et connivences pétainistes de M. Schuller, commissaire de la République de Poitiers, qui aurait convaincu le préfet Henri Faugère de signer cet arrêté. Mécheri pense qu'il s'est servi, pour parvenir à ses fins, des attaques de M. Malick, son ancien préfet « protégé sous l'occupation allemande de Pierre Bonardi[1] ami de Chiappe[2] et collaborateur de *Gringoire*, du ministre des Finances de Vichy, serviteur zélé du groupe Collaboration, présidé par l'ancien ministre M. Fabre ; M. Malick a manifesté, en tout temps, à [son] endroit la plus vive hostilité, et a même déclenché contre [lui] une véritable campagne de caractère raciste, contre laquelle [il a] dû réagir vigoureusement. [...] C'est une misérable réaction de défense chez M. Malick que de rejeter sur ses subordonnés ses fautes personnelles[3] ». Et, toujours selon Mécheri, sa présence au cabinet du ministre a exacerbé sa haine contre lui. Il s'étonne également qu'après avoir été blanchi par le Comité de la Haute-Vienne et bien que la Commission d'épuration du ministère ait statué définitivement neuf mois au préalable « la perfidie de [son] ex-préfet serve à nouveau d'instrument à une action aussi violente dans son expression que sournoise dans ses procédés, au point d'abuser le commissaire de la République de Poitiers lui-même[4] ».

Le chef de cabinet se montre d'autant plus inquiet que des informations lui sont parvenues selon lesquelles le préfet Malick

1. Exclu du parti radical-socialiste aux premières heures de Vichy, il adhère au PPF de Doriot et soutient Pierre Laval, prônant la ségrégation comme solution à la question juive.
2. Jean Chiappe a fait toute sa carrière au ministère de l'Intérieur, où il entre en 1889. En juillet 1940 il ne prend pas part au vote donnant les pleins pouvoirs à Pétain qui le nomme pourtant haut-commissaire de France au Levant. Il meurt dans un avion de ligne abattu le 27 novembre par l'aviation italienne alors engagée contre les Britanniques.
3. Copie de la lettre adressée par Chérif Mécheri au ministre de l'Intérieur le 13 juin 1945. Fonds Mécheri, Sciences Po, MEC2/Dr2.
4. *Ibid.*

serait décidé à le faire chuter. Ce qu'il exprime clairement dans son courrier à M. Tixier : « Déjà, des services de la rue Lecomte, m'est parvenu, d'une manière ou d'une autre, à telle occasion défavorable, à votre départ par exemple, je serais recherché et l'on essaierai [*sic*] de m'atteindre[1]. »

Le 15 juin 1945, le ministre de l'Intérieur adresse un courrier sans appel au commissaire régional de la République à Poitiers en réponse à sa lettre de la veille l'informant de l'internement imminent de M. Mécheri. M. Tixier lui indique que « l'ordonnance du 4 octobre 1944 ne permet l'internement que pour les individus dangereux pour la défense nationale ou pour la sécurité publique. Or il est bien certain que M. Mécheri n'est actuellement dangereux ni pour la défense nationale ni pour la sécurité publique. En conséquence, je décide que cet arrêté sera annulé[2] ».

Rappelant qu'il « a été maintenu dans l'administration préfectorale, sur avis très chaleureux de la Commission d'épuration du ministère de l'Intérieur, en date du 30 décembre 1944. [...] Les avis des comités départementaux de la Libération de l'Aude et de la Haute-Vienne sont pleinement favorables à l'intéressé dont on proclame l'action antiallemande et résistante[3] ».

On s'étonnera de la référence ethnique sous forme de mise en garde que, comme la Commission d'épuration, le ministre croit utile de faire en rappelant que « M. Mécheri est le seul préfet musulman de notre administration, et que toute mesure prise contre lui qui ne serait pas conforme aux strictes exigences de la justice aurait des répercussions considérables, surtout à

1. *Ibid.*
2. Copie de la lettre du ministre de l'Intérieur à M. le commissaire régional de la République à Poitiers en date du 15 juin 1945. Fonds Mécheri, Sciences Po, MEC2/Dr2.
3. *Ibid.*

l'heure actuelle dans le monde arabe[1] ». Et particulièrement en Algérie où les récentes émeutes de Sétif restent en mémoire du ministre. De là à utiliser Chérif Mécheri comme un faire-valoir de la France grande, belle et généreuse…

Cet argument figure également dans la lettre de M. Sterna – citée plus haut – qui précise que « M. Mécheri est actuellement en instance d'initiation[2] » à la franc-maçonnerie avant de poursuivre comme s'il y voyait un lien : « Nord-Africain d'origine il a une grosse influence sur les populations africaines et sera un excellent propagandiste de notre idéal maçonnique et républicain[3]. » De fait, la franc-maçonnerie a été très active dans la colonie dès le début de l'implantation française[4].

L'Algérie s'exaspère

L'environnement est sensiblement différent en ces lendemains de guerre. Il convient de rappeler qu'avec la loi du 13 août

1. *Ibid.*
2. Lettre de Charles Sterna à M. Dasseux, *op. cit.*
3. *Ibid.*
4. La France va bientôt être secouée par l'affaire Dreyfus, et l'Algérie va glisser dans un antisémitisme qui se traduit par l'élection de députés comme Drumont à Alger, la capitale dont le maire Max Régis sera également un ultra de 25 ans à peine. À Constantine émerge l'incontournable Morinaud. Dans ce contexte, les maçons veulent tenir un rôle nouveau après avoir été confrontés à un raffermissement du débat politique, avec les législatives de 1902 qui les ont conduits à se situer de plus en plus dans la perspective de la défense de la République. Comme le note Max-Olivier Gravois : « Si limitée qu'ait été l'influence de ces loges sur la société coloniale, la période 1898-1902 a permis de mettre fin à certains errements inhérents au contexte colonial et de s'inscrire dans un courant à l'origine de ce que l'on a appelé les "Libéraux" au moment de la guerre d'Algérie », Max-Olivier Gavois, « Le tournant de 1899-1902 dans la maçonnerie en Algérie à travers la loge Le Soleil levant », *Cahiers de la Méditerranée*, 2006, 72, p. 353-365, https://journals.openedition.org/cdlm/1176.

1940 Vichy a prononcé la dissolution des sociétés secrètes. Le Grand Orient de France et la Grande Loge de France ont été concernés au premier chef : leurs biens et leurs archives ont été saisis. Il faudra attendre l'ordonnance du Comité français de Libération nationale du 15 décembre 1943 pour annuler cette loi. La franc-maçonnerie sort affaiblie de cette période de gel et elle a des difficultés à se reconstruire… Non seulement du fait des ordonnances de Vichy, mais également de la discrétion de ses membres sur leurs faits de Résistance. Ce qui ne sera pas le cas des partis politiques omniprésents sur le devant de la scène aux premiers jours de la Libération. Elle est également discrète sur sa contribution à la loi du 20 septembre 1947, portant statut organique de l'Algérie.

« La situation se dégrade rapidement dans le pays. La création de l'Assemblée algérienne, avec ses deux collèges de 60 représentants chacun, n'apporte guère d'apaisement. Pourtant la loi accorde également le droit de vote aux femmes musulmanes, prévoit l'enseignement de l'arabe, l'indépendance du culte musulman. Les loges les plus libérales accueillent très favorablement cette loi, tout en estimant qu'il aurait fallu aller plus loin[1]. » C'est l'époque où, dans sa reconstruction avec le souci d'une mixité sociale, culturelle et ethnique, la maçonnerie tente de mettre en place une voie médiane entre celle rêvée par une France coloniale éternelle et des indépendantistes déterminés. Elle préconise l'*interdépendance*, un concept qu'elle défendra quelques années plus tard lors du congrès maçonnique de Tlemcen[2] au cours duquel elle s'opposera à toute

1. Jean-Pierre Simon, *La Franc-Maçonnerie en Algérie : utopie inopérante ?*, site du Centre de documentation historique sur l'Algérie, http://www.cdha.fr/la-franc-maconnerie-en-algerie-utopie-inoperante.
2. Le congrès de Tlemcen eut lieu en 1952. En 1955, le congrès des loges d'Afrique du Nord estime que des négociations devraient avoir lieu avec les élus, issus de nouvelles

idée d'indépendance, lui préférant une intégration, une forme de fédéralisme à inventer.

Cette idée paraît devoir être creusée du côté de certains ministères estimant que l'Algérie doit changer de statut et qu'à terme elle risque de glisser vers une autonomisation du fait de sa seule composante démographique. Bientôt le pays comptera un Européen pour dix indigènes et les seconds n'accepteront pas forcément d'être à la solde des premiers… Surtout si ceux qui ont fomenté les émeutes de Sétif savent les convaincre de s'éloigner de la France. Dans ce contexte d'éventuelle fracture, un préfet de la République originaire d'Algérie, berbère, musulman et franc-maçon pourrait bien être un atout sérieux dans le jeu de l'État français.

En attendant, et ne pouvant tirer de plans sur la comète, Chérif Mécheri se concentre sur son travail de conseiller aux Affaires algériennes… Et sur son procès en épuration compte tenu « des documents découverts à Rochefort[1] » qui seraient de nature à rouvrir son dossier soumis à la Commission d'épuration du ministère de l'Intérieur. Laquelle reçoit, dès le 16 juillet suivant, un dossier contenant des lettres adressées par M. Mécheri, alors sous-préfet de Rochefort, et dont il ressortirait qu'il « a provoqué l'arrestation de M. Hay, député de la Charente-Maritime, qui fut par la suite déporté en Allemagne où il mourut au cours de sa captivité[2] ». Voilà qui touche au cœur même de l'accusation : cette « affaire Hay » qui poursuit Chérif Mécheri durant toute sa carrière et même bien après… De quoi

élections à provoquer, dans le but d'assurer l'intégration de l'Algérie dans la communauté française.

1. *Ibid.*

2. Lettre de M. H. Ribière, président de la commission de l'Intérieur du Conseil national de la Résistance à M. Jean Jean, président de la Cour d'épuration au ministère de l'Intérieur, en date du 16 juillet 1945. Fonds Mécheri, Sciences Po, MEC2/Dr2,3.

y voir la patte des « mêmes personnages qui ne songent qu'à l'assouvissement de petites rancunes personnelles[1] », comme l'écrit Chérif Mécheri au ministre de l'Intérieur. Redonnant des arguments (déjà vus précédemment) sur Rémy Houssin, maire de Royan, et sur sa connivence avec le préfet Malick, il en arrive au cas de M. Jean Hay précisant qu'il a été installé à Rochefort en novembre 1941, « or le dossier établit formellement que, dès le 21 décembre 1940, M. Jean Hay faisait déjà l'objet d'une lettre adressée par l'ex-ministre secrétaire d'État à l'Intérieur au préfet de la "Charente-Inférieure" (cabinet) – c'est-à-dire M. Malick –, lettre dans laquelle il est dit : "On me signale que M. Hay, député de Marennes et sa femme mèneraient une campagne active contre l'œuvre de restauration nationale, etc. Le rapprochement de ces dates suffirait à lui seul [mots soulignés : NDR] à démontrer, s'il était besoin, l'inanité du grief qui m'est fait d'avoir été à l'origine de son arrestation"[2] ». Si le sous-préfet Mécheri n'est pas à l'origine de l'arrestation, qu'est-ce qui lui est reproché ?

Après avoir évoqué le cas de Mme Hay (dans des termes similaires à ceux que nous avons déjà mentionnés), il revient sur le cas de son époux en s'appuyant sur « l'enquête impartiale menée par le CDL de la Haute-Vienne, saisi par le CDL de la Charente-Maritime [qui] a démontré amplement que M. Jean Hay fut arrêté et déporté vers le mois de juin 1943 [mots soulignés : NDR] c'est-à-dire QUINZE MOIS ENVIRON [mots en capitales et soulignés : NDR] après mon rapport incriminé et plus de SEPT MOIS [mots en capitales et soulignés : NDR] avant mon départ de Rochefort. La même enquête fait ressortir

1. Lettre de Chérif Mécheri à son ministre de tutelle en date du 8 août 1945. Fonds Mécheri, Sciences Po, MEC2/Dr2,3.
2. *Ibid.*

que cette arrestation "est intervenue à la suite de propos imprudents" [phrase soulignée : NDR] tenus par M. Hay et cela à l'initiative de la milice qui n'existait pas de mon temps [mots soulignés : NDR][1] ».

En conclusion de ce mémorandum, Mécheri avance une hypothèse intéressante… « Il importe de citer à ce propos que la lettre précitée du 21 décembre 1940, adressée par l'ex-ministre de l'Intérieur au préfet de la Charente-Maritime, apporte une confirmation éclatante à l'enquête du CDL de Limoges, puisque cette lettre porte en en-tête la mention "Direction générale de la sûreté" [mots soulignés : NDR]. Quoi de plus plausible par conséquent, que l'hypothèse que la minute de cette lettre et les renseignements qui la provoquèrent en son temps (1940) soient tombés en 1943 entre les mains des dirigeants de la milice, Darnand étant déjà secrétaire général au ministère de l'Intérieur[2] ? »

Le 22 septembre 1946, l'affaire est classée « à la suite de la perte du dossier d'enquête par les services de la préfecture de police[3] ».

Curieuse fin de partie… À moins qu'il s'agisse là d'une nouvelle stratégie de billard par la bande en vue de relancer ultérieurement cette affaire qui, de toute manière, ne semble pas mériter les suites que certains veulent lui donner. Pour sa part, Mécheri n'a pas failli à sa tâche et a mené à son terme son rapport concernant la suppression des services d'exception, mais (à son grand regret) M. Tixier doit quitter son ministère et ne tarde pas à décéder. Il est alors remplacé par André

1. *Ibid.*
2. *Ibid.*
3. Note sur l'affaire Mécheri en date 26 avril 1948, origine : ministère de la Justice. Fonds Mécheri, Sciences Po, MEC2/Dr4.

Le Troquer[1] qui prend ses fonctions le 23 janvier 1946. Ce nouveau ministre s'est illustré au printemps 1945 en suggérant que le maréchal Pétain soit condamné à mort et qu'une cérémonie solennelle se déroule à l'Arc de triomphe au cours de laquelle un simple soldat briserait son bâton de maréchal, marquant ainsi une dégradation des plus humiliantes. Nul ne peut alors soupçonner que cet homme à la forte personnalité sera rattrapé par un penchant beaucoup moins politique qui fera la une de l'actualité nationale sous l'appellation de « ballets roses[2] ».

Chérif Mécheri ne se sent plus à l'aise dans son poste ni dans ce ministère de l'Intérieur où Le Troquer a installé sa propre équipe, « une bonne partie de fils de colons qui l'avaient hébergé pendant son passage en Algérie. Désormais je n'étais plus le bienvenu au ministère et on m'annonça que je venais d'être nommé préfet des Alpes. Dans mon esprit il s'agissait des Alpes-Maritimes puisque j'avais été préfet à Limoges... Mais point du tout, il s'agissait d'un tout petit département les Basses-Alpes[3] », qui deviendront les Alpes-de-Haute-Provence. Il vit cette promotion comme une sanction et, avec lui, les nombreux Algériens de Paris et parlementaires algériens qu'il a côtoyés dans le cadre des dossiers dont il avait la charge

1. André Le Troquer (1884-1963) est un homme politique français. Il sera député et s'opposera à la demande d'armistice de 1940 avant de rejoindre l'Afrique du Nord. Il siège à l'assemblée constituante d'Alger avant d'être nommé commissaire à la Guerre et à l'Air, puis commissaire délégué à l'Administration des territoires métropolitains libérés. Il sera président de l'Assemblée nationale de 1954 à 1955 et de 1956 à 1958.

2. Ainsi fut nommée par un journaliste cette affaire qui défraya la chronique au début de 1959. M. Le Troquer qui est alors âgé de 74 ans était mis en cause pour l'organisation de bacchanales en compagnie de jeunes filles mineures. Il est inculpé avec une dizaine d'hommes âgés et riches et une brochette d'autres rabatteurs et participants.

3. Notes de sa fille Marie-Diane Mécheri.

sous les auspices d'Adrien Tixier. Ils organisent un grand banquet pour saluer son départ et le remercier de son travail en faveur de la suppression des services d'exception. « Devant cette manifestation dont l'ampleur était inusitée, le ministre, après une certaine réflexion, fit marche arrière et [le] convoqua pour [lui] dire : “Patientez Mécheri, je vais vous donner un département aux environs de Paris. Mais les événements se précipitèrent”[1] » à l'approche de l'élection présidentielle, la première de la IVe République, le premier personnage du pays étant alors élu à la majorité absolue des suffrages par les deux chambres du Parlement réunies en Congrès. C'est le SFIO Vincent Auriol[2] qui est élu le 16 janvier 1947 dès le premier tour avec 51,9 % des suffrages, devançant largement le gaulliste Auguste Champetier de Ribes (27,41 %), le radical-socialiste Jules Gasser (13,82 %) et le candidat du Parti républicain de la Liberté Michel Clemenceau (6,80 %). Les constitutions de cabinets ministériels avec les velléités de pouvoir des uns et des autres font que les promesses de Le Troquer restent sans suite. Le 18 avril 1946, Chérif Mécheri est confirmé dans sa nomination de préfet des Basses-Alpes à Digne où il poursuit consciencieusement sa volonté de servir, avec le secret espoir de retrouver un poste qui le rapproche de l'entourage de l'Élysée.

1. *Ibid.*
2. Vincent Auriol (1884-1966) a été ministre socialiste des Finances de 1936 à 1937, dans le gouvernement du Front populaire, puis garde des Sceaux de 1937 à 1938, dans les troisième et quatrième cabinets de Camille Chautemps. Il sera l'éphémère ministère chargé de la Coordination des services à la présidence du Conseil en 1938 puis président de l'Assemblée constituante avant d'être élu président de la République. Il ne brigue pas un second mandat à ce poste.

Entrée à l'Union française[1]

Mécheri expédie consciencieusement les affaires courantes en multipliant les rencontres avec certains élus inamovibles, inoxydables dont il a gardé le souvenir du temps où il était maître d'internat au lycée et suivait leurs exploits, leurs évolutions et parfois leurs compromis dans les colonnes du *Provençal*, du *Méridional* ou de *La Marseillaise*.

M. le préfet gère des problèmes agricoles, de voirie, fixe les bases définitives d'orientation des prix et évalue les travaux de remise en état de Sisteron portant encore les profonds stigmates de la guerre, reçoit le ministre des Anciens combattants marquant une halte à Digne dans sa tournée des villes françaises.

1. L'Union française est l'organisation politique de la France et de son empire colonial créée par la constitution de la IVe République. Elle associe la métropole et les départements d'outre-mer aux colonies françaises administrées sous la forme de territoires d'outre-mer, territoires associés (sous mandat) et États associés (sous protectorat). Contrairement aux statuts différenciés qui avaient cours jusqu'alors, l'ensemble des ressortissants de l'Union française possèdent en théorie le statut de citoyens et l'indigénat est aboli. Cependant, l'Union française souffre dès son entrée en vigueur de contradictions. En effet, ce projet qui apparaît comme mettant en place une association entre peuples égaux réaffirme en fait la souveraineté de la France dans ses territoires d'outre-mer. Le général Catroux note par exemple « l'écart des principes énoncés dans le préambule de la Constitution de l'application qui en a été faite. Alors [que] ces principes postulent un système fédéral régissant des parties égales en droits et en devoirs, celui qui a été réalisé réserve en fait à la France les prérogatives des pouvoirs exécutif et législatif, les autres États et pays composants ne possédant que la faculté d'émettre des avis ».
L'écart entre la théorie et la pratique a finalement discrédité l'Union française (notamment lors de la guerre d'Indochine et celle d'Algérie), qui sera finalement remplacée par la Communauté française avec l'avènement de la Ve République en 1958.
Néanmoins, les institutions de l'Union française ont joué un rôle non négligeable concernant la formation d'élites étrangères, notamment africaines, qui ont pu s'exercer à la gestion des affaires publiques. Certaines de ces élites seront en première ligne au moment de l'indépendance de leur pays dans les années 1960. (Source : Wikipédia, « Union française ». https://fr.wikipedia.org/wiki/Union_fran%C3%A7aise).

Parmi ses autres tâches, il s'emploie à relancer le secteur de la minoterie qui reprend de l'essor avec la remise en route de vingt-cinq minoteries qui vont permettre le quadruplement de la production départementale du département et favoriser son exportation dans les départements voisins. « M. le préfet a pris en mains cette question délaissée de l'industrie bas-alpine et, en quelques semaines, a pu lui faire retrouver son activité d'avant-guerre et sa place de premier rang dans l'industrie régionale[1]. » Son nouveau territoire est plus vaste donc plus chronophage, mais il consacre, chaque soir, un minimum de temps à la lecture du *Figaro* dans lequel il suit la vie politique, notamment française faute de pouvoir, trop rarement à son goût, se rappeler à ses décideurs qu'il lui arrive de croiser lors de ses voyages professionnels ou privés à Paris.

De l'autre côté de la Méditerranée, l'Algérie paraît connaître de nouveaux soubresauts et il souhaiterait être aux côtés de Tixier et poursuivre son travail d'analyse. Même si certains événements semblent passer inaperçus ou sans grand intérêt dans les hautes sphères de l'État... Qu'il s'agisse du durcissement du PPA préconisant la création d'une véritable organisation paramilitaire ou du MTLD de Messali Hadj qui fait des émules jusqu'à organiser un congrès clandestin au cours duquel est créée en 1947 l'« Organisation spéciale » qui sera son bras armé.

Chérif Mécheri garde des contacts avec sa terre de naissance et il sent que le malaise gagne, qu'il est subtilement entretenu au sein des écoles coraniques et lors de prêches dans certaines mosquées du pays. Il pense qu'il est encore temps de mettre en place une troisième voie en s'appuyant sur bon nombre d'intellectuels ou d'élus indigènes et sur cette majorité d'indécis

1. *In* journal *Le Méridional* du 22 août 1946. Fonds des Archives départementales des Alpes-de-Haute-Provence.

que la France pourrait, moyennant de vraies concessions, agréger autour de l'Union démocratique du manifeste algérien (UDMA) de Ferhat Abbas. Il est le seul à prôner l'émancipation de l'Algérie sans une rupture avec la métropole. Pour ce faire, la France peut s'appuyer sur les onze représentants de l'Algérie française, membres de ce parti qui ont fait leur entrée au Parlement français lors des élections constituantes de 1946[1].

C'est depuis cette petite ville de montagne et par le jeu du destin, que la carrière de Chérif Mécheri va prendre un autre tournant. Vincent Auriol consulte, car il souhaite que la reconstruction nationale passe aussi par la reconstruction des territoires d'outre-mer. Edgar Faure lui suggère qu'il faut nommer un homme issu de ces territoires. Le premier nom qui lui vienne à l'esprit est un dénommé Mécheri, exemple d'intégration, qui a accompagné Jean Moulin dans son mandat et a été préfet lui-même. C'est donc fort opportunément que Chérif Mécheri prend connaissance par le *Journal officiel* de sa nouvelle affectation. Il est donc « placé en position de service détaché et mis à la disposition de M. le président de la République[2] » en vue de travailler dans le cadre de l'Union française (UF). Chérif Mécheri prend donc possession de son bureau à l'Élysée qui est installé dans l'ancienne chapelle du palais… que Mme de Gaulle fera réaménager dans sa fonction initiale dans les premiers mois de la présidence du Général.

Cette structure créée dans le cadre de la Constitution de la IVe République en vue de rénover totalement la nature des liens entre la France et les pays composant son ancien empire colonial a été instituée par le président de la République pour s'occuper de l'Union française.

1. *JO* n° 83 du 5 avril 1947, p. 3203.
2. *Ibid.*

C'est un réel adoubement de Chérif Mécheri à ce poste stratégique et névralgique en présence du président du Conseil, du secrétariat présidentiel et des Corps constitués. Il est précisé que « la France forme, avec les peuples d'outre-mer, une union fondée sur l'égalité des droits et des devoirs, sans distinction de race ni de religion ». Moyennant quoi « l'Union française est composée de nations et de peuples qui mettent en commun, ou coordonnent leurs ressources et leurs efforts pour développer leurs civilisations respectives, accroître leur bien-être et assurer leur sécurité ».

À première vue, l'UF se fixe de nobles objectifs en souhaitant « conduire les peuples dont elle a pris la charge à la liberté de s'administrer eux-mêmes et de gérer démocratiquement leurs propres affaires ; écartant tout système de colonisation fondé sur l'arbitraire, elle garantit à tous l'égal accès aux fonctions publiques et l'exercice individuel ou collectif des droits et libertés proclamés ou confirmés ».

La participation de représentants de ces populations à une Assemblée constituante devrait contribuer à atteindre cet objectif. Mais ces espoirs ne seront jamais atteints même si, selon les vœux de ses défenseurs, les statuts différenciés qui avaient cours jusqu'alors devaient être abolis.

Dès sa mise en œuvre l'UF est victime de profondes contradictions. Des velléités d'autonomie et d'indépendance gangrènent ses nobles projets et les populations concernées ne seront pas longtemps dupes que cette association entre peuples égaux laisse sourdre de manière de plus en plus évidente la perpétuation de la souveraineté française dans ses territoires d'outre-mer présents et passés.

Poursuivi par ses ennemis

À peine prend-il possession de son bureau à l'Élysée que le préfet Mécheri se voit rattrapé par un passé qu'il pensait avoir abandonné loin derrière lui. Une note du ministère de la Justice arrive sur le bureau du président Vincent Auriol. Elle ne souffre aucune interprétation : « Par rapport en date du 16 juin 1947, M. le procureur général près la cour d'appel de Poitiers rendait compte à la Chancellerie que l'information ouverte au Parquet de la cour de justice de La Rochelle contre le nommé Mécheri, ancien sous-préfet de Rochefort avait fait l'objet d'une décision de classement [mais] ultérieurement, le dépouillement des fiches de l'hôtel Majestic conduisait à la découverte d'une lettre non datée [...] écrite par le susnommé au prince Murat [sollicitant] un appui auprès du nommé Ingrand en vue d'aboutir à l'épuration de certains fonctionnaires communistes ou francs-maçons[1]. »

Il est reproché au préfet d'avoir dénoncé « nominativement quatre personnes dont les idées n'étaient pas conformes à l'orientation politique du gouvernement de Vichy et signalait en outre les difficultés qu'apportait le préfet [Malick : NDR] à l'accomplissement de “son devoir”. Il est apparu, au vu de ce document, qu'une réouverture de l'information sur charges nouvelles devait être décidée et que cette mesure permettrait en outre de faire la lumière sur l'activité de Mécheri à la sous-préfecture de Rochefort[2] ».

Voilà qui peut passer pour de l'obstination, les mêmes charges ayant déjà été retenues contre Chérif Mécheri qui en

1. Note du ministère de la Justice signée A. M., sans destinataire désigné, en date du 26 avril 1948. Fonds Mécheri, Sciences Po, MEC2/Dr4.
2. *Ibid.*

avait déjà prouvé le caractère infondé avec force témoignages. Dans les précédentes accusations il était déjà question de M. Ingrand dont le sous-préfet qu'il était alors avait demandé l'arbitrage *via* l'autorité de Vichy. En quoi aurait-il eu besoin de l'intercession du prince Murat qui était, à l'époque, chargé des fonctions de président du Secours national même si c'est une institution puissante et largement financée par Vichy ? Cette lettre dans laquelle il est encore question des démêlés du sous-préfet avec M. Houssin. Néanmoins, il y figure bien quatre noms de dignitaires maçons…

Chérif Mécheri va devoir à nouveau fournir des témoignages, prouver encore sa bonne foi au risque d'être une fois encore sujet de la vindicte de ses ennemis de l'ombre qui n'ont de cesse de le voir choir définitivement. Il prend alors le parti de rédiger un long rapport au président de la République, pour répondre aux reproches récurrents qui lui sont faits. Concernant la lettre découverte fortuitement, il met en cause son authenticité tout en s'étonnant de sa découverte tardive. Supputant que les mêmes Malick et Houssin soient à la manœuvre de cet hallali, Mécheri précise que « durant [son] séjour dans l'arrondissement précité et même longtemps après [sa] radiation forcée survenue à la suite d'intrigues ourdies contre [lui] par les mêmes personnages, avec les milieux inféodés à Vichy, aucun d'eux n'a fait l'objet d'arrestation ou de poursuites. À aucun moment, durant la même période, aucun gaulliste, franc-maçon ou patriote hostile au [mot illisible] qui sévissait sur [mot illisible] n'a été ultérieurement inquiété, alors que les listes de suspects dûment établies par la police étaient en [sa] possession depuis les débuts de [son] installation[1] ».

1. *Ibid.*

Il rappelle en outre que le Comité départemental de Libération de la Charente-Maritime, « saisi dès 1945, et en parfaite connaissance des incidents relatés dans la lettre incriminée, n'a pas hésité à émettre l'avis suivant ; "M. Mécheri n'a jamais eu d'attitude pro-allemande, au contraire[1]" »... De son côté, le Comité départemental de la Haute-Vienne précise, après enquête sur les lieux incriminés, « que même durant son séjour à Rochefort, M. Mécheri était en liaison (depuis 1941) avec les chefs de secteurs résistants de la Haute-Vienne tels Antoine et Besson, et [qu'il] comptai[t] à [son] actif des faits nombreux et dûment établis de protection ouverte de dignitaires maçonniques, de fonctionnaires ou d'élus appartenant à la franc-maçonnerie qui furent, grâce à [lui], maintenus à leurs postes ou dans leurs mandats[2] ».

Rappelant qu'il a été lavé de tout soupçon dès novembre 1944 par une commission *ad hoc* siégeant au ministère de l'Intérieur et statuant sur les mêmes faits et dossiers, il s'interroge : « Dans ces conditions est-il encore possible de parler de "dossier égaré" ou de "charges nouvelles" sans qu'il soit permis d'émettre quelques doutes où les services de justice n'ont évidemment aucune part, sur les conditions dans lesquelles ces "charges nouvelles" surgissent ainsi presque deux ans après le règlement d'un simple "incident" dont les [mot illisible] d'épuration ont eu à connaître par centaines et qu'ils ont toujours ramenés à leurs véritables proportions[3] ? »

Il n'y aura pas de nouvelle procédure et Chérif Mécheri pourra se consacrer entièrement à sa mission.

Dans ce contexte de l'après-guerre où des accès de fièvre se manifestent du côté des pays de l'empire, il est l'homme

1. *Ibid.*
2. *Ibid.*
3. *Ibid.*

ad hoc tout particulièrement en ce qui concerne l'Afrique du Nord, un continent dont il est issu, dont il connaît la langue, les traditions et le subtil art de l'approche... Tout en étant parfaitement conscient qu'une large partie de sa carrière a été bâtie sur sa nature de « symbole double », pour reprendre les termes d'une note blanche des Renseignements généraux[1] qui justifie ainsi ce constat : « D'abord le symbole de l'entente de deux races [*sic*] ; en ouvrant à M. Mécheri l'accès à l'administration préfectorale, la métropole, par une mesure sage et généreuse, a voulu signifier que, méprisant ce préjugé racial, elle était prête à accueillir et à pousser aux plus hauts postes administratifs tous ceux qui étaient disposés à l'aimer et à la servir. Symbole aussi de toute une conception de la colonisation, M. Mécheri est, en effet, le produit vivant de l'œuvre de plus d'un siècle et d'un programme bien français[2]. » Et le laudateur de passer sans transition à la menace en creux que pourraient faire peser sur l'avenir les 350 millions de musulmans peuplant le monde alors « que partout il n'est question que d'un réveil de l'islam ; que toutes les grandes nations s'engagent dans la voie d'une entente avec lui[3] ». La démonstration est appuyée sur les exemples de la Grande-Bretagne qui n'a pas renoncé à sa politique d'unification du monde arabe, du Japon et des États-Unis qui s'intéressent au présent et au futur de ce monde musulman. « Au moment où l'islam se voit entouré de tant de sollicitude, l'intérêt de la France est-il de revenir sur une gestion d'union, geste qui semblait si riche de

1. Les « notes blanches » ne sont généralement pas signées et souvent sans date. Celle-ci est, sans doute, issue d'un des dossiers de « procès en collaboration » et doit dater de l'immédiat après-guerre durant la période du « gouvernement provisoire » dont il est fait mention. Fonds Mécheri, Sciences Po, MEC2/Dr3.
2. *Ibid.*
3. *Ibid.*

promesses[1] ? » Un tel revirement serait d'autant moins compris des musulmans d'Afrique du Nord qu'ils viennent de donner des preuves de leur attachement à la France en s'engageant à ses côtés dans la guerre qui vient de se terminer, comme ils l'avaient déjà fait dans la précédente. « Alors que la France de Lyautey subissait une effroyable défaite qui eût pu détruire son prestige de puissance coloniale, l'Afrique du Nord est restée fidèle[2]. » Moyennant quoi, la conclusion s'impose comme une évidence : « Un jour viendra où l'Empire sauvera la France[3]. »

1. *Ibid.*
2. *Ibid.*
3. *Ibid.*

XII

L'EMPIRE… POUR LE MEILLEUR ?

Évoquer l'Union française (UF), sa création, ses objectifs et ses déboires nous ramène à Chérif Mécheri. Aux côtés du président Vincent Auriol, il a joué un rôle essentiel au sein de cette structure dont l'appellation est donnée, dans le cadre de la Constitution de 1946, à l'ensemble très large formé par la République française. C'est dire que l'UF se compose de la France métropolitaine, des départements d'outre-mer (DOM), de l'Algérie, des anciennes colonies que sont les territoires d'outre-mer (TOM), des territoires associés (Cameroun et Togo auparavant sous mandat) et les États associés (Maroc, Tunisie, Cambodge, Laos, Vietnam). Soit un ensemble très composite de plus de 12 millions de kilomètres carrés regroupant une population de 120 millions d'habitants.

Comme tant d'autres, le président Auriol ne manque pas de mettre en avant ce gage d'anticolonialisme que représente le choix de Mécheri pour entrer à son cabinet. Ainsi, en 1952, s'étonne-t-il « auprès du ministre des Affaires étrangères canadien Pearson que l'on pût qualifier la France de colonialiste alors que lui-même avait, parmi ses plus proches conseillers, un musulman[1] ». Bonnes intentions un peu naïves ou élogieuses

1. Noëlline Castagnez, « L'entourage de Vincent Auriol : au service d'une stratégie présidentielle », *Histoire@Politique*, mai-août 2009, 8, p. 83, https://www.cairn.info/revue-histoire-politique-2009-2-page-83.htm?contenu=resume.

de la part de ce fils de boulanger ? Peut-être... Mais la référence est insistante même si, « dans la mesure où Mécheri fut effectivement très étroitement associé à son action, on ne peut conclure à une nomination alibi[1] ».

En ces lendemains de guerre mondiale, la plupart des pays européens ayant des appendices territoriaux au-delà de leurs frontières prennent conscience qu'ils doivent modifier leurs rapports avec leurs colonies. Avec l'UF, la France veut instaurer une ouverture *via* un nouveau type de rapports avec les populations de ses colonies, en les associant à une Assemblée constituante[2] allant dans ce sens car « la France forme, avec les peuples d'outre-mer, une union fondée sur l'égalité des droits et des devoirs, sans distinction de race ni de religion ».

Un Commonwealth à la française

Si la Constitution met en avant un principe égalitaire en droit... son application ne tardera pas à montrer ses limites, même si les « statuts différenciés » qui avaient cours jusqu'alors sont sensiblement modifiés en vue de donner à tous les ressortissants de l'UF un statut de citoyens. Promis, juré ! L'indigénat

1. *Ibid.*

2. Le préambule de la Constitution de 1946, repris dans celui de la Constitution du 4 octobre 1958, stipule que « l'Union française est composée de nations et de peuples qui mettent en commun, ou coordonnent leurs ressources et leurs efforts pour développer leurs civilisations respectives, accroître leur bien-être et assurer leur sécurité. [...] Fidèle à sa mission traditionnelle, la France entend conduire les peuples dont elle a pris la charge à la liberté de s'administrer eux-mêmes et de gérer démocratiquement leurs propres affaires ; écartant tout système de colonisation fondé sur l'arbitraire, elle garantit à tous l'égal accès aux fonctions publiques et l'exercice individuel ou collectif des droits et libertés proclamés ou confirmés ci-dessus ».

est aboli ! Enfin, dans les textes... Chérif Mécheri veut tout de même croire aux lendemains qui chantent. D'autant qu'il a la confiance du président Auriol qui investit beaucoup dans ce Commonwealth à la française lui permettant d'élargir son champ d'action et de pouvoir. Même s'il lui faut compter avec les réticences du ministère des Affaires étrangères qui ne veut pas qu'on empiète sur ses prérogatives ou avec le président du Conseil soucieux de sa carrière.

L'UF souffre de contradictions dès le début. Si elle prône une association entre peuples égaux, elle réaffirme de fait la souveraineté de la France dans ses territoires d'outre-mer. Mécheri y apporte un concours évident, suivant dès le début les souhaits du président Auriol : « Il faut que des études me soient données sur tous les États associés et aussi sur tous les territoires d'outre-mer. Il faut rendre vivante cette Union française pour en faire une confédération[1]. »

Mécheri veut y croire même si les nouvelles qui lui arrivent régulièrement d'Algérie lui donnent à penser que le rythme de l'histoire semble s'accélérer sur l'autre rive de la Méditerranée. Il reste attaché à sa fonction et à son idéal d'égalité entre tous. Après avoir rédigé un certain nombre de notes descriptives ou factuelles à l'attention du président de la République, celui-ci lui confie la mission de rechercher des pistes en vue de favoriser un rapprochement avec les représentants des mouvements algériens désireux d'instaurer un dialogue avec la France. Leur nombre s'est rétréci au fil du temps, des promesses non tenues, des attentes... en attente ! Seul Ferhat Abbas est susceptible d'être approché en vue d'une rencontre en forme de médiation. Dans un premier temps, le député algérien est reçu par le président Vincent Auriol en compagnie de Mécheri et de

1. *In* Vincent Auriol, *Mon septennat : 1947-1954*, Paris, Gallimard, « Témoins », 1970.

Kosciusko (directeur du cabinet civil). « Nous ne voulons pas nous séparer de l'Union française. Nous voulons affranchir les masses paysannes et cela ne peut se faire que lorsque nous aurons intéressé la France[1] », explique-t-il au président français avant de préciser son propos : « Nous ne demandons pas la suppression de la dix-neuvième région, mais si le mot République algérienne vous effraie, changeons-le ainsi que le drapeau auquel je pensais[2]. » Par contre, le pharmacien de Sétif paraît moins conciliant concernant la nécessité de « laisser la langue arabe comme langue officielle à côté de la langue française. C'est une position sentimentale. Les ulémas sont pour l'Union française et, si on leur donne satisfaction, tout le monde suivra, sinon ils se tourneront vers La Mecque[3] ». Concernant l'Assemblée nationale, Ferhat Abbas estime qu'il faudrait « lui accorder des pouvoirs législatifs, sauf ceux qui concernent la politique et la Défense nationale[4] ».

Le ton est courtois mais à cette époque il est indubitable que le visiteur est en retrait sur les autres opposants à la colonisation et à la France qui fourbissent leurs armes (dans une belle désorganisation) et ne préconisent plus d'autre alternative que l'indépendance de l'Algérie. Telle n'est pas la position de Ferhat Abbas qui voit encore « trois solutions : le colonialisme, nous le repoussons ; l'assimilation n'est plus possible ; la séparation est également dangereuse ; et si vous aviez en France 120 députés qui vous diraient : nous voulons la séparation, que répondriez-vous ? On a confiance en nous ou on n'a pas confiance. Ouvrez des écoles, faites des routes, nous

1. *Ibid.*
2. *Ibid.*
3. *Ibid.*
4. *Ibid.*

voulons la France et la démocratie française, sinon comment pourrions-nous nourrir les habitants, nous voulons le bien-être des habitants. Vous êtes maintenant fixés[1] ».

Fixés ? Pas vraiment.

Le 12 mai de l'année suivante, le président Auriol reçoit de nouveau Abbas qui lui demande des « modifications immédiates au statut de l'Algérie[2] ».

Le président l'écoute mais l'entend-il vraiment alors que les premières élections à l'Assemblée algérienne qui se sont déroulées quelques jours plus tôt ont vu, dans le premier collège, le triomphe des listes d'Union algérienne et RPF ? Dans le second collège (celui des indigènes) les « indépendants » qui sont soutenus par l'administration emportent 43 sièges. Tout cela au terme d'un scrutin truqué dont personne n'est dupe... Surtout pas les indigènes. Les partisans de Messali Hadj parviennent tout de même à obtenir 9 sièges et les proches de Ferhat Abbas 8. Ces élections du malaise au cours desquelles de nombreux opposants ont été arrêtés ou matraqués ne sont sans doute perçues que comme un épiphénomène sans lendemain par les indigènes algériens. Une autre réunion est organisée par Chérif Mécheri et se déroulera au château de Champs-sur-Marne où Abbas est reçu par le président du Conseil Paul Ramadier. Mécheri se souviendra longtemps de cet entretien : « Abbas exposa avec fougue les revendications algériennes durant deux heures et le président Ramadier pour toute réponse, lui dit : “M. Abbas, je ne puis vous donner que la séparation de l'Église et de l'État”. » De quoi laisser perplexe Chérif Mécheri pour qui, « en d'autres termes, Ramadier, ignorant les revendications profondes du ministre de l'Intérieur

1. *Ibid.*
2. *Ibid.*

ainsi que du gouverneur général de l'Algérie qui auraient pu amener une certaine égalité entre les Algériens et les colons, n'osa pas aller jusque-là par peur d'être renversé par l'Assemblée nationale. En nous séparant, Abbas fit une réflexion sur le parc du château en disant que tout était parfaitement taillé à l'anglaise, et Ramadier, tirant sur sa barbichette lui répondit : "M. Abbas, le statut de l'Algérie, lui, sera taillé à la française". Les élus algériens, grâce à l'appui de certaines personnalités, essayèrent malgré tout d'obtenir un statut honorable, mais ce fut en vain ! Le statut fut "bâclé" et les Algériens rentrèrent en Algérie, dépités et désespérés [et] l'administration étant entre les mains des plus puissants, les colons, rien ne changea. [...] Les colons, par leur intransigeance et leur hostilité furent leurs propres fossoyeurs[1] ».

Ne ménageant ni son temps ni son optimisme, Mécheri travaille sur les autres dossiers chauds que sont le Sénégal et la Côte d'Ivoire, le Maroc, la Tunisie, devant dans tous les cas déjouer les intrigues de palais, contourner sans les froisser certains potentats n'ayant pas toujours conscience du changement des situations, des mentalités, des aspirations.

Concernant le Maroc, il conforte les liens de confiance de la France avec le roi Mohammed V. Il résume ainsi la situation entre les deux pays : avant la guerre, le jeune souverain n'avait pas d'aspirations d'indépendance pour son royaume, mais, « durant la guerre, il eut des contacts avec le président Roosevelt qui l'incita peu à peu à ne pas rester sous la coupe de la France. Pour les États-Unis, aucun peuple ne devait être assujetti à aucun autre peuple[2] ». Le bien nommé parti de l'Istiqlal (indépendance) dont la fondation remontait à 1934 va

1. Notes de sa fille Marie-Diane Mécheri.
2. *Ibid.*

devenir un parti nationaliste de droite très actif revendiquant une rupture avec la France et son protectorat. Le résident général français Eirik Labonne parvient longtemps à dissuader le roi de rompre les liens, vantant les mérites d'une collaboration qui permettent d'exploiter ses ressources minières, phosphates, gaz et pétrole, qui feraient la richesse du royaume chérifien. Le changement de résident général et les poussées nationalistes auront raison de ces rêves d'empire, et certaines exactions de l'armée française terniront les relations. La nomination, en 1947, du général Alphonse Juin en remplacement de M. Labonne ne fera que rendre le rapprochement encore plus difficile. Chérif Mécheri rappelle une anecdote traduisant l'ambiance de l'époque. Sans doute pour insister sur la présence militaire de la France, le général Juin se rend en audience chez le roi en tenue d'officier supérieur, botté et stick en main. « Si bien que le Sultan lui dit un jour : "Général, si à l'avenir vous vous présentez à moi dans cette tenue, je vous appellerai général Juin tout simplement et ne vous considérerai pas comme le représentant de la France." Ce fut l'étincelle[1]. » Le président Vincent Auriol envoie Mécheri à Rabat pour analyser la situation auprès de Juin qui le reçoit de manière courtoise. Mais, quand sur le départ l'émissaire du président demanda à saluer le roi, il se heurta à un refus catégorique du général Juin expliquant que « le Sultan était de mauvaise humeur[2] »...

Mécheri prend congé mais demande à son chauffeur de le conduire au palais où l'accueillit le responsable du protocole « qui leva les mains en signe de joie en [lui] disant : "Sa Majesté a[vait] appris que vous étiez au Maroc et attendait [sa] visite." Il [l]'introdui[si]t dans le bureau du souverain qui salu[e] [sa]

1. *Ibid.*
2. *Ibid.*

venue comme un bienfait des Dieux et [lui] racont[e] longuement ce qu'[ont] été ses relations avec le résident général. "En fait, me dit-il, ce n'est pas le représentant de la France, mais un militaire avide de coups d'État. Je vais patienter mais j'espère que le président de la République interviendra pour mettre un terme à cette situation et remettra le général Juin à sa place de résident général" ».

En quittant sa Majesté, il prend la route de Marrakech pour y rencontrer le pacha Thami El Glaoui surnommé « la panthère noire » du fait de sa capacité à œuvrer et à manipuler dans l'ombre. Faisant montre de beaucoup d'estime pour le général Juin, il explique à son visiteur que les membres de l'Istiqlal font preuve d'une organisation croissante et interviennent auprès des dignitaires pour les convaincre de les rejoindre – et leurs populations avec eux – dans leur lutte pour l'indépendance. Avant de prendre congé de Mécheri, il lui confie : « Si vraiment le peuple marocain était mûr pour l'indépendance, c'est moi, le pacha El Glaoui, qui irais la demander au gouvernement français. Mais nous sommes encore loin de cette situation et le peuple marocain n'a pas assez de maturité. »

N'empêche que, dix ans plus tard, le Maroc accède à son indépendance. Il semble bien qu'en France personne n'imaginait à l'époque que le royaume souhaitait un jour s'affranchir du protectorat français.

Il en est de même pour la Tunisie qui était également sous protectorat français depuis la signature du traité du Bardo le 12 mai 1881.

Stratégie présidentialiste d'Auriol

Après des actions très dures menées par le régime de Vichy dès 1934, de sanglants incidents avaient éclaté en 1937 dans le pays après l'échec de négociations ouvertes par le gouvernement du Front populaire. L'année suivante, des émeutes sanglantes étaient très durement réprimées, ce qui conduisit à la clandestinité du Néo-Destour (fondé en 1934) dont la volonté était de « libérer l'État husseinite[1] du protectorat français » y compris par une lutte armée. De ce parti émergera un certain Habib Bourguiba[2] qui ne paraît pas représenter un sérieux danger pour le président Auriol qui note dans son journal à la date du 1er décembre 1949 : « Les Tunisiens ne demandent pas l'indépendance ; ils demandent que l'administration leur soit réservée, mais ils demandent aussi des fonctionnaires français pour les conseiller et pour les aider. Bourguiba tient un langage correct, bien que le ton soit monté quelque peu en raison du succès qu'il a obtenu ; il se dispute avec les autres. À Kairouan, il a eu un auditoire enthousiaste de 4 000 à 5 000 personnes... »

1. Les Husseinites sont une dynastie tunisienne instaurée en 1705. Elle gouvernera le pays jusqu'à la proclamation du régime républicain le 25 juillet 1957.
2. Habib ben Ali Bourguiba (1903-2000) est un homme politique tunisien de premier plan. Avocat formé en France, il revient en Tunisie à 31 ans pour militer dans les milieux nationalistes et fonde le Néo-Destour, cheville ouvrière du mouvement pour l'indépendance qu'il parvient à obtenir le 20 mars 1956. Il contribue à mettre fin à la monarchie et à proclamer la République, dont il prend la tête en tant que premier président le 25 juillet 1957. Développant un culte de la personnalité affirmé, il met en place un État moderne privilégiant l'éducation, l'égalité hommes-femmes, le développement économique. Malade, il abandonne le pouvoir, laissant l'islamisme et le clientélisme se mettre en place. Destitué par son Premier ministre Ben Ali, il meurt en exil dans son pays.

Le 7 octobre 1947, le président Auriol précise ses objectifs : « Une conférence ministérielle présidée par Ramadier a mis à l'étude "le rôle du président de la République en matière d'Union française". J'ai demandé à Mécheri de soutenir la thèse suivante : le président de la République est le chef effectif de l'Union française. Il doit en promouvoir la politique et en assurer la continuité. En accord avec les représentants de chacun des États associés, il se trouve être au-dessus de ses fonctions de président de la République et c'est avec les chefs des États qu'il assure la coordination permanente et générale de tous les services de l'Union. Il doit faire mettre à l'étude le fonctionnement de l'Assemblée et le fonctionnement du Haut Conseil, de ses services avec ceux des ministères des Affaires économiques, de la Défense nationale et des Affaires étrangères. » Rude tâche pour Mécheri qui doit faire preuve de tact et de psychologie pour passer ce message ferme sans jamais froisser les uns et les autres... D'autant que le président insiste souvent sur sa suprématie en l'espèce. Il récidive le 7 septembre 1951 après la mise en place du haut conseil car « il s'agit de régler la question de la convocation du Haut Conseil que je dois faire sans contreseing, car je convoque en ma qualité de président de l'Union française. Sinon, il me faudrait le contreseing de tous les ministres, ce qui n'est pas possible. Pour en avoir le cœur net, je vais soumettre la question au Conseil d'État[1] ». Vincent Auriol innove avec la fonction présidentielle. Il va travailler dur pour passer de la position d'arbitre à laquelle le réduit la Constitution à celle d'acteur, refusant de se limiter à inaugurer les chrysanthèmes. Il prévient dès son discours d'investiture qu'il ne sera « ni un président soliveau ni un président personnel ». Il est patent que Vincent Auriol « développa bel et bien

1. *Ibid.*

une stratégie présidentialiste visant à conférer un véritable rôle au président de la République en régime parlementaire[1] ». Par ailleurs, le président de la République « accordait une importance toute particulière à la présidence du Conseil supérieur de la magistrature et à celle de l'Union française. [...] Mécheri entretenait avec lui des relations bien plus régulières que les trois autres chargés de mission. [...] Profitant de la zone d'ombre juridique, Vincent Auriol entendait lutter pied à pied et voulait, en effet, imposer à la présidence du Conseil l'indépendance de la présidence de l'Union française[2] ». Une tâche ardue et tout en finesse qui lui vaudra d'être salué par André Stibio dans *La Voix du Nord* comme « l'une des intelligences les plus claires et l'un des esprits les plus droits de notre monde politique[3] ».

Ces constats justifieraient à eux seuls les honneurs auxquels a droit Chérif Mécheri, le 4 août 1949, en recevant des mains du président Auriol le grade d'officier de la Légion d'honneur. Voilà qui lui vaut, entre autres, un article avec photo en première page de *La Dépêche de Constantine*[4] où il est écrit que cette décoration « consacre les mérites du distingué préfet dont la famille originaire de la région de Tébessa a donné les exemples les plus éclatants du plus fidèle et loyal dévouement à la cause française en Afrique du Nord ». Le président Auriol en a pris la pleine mesure au cours du voyage officiel qu'il vient d'effectuer en Algérie du 29 mai au 3 juin 1949. Mécheri qui l'accompagnait dans ce déplacement marathon entre Constantine, Oran, Tlemcen et Alger a donné la pleine mesure de sa connaissance du terrain, des édiles ou des décideurs auprès desquels il a su

1. Noëlline Castagnez, « L'entourage de Vincent Auriol : au service d'une stratégie présidentielle », art. cit.
2. *Ibid.*
3. *Ibid.* Référence au *Journal* d'Auriol en date du 6 février 1951.
4. *La Dépêche de Constantine* du 5 août 1949.

« guider » le président avec tact et discernement, même si le cortège ne se rend pas en Kabylie vivant alors dans une misère qui « constitue un lieu de fermentation de nationalistes révolutionnaires grâce, notamment, aux travailleurs émigrés militants ou sympathisants de l'ENA [Étoile nord-africaine] et du PPA qui reviennent périodiquement ou définitivement dans leurs villages[1] ». Tout semble pourtant aller pour le mieux dans cette Algérie dont Vincent Auriol rentre enchanté notamment après l'entrevue qu'il a eue avec Ferhat Abbas. Il confie à son journal[2] quelques renseignements d'un rapport, annoté par Mécheri, attestant de l'accueil favorable ayant fait suite à sa visite. « Selon certains milieux musulmans, ce voyage a une signification nettement politique, [...] il concrétise le redressement algérien mené à bien par le gouverneur général Naegelen. On entend dire dans les milieux musulmans : "Aujourd'hui Messali ne fait plus recette, tandis qu'à chacune de ses tournées M. Naegelen voit les foules indigènes se presser autour de lui"[3]. » Certes, en cette année 1949 de graves dissidences se font jour entre le PPA et le MTLD, mais elles ne peuvent occulter la montée du mouvement nationaliste, et le rapport que reproduit le président Auriol précise qu'on ne lui a montré que « ce qui pouvait être vu, et non pas la misère des villages et des douars indigènes qui contraste avec la richesse des colons et la suffisance des administrateurs[4] ». Quant à l'entrevue qu'il a eue avec M. Abbas, chef du *Manifeste algérien*, il est à noter que « les uns sont touchés par le fait que le président n'a pas craint de

1. *In* Amar Ouerdane, « La "crise berbériste" de 1949, un conflit à plusieurs faces », *Revue des mondes musulmans et de la Méditerranée*, 1987, n° 44 : « Berbères, une identité en construction », p. 35-47.
2. *In* Vincent Auriol, *Mon septennat, op. cit.*
3. *Ibid.*
4. *Ibid.*

rencontrer un défenseur aussi subtil de l'Algérie musulmane. Les autres prétendent que cette entrevue ne prêche pas en faveur de Ferhat Abbas, accusé de vouloir composer avec les autorités françaises. [...] Enfin, certains musulmans pensent que le voyage du président de la République sera suivi de mesures destinées à améliorer la condition des Algériens[1] », tout particulièrement en cette période où « il est à signaler que les partis nationalistes se trouvent en "perte de vitesse" [et] se rapprochent de plus en plus du parti communiste français ». Pris par le quotidien des affaires, les soubresauts ministériels et l'agonie des anciennes colonies, Vincent Auriol ne saisit pas la balle au bond.

Comment réorganiser l'empire colonial ?

C'est encore tout auréolé de la popularité conjuguée de ce voyage et de sa Légion d'honneur que Mécheri se rend en avril 1951 à Constantine puis à Tébessa pour rendre visite à sa famille avant de partir pour La Mecque en juillet de la même année, à la fois en pèlerinage et en mission diplomatique. Il est chargé par le président de la République de rendre une visite officielle au roi Ibn Saoud qui lui déclare : « Je suis infiniment sensible au geste de M. le président Auriol qui vous fait entreprendre le long voyage dans notre immense désert. D'autant plus sensible qu'il a délégué un croyant de notre religion[2]. »

Mécheri travaille avec minutie, identifie et analyse les situations politiques de l'Afrique noire et de l'Indochine à propos desquelles le président de la République est « convaincu que

1. *Ibid.*
2. *In* Jean-Louis Mugnier, « Un préfet à La Mecque », *Constellation*, n° 39, juillet 1951.

faire la guerre dans une contrée aussi éloignée était absurde. Il s'était informé auprès d'hommes ayant bien connu l'Indochine comme le général Philippe Leclerc. Celui-ci lui avait affirmé qu'il n'y avait aucune issue pour nous et qu'il en était de même pour tous les Occidentaux, tels que les événements de la Corée l'avaient prouvé[1] ». Vincent Auriol tente de convaincre son gouvernement et les partis politiques les plus représentatifs qu'il faut en terminer avec la guerre d'Indochine qui coûte très cher en armement, en logistique, en communications, etc. Mais les partis politiques, en particulier les radicaux, les MRP et les Indépendants, sont convaincus que la victoire est possible. Se débattant entre les crises politiques et les gouvernements éphémères, le président Auriol ne parvient pas à ramener une majorité à ses vues. D'autant que certains s'opposent à toute forme d'arrêt des hostilités pour des raisons que la politique ignore. « En effet, le ministre des États associés et le haut-commissaire de l'Indochine étaient MRP. Ils avaient l'un et l'autre, intérêt à ne pas cesser la guerre en Indochine car elle leur permettait [...] de retirer un maximum de fonds secrets pour enrichir leurs caisses et pour donner ainsi à leur propagande plus de vérité et d'authenticité[2]. » Échanges de compliments et de cadeaux, et Mécheri retrouvait le palais de l'Élysée où le président était encore et toujours dans les méandres de l'UF.

Vincent Auriol a recours à des subterfuges comme celui de conseiller à l'empereur Bao-Daï de rentrer au plus tôt en Indochine et de s'entendre avec Hô Chi Minh. Vaine démarche car Bao-Daï, estimant que la France a déjà perdu la guerre, ne veut pas quitter la capitale française où il jouit de la vie et de ses plaisirs. « Installé luxueusement au Plaza Athénée,

1. *In* Vincent Auriol, *Mon septennat*, *op. cit.*
2. *Ibid.*

il passait son temps à recevoir des amis et certaines égéries du beau Paris[1]. » À ce stade, la tâche du conseiller est périlleuse. Ainsi, en septembre 1952, dans le cadre de cette affaire, il va se faire admonester très durement au motif qu'il a pris sur lui d'aller saluer Bao-Daï afin de favoriser le rapprochement tout en évoquant une entrevue qu'Auriol voulait tenir secrète… « J'ai enguirlandé Mécheri qui a dit à Forgeot[2] : "Jamais je n'ai autant été engueulé et aussi vivement durant toute ma carrière. Le président m'a dit : 'Soyez satisfait, car j'ai failli vous limoger. Ce que vous avez fait est idiot'". » C'est d'ailleurs une des rares occasions où le président porte dans son journal un jugement psychologique sur l'un de ses collaborateurs : « La vérité est qu'il pèche par complexe d'infériorité, car il veut toujours mieux faire que ce qu'il devrait faire[3]. » Force est de reconnaître que bien des détracteurs et des situations nourrissent ce sentiment ! Connaissant son implication, son entregent et ses capacités d'analyse, il ne lui en tiendra pas rigueur puisque le 7 février 1953 Mécheri obtient sa nomination de secrétaire général de la présidence et du Haut Conseil de l'UF, une structure mise en place par le président Auriol pour sortir des imbroglios politico-personnels dans lesquels s'enlise l'UF. Là encore, « ce fut Mécheri qui négocia avec Eirik Labonne, de la présidence du Conseil, les prérogatives de la présidence de l'Union française. Mais le Quai d'Orsay freina l'installation du Haut Conseil et, celui-ci installé, même le courrier présidentiel avec les souverains des États associés fut contrôlé[4] ».

1. *Ibid.*
2. Autre proche collaborateur au cabinet d'Auriol.
3. *In* Vincent Auriol, *Mon septennat*, *op. cit.*
4. *Ibid.* Cité et commenté par Noëlline Castagnez, « L'entourage de Vincent Auriol : au service d'une stratégie présidentielle », art. cit.

Le Haut Conseil de l'UF réunit les trois États associés qui, à chaque réunion sous l'autorité du président de l'Union française, délibèrent sur les intérêts communs : diplomatie, défense nationale et économie. Nonobstant ces aménagements, il est clair que, pour la France, l'indépendance des anciennes colonies est tout simplement impensable même si dès 1944, lors de la conférence de Brazzaville, des recommandations ont été faites pour une meilleure représentation des colonies dans la future Assemblée constituante avec en filigrane un projet fédéraliste. Le maintien des anciennes colonies sous la tutelle française avec l'octroi de droits pour les habitants de ces territoires semble être, pour les dirigeants français, la solution pour réorganiser l'empire colonial. Ils pensent qu'elle peut se faire tout en rassurant les Français sur leur avenir alors que la métropole est ruinée à la suite de la guerre. Moins que jamais elle ne peut tenir ses engagements, aller vers une réelle intégration dans l'égalité des droits. Elle joue les arrangements, les petites combines d'atermoiement.

Auriol pense utile de faire entrer dans le Haut Conseil également la Tunisie et le Maroc comme États associés. Il pense, sans le dire, que, grâce à l'influence des États associés, la France peut obtenir la paix au Vietnam. La suite prouvera que c'est beaucoup plus complexe... L'écart entre la théorie et la pratique va discréditer l'Union française puis la Communauté française qui lui succède en 1958 avec l'avènement de la Ve République.

Les gouvernants d'après-guerre ne peuvent imaginer que même les empires ont une fin. Certains hommes politiques envisageaient plutôt de repenser la domination que la France exerçait sur les territoires qui constituaient son domaine colonial. Ils ne tiennent aucun compte de la charte de l'Atlantique par laquelle, dès 1941, le Royaume-Uni et les États-Unis avancent des principes semblant amorcer une décolonisation.

Certes, il est reconnu dans cette charte « le droit qu'ont tous les peuples de choisir la forme de gouvernement sous laquelle ils entendent vivre ; et ils désirent voir restituer, à ceux qui en ont été privés par la force, leurs droits souverains ».

C'est sûrement au nom de ces principes que l'Oncle Sam enverra ses troupes dans les rizières pour sauver la démocratie au Vietnam ! Ce qui ne l'empêchera pas de se poser en donneur de leçon à la tribune des Nations unies, notamment quand la France s'enlisera dans la guerre d'indépendance... qui a été engagée au lendemain de la défaite française à Diên Biên Phu. Ce, malgré les aménagements de l'UF qui restera toujours une Union... française !

Plusieurs États comme le Vietnam et le Cambodge quittent l'UF en 1955 ; la Tunisie et le Maroc, qui avaient toujours refusé d'y adhérer, obtiennent respectivement leur indépendance en 1956 et 1957.

L'impossible ne s'est pas produit. L'improbable est en route en Algérie.

XIII

UNE GUERRE PAR SUBSTITUTION

La France vient d'essuyer un cuisant échec en Indochine. Parallèlement, des luttes syndicales se développent en Afrique et la guerre d'Algérie débute. Mais la France croit encore en son empire... Enfin, en ce qu'il en reste. C'est pourquoi elle réorganise en partie l'UF par le biais de la loi-cadre Defferre au terme de laquelle le double collège est supprimé ; une décentralisation du pouvoir de la métropole vers les territoires de l'Union est opérée, en même temps qu'une déconcentration administrative. Ce qui ne freine pas la guerre d'indépendance contre laquelle la France envoie des troupes de l'UF... Une manière implicite de mettre fin à cette institution qui s'est transformée en machine de guerre contre les colonies qu'elle était censée protéger et émanciper.

L'émoi de Chérif Mécheri est sensible dans cette lettre qu'il adresse beaucoup plus tard au sénateur Edmond Michelet : « Le destin de l'Union française m'a placé dans une position doublement difficile : sur le plan personnel, comme musulman algérien au sein de l'administration française ; sur le plan administratif, comme secrétaire général de la présidence du Haut Conseil de l'Union française alors que, pour des raisons diverses, le fonctionnement des institutions de cette Union se trouvait paralysé puis interrompu. Devant cette situation, je me suis efforcé de maintenir certains liens pour parvenir à une association regroupant des États indépendants d'Asie et d'Afrique, désireux de coopérer sur la base d'un accord volontaire et cette Association, j'y crois fermement, ne serait pas un mythe mais une possibilité d'entente[1]. »

Entre-temps Chérif Mécheri a été promu au grade de préfet hors classe et observe, non sans un certain dépit, l'écroulement de l'UF et la situation qui dégénère en Algérie, notamment du côté de Tébessa dont la proximité avec la frontière tunisienne va rapidement faciliter l'approvisionnement des *rebelles* en armes. Entre ses racines et sa patrie, entre sa famille algérienne et sa famille française, entre les promesses de la France et la perpétuation de l'abandon des indigènes... il se sent désemparé mais a opté définitivement pour le camp de la France dont il est l'un des plus fidèles serviteurs. Comme il le disait, adolescent, à son père pour justifier la nécessité d'aller poursuivre des études en France, comme il le confie à cette époque : « Toute ma carrière – en fait toute ma vie – s'est orientée sur la conception instinctive d'une certaine symbiose entre l'Algérie et la France, non pas liée à telle ou telle forme juridique, mais psychologiquement poussée jusqu'à trouver naturel de me sentir parfaitement algérien et loyalement fonctionnaire français[2]. » Aussi a-t-il beaucoup de mal à apprendre que l'un de ses frères, Tahar, ancien caïd de Morsott, alors âgé de 33 ans, « entretient des relations avec les hors-la-loi[3] » et que, selon une rumeur persistante reprise par les services de renseignement français, « les Mécheri, et en particulier l'ex-caïd Mécheri,

1. Lettre de Chérif Mécheri à Edmond Michelet en date du 26 décembre 1958. *In Le Conflit ou la Vie de Chérif Mécheri, premier préfet musulman de France,* argumentaire mis à la disposition des auteurs par sa fille Marie-Diane Mécheri.

2. *In Le Conflit ou la Vie de Chérif Mécheri, premier préfet musulman de France, ibid.*

3. Note de renseignement de l'agent de renseignement à l'essai [*sic*] en date du 3 juin 1956. Archives nationales d'outre-mer.

seraient des complices très agissants des chefs de bande Hamma ben Othmane (tué le 5 avril 1956) et Hamma ben Zeroual (blessé le même jour)[1] ». Une autre note de l'état-major mixte de l'Est précise, un an plus tard, que « M. Mécheri Tahar [...] a adressé une lettre au Bachagha Mécheri Chérif [simple homonymie, les Mécheri étant fort nombreux dans le secteur même si un lien familial n'est pas à exclure : NDR] caïd du douar El Meridj (CM de Morsott) et domicilié à Tébessa [...] demande instamment à son parent de lui faire parvenir à Tunis dans les meilleurs délais deux véhicules automobiles [...] qu'il a laissés en Algérie[2] ».

Pouvoirs spéciaux en Algérie

Le 9 mars 1956, Paris se rappelle au souvenir de l'Algérie avec une grande manifestation d'ouvriers qui se solde par des milliers d'arrestations et l'affirmation renouvelée par le gouvernement d'une même France « de Dunkerque à Tamanrasset ». En face, les manifestants réclament une Algérie indépendante, comme le FLN qui menace d'organiser une insurrection générale dans tout le pays.

Neuf jours plus tard sont votés à une large majorité des « pouvoirs spéciaux » demandés par le gouvernement pour agir en Algérie. Hormis les tenants de la droite extrême, tous les députés, y compris les communistes, font confiance au

1. *Ibid.*
2. Fiche de renseignements de M. le sous-préfet de Tébessa à M. le général de corps d'armée, commandant le Corps d'armée de Constantine, au Commissaire principal et au chef de la SLNA, sous le n° 550/CLE en date du 18 avril 1957, Archives nationales d'outre-mer.

gouvernement pour régler le problème algérien et forcer les rebelles à déposer les armes. Situation ubuesque dans la mesure où ce sont eux qui tiennent l'armée française en échec. Ce qui vaut à la France d'être placée au ban des nations pour un colonialisme bien éloigné des grands principes de l'UF.

Chérif Mécheri apprend alors qu'un de ses frères, Abdelmadjid, ancien délégué de Tébessa à l'Assemblée algérienne, grâce à ses recommandations[1], et vice-président de la fédération radicale de Constantine, tient des propos séditieux depuis Le Caire où il est en exil : « La France doit lâcher l'Afrique, les fellaghas triompheront. Dernièrement, à la suite de l'attaque effectuée dans la région de Gafsa, les fellaghas auraient, pendant le combat, réussi à faire passer 300 fusils-mitrailleurs. Ils attendent une autre livraison de [mot illisible] ou de mitrailleuses ou de bazookas[2]. » Dans une dépêche postérieure, il est précisé que M. Abdelmadjid Mécheri, dans une conférence de presse qu'il a tenue au Caire le 30 mai 1956, « a déclaré s'être mis au service du FLN[3] ». Ce choix sera confirmé par *La Dépêche de Constantine* qui, dès le lendemain, donne un compte rendu de cette conférence de presse dans laquelle il expose les raisons de son ralliement au FLN… « Membre directeur du bureau des élus algériens dit des 61 […] et démissionnaire de [mes] mandats de l'Assemblée algérienne et du conseil général de Constantine à la demande du "Front de

1. Télégramme de Chérif Mécheri, préfet des Basses-Alpes, à M. Gazagne, secrétaire général du gouvernement général d'Algérie en date du 26 février 1945. Archives départementales des Alpes-de-Haute-Provence.

2. Bulletin de renseignements classé « secret » du général Lavaud, commandant la division et les troupes du Constantinois à la préfecture et à la légion Ter. de gendarmerie, sous le n° 1348/REN.2, en date du 30 septembre 1955, Archives nationales d'outre-mer.

3. Dépêche en date du 14 juin 1956 signée RM, sans destinataire précis, Archives nationales d'outre-mer.

Libération" dans le cadre de la politique de non-coopération, en décembre 1953 j'ai, dès lors, partagé mon temps entre Paris et Alger. J'ai rencontré à plusieurs reprises les principaux leaders politiques français auprès de qui j'ai plaidé sans cesse la cause de la négociation avec les responsables du FLN. [...] Nulle part, je n'ai trouvé d'écho. [...] Aujourd'hui, je n'ai d'autre ambition que de continuer à servir modestement mais avec passion, et de toutes mes forces la cause de ma patrie[1]. »

Pour sa part, l'hebdomadaire républicain *Juvénal*[2] ose une analyse étonnante. Estimant d'entrée que la présence au Caire d'Abdelmadjid ayant été révélée par l'agence de presse britannique Reuters, il est patent que « Londres a voulu "brûler" un négociateur trop efficace » qui, toujours selon l'hebdomadaire, « apparaît désormais comme le leader d'une "troisième force" algérienne à laquelle s'identifient désormais de nombreux notables d'Alger et de Constantine ». Voilà une opinion résolument optimiste ou foncièrement démagogique au vu des déclarations d'Abdelmadjid Mécheri qui traduisent clairement une volonté de rupture plutôt qu'un rapprochement avec la France. Le journaliste argumente un peu plus loin sur l'attitude de M. Guy Mollet qui « semble avoir compris quel rôle les Mécheri pouvaient désormais jouer. Il semble en effet improbable que le plus haut fonctionnaire musulman de l'administration française, le préfet Chérif Mécheri, reste désormais confiné à l'Élysée dans ses fonctions honorifiques de secrétaire général du Haut Conseil de l'Union française ». Nonobstant ce mépris pour la fonction occupée par M. Mécheri, le rédacteur fait état d'une rumeur persistante

1. *In La Dépêche de Constantine* du 31 mai 1956 sous le titre « Abdelmadjid Mécheri se met aux ordres de Ben Bella et consorts », Archives nationales d'outre-mer.
2. « L'heure des Mécheri », *Juvénal* n° 412 en date du 18 mai 1956, p. 4.

selon laquelle, le préfet serait pressenti pour occuper le poste de haut-commissaire de France en Tunisie... Un poste sans grand avenir quand on se souvient que la Tunisie a recouvré son indépendance deux mois plus tôt et qu'elle écarte progressivement toute relation de dépendance ou de hiérarchie avec la France. Le rêve du journaliste ne se réalisera pas, lui qui s'interroge alors sur un mode très orientaliste : « Verra-t-on bientôt le haut-commissaire de France en Tunisie accompagner à la mosquée le bey de Tunis ? »

Lors d'un de ses nombreux voyages à Paris, Chérif Mécheri a l'occasion de rencontrer son frère Abdelmadjid et de le recevoir chez lui. Ils ont de longues discussions sur l'avenir de l'Algérie au cours desquelles Chérif tente de convaincre son frère que l'aventure du FLN est stérile et mène éventuellement le pays à une indépendance bien moins enviable qu'une fédération avec la France. Son frère lui oppose l'abandon des indigènes, la misère persistante du pays et tout particulièrement celle de la Kabylie et du pays chaoui, les promesses non tenues par la France sortie victorieuse de la Seconde Guerre mondiale mais terriblement affaiblie après sa défaite face à d'autres *rebelles* l'ayant humiliée en Indochine. Les échanges sont longs, animés, douloureux mais stériles. Abdelmadjid a choisi son camp. Ultérieurement il « sera désigné par les dix-huit combattants rebelles des Nementcha comme leur représentant à la délégation extérieure du FLN dans le temps même où un autre de ses frères [Tahar : NDR] tombera victime d'un attentat terroriste. Or cette prise de position d'Abdelmadjid Mécheri est très importante, non pas seulement en raison de ce qu'il représente, mais encore parce qu'il est le petit-fils de Mohamed Mécheri, le pacificateur des Nementcha[1] ».

1. Jean-André Faucher, *L'Algérie rebelle*, Paris, FeniXX, Grand Damier, 1957.

Chérif Mécheri, mieux que quiconque, connaît l'implication de son frère qui a conduit à Paris une délégation d'élus protestataires reçue par le président du Conseil Edgar Faure qui a poliment écouté. Pour la circonstance, Abdelmadjid est accompagné de Mohammed Saleh Bendjelloul, une personnalité de premier plan ayant contribué au développement du nationalisme algérien tout en œuvrant pour obtenir l'égalité des droits civiques entre Français et indigènes ; ce médecin, doublé d'un nationaliste modéré, cofondateur de la Fédération des élus indigènes avec Ferhat Abbas, participe également à cet entretien et à ce qu'il en découle : une grande réunion à Alger le 26 septembre 1955. Réunissant une large majorité des députés et sénateurs délégués du deuxième collège, elle se déroule au sous-sol du Quartier Latin, un dancing huppé de la ville. « Ce fut au cours de cette réunion que fut votée la motion des 61 qui déclaraient abandonner la politique de l'intégration et prendre acte de l'adhésion des populations à l'idée nationale algérienne. C'était là un événement considérable, non pas seulement parce que parmi ceux qui s'alignaient ainsi sur les thèses nationalistes figuraient quelques-unes des créatures les plus notoires de l'administration française, mais encore par la qualité de certains signataires. On y trouvait un Ourabah, c'est-à-dire un de ceux dont la famille avait reçu beaucoup de l'administration française. À côté de ceux-là, on y trouvait les Ben-Tounès, dont les parents avaient été menacés d'une déportation générale par le gouverneur Bordes. Mais encore Naroun et Arzour qui depuis 1934 avaient été les plus chauds défenseurs de la politique d'intégration totale[1]. » C'est un véritable arrache-cœur pour ces protestataires, pour ceux qui décidaient alors de franchir le Rubicon à un moment où

1. *Ibid.*

un rapprochement sincère est illusoire, à un moment où la rébellion s'organise après une longue période de désordre et de confusion.

Déchirement d'un Français d'Algérie

Chérif Mécheri est sollicité par son frère, mais il ne cède ni aux objurgations ni aux sollicitations. Tous deux ont eu un parcours en bien des points semblables mais leurs centres de gravitation se sont déportés sur l'une ou l'autre rive, avec des préoccupations diamétralement opposées. Abdelmadjid ne peut trahir l'Algérie et son frère estime qu'il trahirait la France en ayant la moindre sympathie pour l'indépendance de l'Algérie qui vit alors une période décisive. Avec une date phare : le 20 août 1956. « À cette date se tint en effet le fameux congrès de la Soummam, dans une vallée de la Haute-Kabylie. [...] Ce fut à ce moment que les chefs qui s'étaient révélés depuis vingt et un mois dans le combat réussirent à s'imposer aux instigateurs de l'insurrection[1]. »

Deux ans plus tard, Chérif Mécheri reçoit le cordon de commandeur de la Légion d'honneur sur décision du général de Gaulle auquel il écrit une longue lettre de remerciement pour cette décoration, prétextant qu'il l'a « longtemps déclinée, bien que M. le président René Coty ait souhaité plusieurs fois la [lui] voir décernée[2] ». Curieusement, cette fois-ci, c'est le récipiendaire qui fait référence à ses origines : « Il n'est pas facile de traduire le déchirement éprouvé par un musulman d'Algérie, qui n'entend nullement renier son appartenance,

1. *Ibid.*
2. Projet de lettre au général de Gaulle, non datée. Fonds Mécheri, Sciences Po, MEC2/Dr2.

mais qui s'efforce de poursuivre avec loyauté sa carrière dans le service public français, alors que ses compatriotes luttent contre les forces françaises ou sont broyés par la guerre sur leur terre dévastée. Je ne saurais dire combien me fut moralement pénible, en certains moments, cette situation où je me trouvais d'être le plus haut fonctionnaire musulman en France, tandis que les rapports de la France et de l'Algérie s'enfonçaient dans l'incompréhension mutuelle et l'enchaînement des violences réciproques[1]. » Il se remémore alors les discussions souvent houleuses qu'il a eues avec son frère Abdelmadjid qui a préféré la lutte armée pour l'indépendance de l'Algérie aux promesses coloniales restées lettre morte. Et si Chérif Mécheri évoque la prochaine paix en Algérie, ça n'est pas celle à laquelle il croyait, celle qu'il défendait dans le cadre de l'Union française qui, quelques années plus tard, se transformera en Françafrique, ce réseau d'influence initié par des proches du Général dont une bonne partie sont issus des rangs de la Résistance.

Ne vit-il pas une part de cette guerre d'indépendance par substitution quand il remercie le général de Gaulle d'avoir eu « la noblesse de saluer publiquement le courage des combattants du nationalisme algérien. Vous ne leur avez pas seulement rendu l'honneur de soldats qu'on leur déniait. [...] Vous avez du même coup rendu un sentiment d'honneur, le sentiment d'un plus juste choix, à ceux qui ont situé leur destin individuel dans l'association de leur pays avec la France[2] » ?

Quelques semaines plus tard, à son retour d'Algérie et de son fameux « Je vous ai compris » prononcé du balcon du

1. *Ibid.*
2. *Ibid.*

gouvernement général d'Alger, le Général reçoit Mécheri à l'Élysée. Allant droit au but, le Général lance à son interlocuteur[1] :

« Votre avenir est peut-être en Algérie, mais je sais, Mécheri, que vous ne le voudrez pas et que vous préférerez rester en France. Je serais à même de vous consulter sur ce qui s'y passe. Avez-vous encore des rapports avec l'Algérie ?

– Assez régulièrement, M. le président…

– Je vous consulterai donc. En attendant, je vous propose, soit une ambassade, éventuellement Washington, soit un des trois grands corps de l'État : le Conseil d'État, la Cour des comptes ou l'Inspection générale des finances. »

Il choisira la Cour des comptes car il pourra y travailler jusqu'à 72 ans, âge auquel il pourra prendre sa retraite[2]. Ce qui était vital pour cet homme d'action ne supportant pas de se voir mis en retrait des affaires de la France.

Bien sûr, Chérif Mécheri est honoré par cette proposition de fin de carrière, même si de Gaulle fera une proposition identique d'ambassadeur à Washington à un autre Kabyle, le grand écrivain Mouloud Feraoun. C'était en décembre de la même année. Celui-ci refusa poliment, « comprenant immédiatement le sens de cette nomination prestigieuse : de Gaulle voulait montrer aux Américains que la France avait fait la guerre aux rebelles mais qu'il restait dans le pays des intellectuels qui lui restaient fidèles… Une preuve éclatante pouvait en être donnée en la faisant représenter à l'étranger par l'un d'entre eux ! On lui a proposé d'autres postes à l'étranger. Il les a refusés. Il voulait rester en Algérie pour vivre la guerre aux côtés de son peuple[3] ».

1. Cet entretien dont son père lui a « fidèlement rendu compte » a été évoqué pour les auteurs le 18 septembre 2019 par sa fille Marie-Diane Mécheri.

2. *Ibid.*

3. Entretien accordé par Ali Feraoun, fils de Mouloud Feraoun, à José Lenzini le 31 décembre 2011.

Chérif Mécheri intègre la Cour des comptes où il entamera une nouvelle carrière, le revers du veston décoré de la rosette de commandeur de la Légion d'honneur que lui a remise le Général, le 24 juin 1958. Il fera une belle carrière dans cette haute institution en tant que conseiller maître... Mais l'Algérie ? Quel avenir connaîtrait-elle ? Avait-il cru vainement à la promotion des Algériens à travers la sienne ? Ses rêves de rapprochement étaient-ils illusoires ? Une fraternisation telle que la souhaitait Camus aurait-elle pu se réaliser au sein d'une fédération construite à mains croisées ? Et le Général aurait-il pu inverser le cours de choses, lui qui lançait le 30 janvier 1944 à Brazzaville : « Nous croyons que, pour ce qui concerne la vie du monde de demain, l'autarcie ne serait, pour personne, ni souhaitable ni même possible. Nous croyons, en particulier, qu'au point de vue du développement des ressources et des grandes communications le continent africain doit constituer, dans une large mesure, un tout. Mais, en Afrique française, comme dans tous les autres territoires où des hommes vivent sous notre drapeau, il n'y aurait aucun progrès qui soit un progrès, si les hommes, sur leur terre natale, n'en profitaient pas moralement et matériellement, s'ils ne pouvaient s'élever peu à peu jusqu'au niveau où ils seront capables de participer chez eux à la gestion de leurs propres affaires. C'est le devoir de la France de faire en sorte qu'il en soit ainsi. »

Chérif Mécheri est devant le Général qui vient de lui faire des propositions de carrière et s'apprête à prendre congé quand il ose une question : « Et l'Algérie, mon général ? » De Gaulle a un geste vague, retire ses lunettes et, dans un haussement d'épaules, lui répond : « Vous savez, Mécheri... La France de Dunkerque à Tamanrasset ! Je n'y ai jamais vraiment cru... »

Sa vie n'a peut-être été qu'une illusion, un rêve dont il se réveille groggy comme au réveil d'un long cauchemar…

« *A Yema !* » Le cri est déchirant et pourtant inaudible. À peine le Général a-t-il terminé sa phrase qu'il sent une intense brûlure l'envahir, se diffuser dans sa poitrine tel un incendie… Voilà bien longtemps qu'il n'a pas prononcé ces deux mots en forme d'appel au retour : « Aïe ! Maman ! » Encore moins dans la langue de son enfance.

Par la suite, Chérif Mécheri fera quelques essais en politique notamment à Évian (curieux clin d'œil de l'histoire !) sans succès. Il soutiendra Valéry Giscard d'Estaing lors des élections présidentielles de 1981. Il essaiera de convaincre Chirac, encore maire de Paris, de recevoir Mouammar Kadhafi[1], le despote libyen dont il pressent qu'il pourrait jouer un rôle majeur dans l'évolution du grand Maghreb. Sans succès.

Élevé à la dignité de grand-croix de la Légion d'honneur en décembre 1984, il reçoit l'accolade du président François Mitterrand dans les salons de réception de l'Élysée. Par ailleurs, il va occuper les fonctions de conseiller spécial du président de la banque Indosuez (une héritière de la banque d'Indochine) et être le principal fondateur de la Chambre de commerce franco-saoudienne qui deviendra la Chambre de commerce et d'industrie franco-arabe.

L'Algérie s'éloigne de lui et il se sent de plus en plus éloigné de sa terre de naissance où une nouvelle forme de terrorisme étatique s'est mise en place là où il aspirait à un royaume de paix et de prospérité dans la proximité de la France.

---

1. Entretien téléphonique accordé aux auteurs le 7 janvier 2020 par Bernard Billaud, ancien conseiller référendaire à la Cour des comptes (1976), directeur de cabinet du maire de Paris (1979), conseiller maître réintégré à la Cour des comptes en 1989 et doyen de la Quatrième chambre.

Il s'éteint paisiblement au terme d'un long voyage difficile entre deux amours, la France et l'Algérie, et sera, conformément à sa volonté, inhumé selon le rite musulman aux côtés de son épouse. Il rejoint les siens et notamment sa mère dans la cinquième saison.

En ce 1er mars 1990, la sonnerie aux morts s'élève dans la cour d'honneur de l'hôpital du Val-de-Grâce. L'hommage de la nation est rendu à Chérif Mécheri par un bataillon militaire en présence de certains membres du gouvernement, de sa famille et de ses amis. Paul Auriol, le fils de « son » premier président, est présent[1].

1. Note de sa fille Marie-Diane Mécheri.

QU'AURIONS-NOUS FAIT À LEUR PLACE ?

Mon maître, le professeur José Aboulker, a eu l'esprit ouvert par sa défense des musulmans, par son opposition au gouvernement de Vichy et curieusement aussi par le fait d'avoir été chassé de son pays par les Algériens dont il avait pris la défense. Mon ami, le professeur Mony Elkaïm, me racontait le bonheur de son enfance dans sa belle maison de Marrakech, dans une famille juive qui vénérait le roi Mohamed V parce qu'il avait refusé d'exécuter les rafles ordonnées par Vichy. Mony était heureux d'avoir joué dans les ruelles et d'avoir été à l'école avec ses copains musulmans. Il a été surpris quand, en 1956, il a dû se réfugier sur les toits de sa maison en attendant que l'armée française vienne empêcher le pogrom. Aujourd'hui, les Marocains ont fait une chaire d'hébreu où ils reconnaissent que les premiers habitants du Maghreb ont été les Berbères et les Juifs, maçons et paysans. Ils ont fait à Casablanca un très beau et très honnête musée juif, mais ils ont oublié que les pogroms ont été encouragés par le nationalisme des pays arabes qui brûlait les synagogues, assassinait les rabbins et écrasait les Juifs de charges fiscales. Cette oppression était telle que plus de 1 million de Juifs ont dû quitter leur pays en secret, parfois illégalement pour s'exiler vers les États-Unis, le Canada et

Israël[1]. Les pays arabes ne parlent aujourd'hui que de l'émigration vers Israël pour se convaincre que le départ des Juifs était une Alya volontaire, alors que la plupart ont été forcés de quitter le pays où ils se sentaient citoyens.

Dans la famille du sous-préfet Abeille, il n'y a pas eu de discussion, pas de curiosité à explorer d'autres cultures, mais il y a eu un grand courage : rejoindre de Gaulle à Londres pour défendre la France. Maurice Papon, lui, s'est laissé embarquer par le flux du grand nombre, il a servi l'État. Je me demande quel est le bénéfice de l'obéissance, quand cette obéissance n'est pas une soumission. À l'armée on dit souvent : « Si tu veux commander, commence par obéir. » Cette apparente subordination serait donc une stratégie d'accès au pouvoir, en escaladant l'échelle des promotions.

La croyance solidarise les groupes

Les opinions criminelles ou protectrices ne sont pas le résultat d'une élaboration mentale, d'un travail logique, elles sont éprouvées comme des sensations d'évidence parce qu'elles sont d'origine émotionnelle et non pas rationnelle. Le simple fait de percevoir que des voisins du quartier, des copains d'école ou des clubs de sport s'indignent contre les Juifs, les étrangers ou les colorés déclenche une sensation que chacun partage. Cette contagion émotionnelle synchronise les âmes, crée une intense et agréable sensation d'appartenance qui arrête toute réflexion. C'est le plus sincèrement du monde qu'un individu, pris dans une foule, peut suivre un mouvement et chercher ensuite des

1. Georges Bensoussan, *Les Juifs en pays arabes. Le grand déracinement, 1850-1975*, Paris, Tallandier, 2012.

raisons pour justifier, pour rationaliser un état d'âme qui n'a rien à voir avec la raison.

Tout organisme vivant perçoit préférentiellement les informations qui viennent d'un autre organisme proche du sien. Une abeille perçoit avec acuité tout ce qui provient d'une autre abeille. Les stimulations les mieux perçues sont le secouement de l'abdomen, la ventilation des ailes, l'inclinaison des vols qui indiquent avec une précision étonnante le lieu où se trouvent la miellée et son volume. Les autres informations qui existent dans le réel du monde ne sont pas perçues dans un monde d'abeille. Dans un monde de chien, les odeurs structurent ce monde comme une évidence sensorielle qui mène les chiens par le bout du nez. Même raisonnement pour les bancs de poissons, les vols d'oiseaux et les groupements humains. Les bébés dans une crèche sont particulièrement sensibles à tout ce qui vient des autres bébés, ce qui explique l'importance de l'imitation[1] qui chez eux est un mode de façonnement réciproque. Dans un monde d'adulte on est d'abord sensible à ce qui vient du corps de l'autre, l'expression de ses émotions, l'écriture de ses vêtements, la musique de sa voix, avant d'accéder à la raison qui fonde les expressions de soi. Nous sommes doués pour la contagion émotionnelle avant même d'accéder aux raisons qui provoquent ces émotions. Ce constat explique comment marchent les épidémies de croyances et pourquoi elles sont si bien acceptées. C'est tellement contagieux, c'est tellement évident et ça apporte tellement de bénéfices affectifs que tout raisonnement atténuerait la croyance et altérerait ses bénéfices. Nous ne demandons qu'à croire, alors que la réflexion implique le travail, la lenteur, l'hésitation, la vérification, le gribouillage sur un papier et dans l'esprit, l'incertitude des savoirs. En temps

1. Jacqueline Nadel, *Imiter pour grandir*, Paris, Dunod, 2011.

de guerre, la croyance solidarise les groupes qui partagent la même croyance et permet les décisions rapides qui mènent à la victoire. Le réel est ailleurs, nécessitant pour le découvrir l'élaboration de la philosophie, le lent travail de la science et le façonnement de notre personnalité par l'existence quotidienne.

Quant à la doxa, l'opinion du plus grand nombre acceptée sans jugement, elle permet de solidariser les groupes, de les sécuriser, de les faire marcher comme un seul homme, avec une grande économie d'énergie. Il n'est plus besoin de douter, d'hésiter, de réfléchir, de lire, de voyager : il suffit de réciter quelques slogans qui donnent le plaisir d'appartenir à un groupe et tiennent lieu de vérité puisqu'on dit tous ensemble les mêmes mots. Ce mode de pensée préfabriquée économise l'énergie, donne des convictions, mais il soumet à la loi du nombre. Si un philosophe tout seul répète trois fois la même idée, il entraînera moins de conviction que si trois philosophes émettent en même temps la même idée. Un philosophe seul se trouve en situation de marginalité, parfois même de transgression, donc on peut le contester. Alors que trois philosophes constituent un début de courant de pensée : « Ils ne peuvent pas avoir tort tous les trois », ressent l'auditeur. Le nombre entraîne la conviction quelle que soit l'idée. Un philosophe tout seul invite à partager l'effort de penser, alors que trois philosophes associés provoquent un courant de récitation qui évite l'effort de penser.

Un tel processus, plus émotionnel que rationnel, pourrait-il expliquer l'étonnant bonheur de haïr en groupe ? On peut haïr tout seul parce qu'on a été écrasé ou humilié, mais, pour haïr en groupe, il suffit de réciter tous ensemble une raison de haïr que l'on tiendra pour vraie, même si on n'a pas soi-même éprouvé l'humiliation. Il suffit pour ça que des gens qu'on aime ou qu'on admire donnent une raison de haïr, et l'effet du nombre nous entraînera. La contagion des émotions explique les épidémies de croyances que l'on ressent authentiquement alors qu'on en ignore la cause. « Les Gitans sont des voleurs, les Juifs sont riches, les femmes nous ensorcellent... », l'effet du nombre entraîne la conviction qui arrête la pensée.

Les Allemands gardiens du camp d'Auschwitz passaient de bons moments ensemble. Le dimanche, les femmes arrivaient et la fête commençait. Le métier était difficile, mais les gardiens SS le faisaient avec cœur puisqu'ils avaient la preuve qu'ils appartenaient à la race supérieure. Il suffisait de voir ces pauvres êtres inférieurs décharnés mourir par terre dans la diarrhée du typhus ou entassés tout nus dans les chambres à gaz où ils se transformaient en « *Stücken* », morceaux qu'il fallait jeter dans les fours. L'évidence était claire, les blonds aryens, costauds, joyeux et autoritaires jusqu'à la violence, élimineraient ces êtres inférieurs qui partaient en fumée. Le bonheur des blonds gardiens était provoqué par une représentation collective : « En éliminant ces parasites dont vous pouvez voir l'état, nous travaillons aux mille ans de bonheur promis par notre Führer. » Comment voulez-vous qu'on ne soit pas gai malgré ces circonstances extrêmes !

Quelques Allemands ne se sont pas laissé entraîner dans cette épidémie de croyances. Je pense à ce soldat réquisitionné à Auschwitz pour tenir les dossiers dans les baraquements administratifs. Un soir, il sort prendre l'air et découvre, empilés par terre, les corps que les responsables des fours n'ont pas eu le temps de brûler. Hors de lui, indigné, il écrit à ses supérieurs une lettre de révolte. Mais les responsables qui bénéficiaient de la conviction que donne la croyance lui ont gentiment répondu qu'il n'était pas assez fort pour être un « bon Aryen » et qu'il serait muté dans un service supportable pour les esprits faibles.

En janvier 1998, le journal *Sud-Ouest*[1] a retrouvé Marcelle Renouil âgée de 85 ans qui avait été raflée la même nuit que moi, le 10 janvier 1944. Les soldats allemands qui ont arrêté l'enfant répétaient « malheur, grand malheur ». Ces hommes avaient probablement été embarqués malgré eux dans le tsunami de haine qui avait inondé leur pays. Quand la brèche est petite on peut la colmater avec quelques mots, mais quand l'eau s'engouffre, il n'est plus possible de raisonner. Méfions-nous des doxas. Quand tout le monde dit les mêmes mots en même temps, la raison ne peut plus juger. Une récitation collective tient lieu de vérité. Lorsque la petite Marcelle s'est apprêtée à monter dans le camion qui devait l'emmener au train de Bordeaux vers Drancy, un fonctionnaire de la préfecture est intervenu : « Ne bougez pas, ils en ont assez. » La ration d'adultes et d'enfants condamnés à mourir était obtenue, il n'était pas nécessaire de tuer un surplus d'enfants. Ce crime de bureau ayant été bien fait, la petite Marcelle fut épargnée.

Une seule pensée fait raz-de-marée

Certes, il est impossible de construire une société sans obéir aux lois, mais, si une loi ordonnait de mettre du cyanure dans le biberon des nouveau-nés parce qu'il n'y a plus assez de places à l'école, faudrait-il obéir ? Qui aura la force de désobéir ? À quel prix la désobéissance ? Chérif Mécheri, en refusant de serrer la main du général allemand lors des obsèques de Philippe Henriot, s'était mis en lumière, et Darlan avait projeté de le faire arrêter. Maurice Papon qui assistait à cet enterrement ne

1. « Quatre Allemands dans la tête », *Sud-Ouest*, 7 janvier 1998.

fut pas inquiété puisqu'il s'était légalement comporté comme un préfet du gouvernement. Germaine Tillion après avoir secouru les prisonniers et aidé à des évasions s'est retrouvée à Ravensbrück. C'est cher payé de s'opposer à la doxa. Mais attention, j'ai mal dit. Ce n'est pas un raz-de-marée de pensées, c'est une seule pensée qui fait raz-de-marée. Tout le monde se laisse fasciner par une représentation verbale qu'on ne cesse de répéter, de slogans qu'on ne cesse de rabâcher, d'écrits stéréotypés dans tous les journaux, sur tous les murs, sur tous les écrans, dans tous les livres, dans tous les mots de la vie quotidienne. Cet envahissement verbal finit par créer une réalité de représentations qui remplissent le monde mental des réciteurs subjugués. Quelle force donne ce sentiment d'appartenance ! Quelle confiance en soi donne une représentation exclusive !

« On a raison de militer pour apporter mille ans de bonheur pour être moral en épurant la société de ceux qui ne pensent pas comme il faut », scandent les perroquets. Ces mots ne désignent plus quelques segments de réel, ils se contentent de désigner d'autres mots qu'il suffit de réciter pour obtenir un sentiment de force et de moralité. Ce processus verbal, en créant une réalité de mots coupés de la réalité sensorielle, pourrait définir la notion de délire non psychotique. « Délire » puisque ces mots ne désignent plus rien du réel et « non psychotique » puisque ces mots sont employés par des personnes équilibrées.

« Un » devient totalitaire, alors que « Deux » constitue un premier pas vers la liberté car il propose un choix[1]. Notre confort intellectuel nous pousse à préférer « Un » qui est facile à apprendre et nous fortifie. C'est ainsi que l'on peut comprendre l'étonnante phrase de Rudolf Höss, le jeune commandant du

---

1. Marc-Alain Ouaknin et Boris Cyrulnik, Croyances. « L'heure Bleue » Laure Adler, *France Inter*, 5 janvier 2018.

camp de la mort : « J'ai passé à Auschwitz les plus belles années de ma vie[1]. » Il s'entendait bien avec sa femme, adorait ses enfants avec qui il jouait dans sa grande maison à l'entrée du camp : le bonheur ! Pour que le bonheur soit pur, il fallait éviter de prendre conscience de l'horreur qui l'entourait et des 10 000 corps qu'il devait chaque jour faire partir en fumée. Il suffisait d'obéir pour bien faire son travail, d'autant que les chefs nazis, en ordonnant l'élimination des Juifs de la planète, permettaient à Eichmann et à Rudolf Höss de réaliser leur rêve d'extermination en obéissant à la lettre : « Mon horizon n'était pas suffisamment vaste pour me permettre de former un jugement personnel sur la nécessité d'exterminer les Juifs... Je n'avais pas à réfléchir[2]. » Quand l'obéissance est totale et sans jugement, on ne pense qu'à la performance et non pas à sa valeur morale. Rudolf Höss, grâce à son excellente organisation, a pu brûler sans aucune gêne 435 000 Juifs hongrois en cinquante-six jours, alors qu'en 1945 l'armée allemande était déjà en pleine déroute.

Les bénéfices du panurgisme

Personne n'évite le processus d'obéissance. Quand on est enfant, on doit s'attacher d'abord à la personne qui nous protège afin d'acquérir la confiance en soi qui nous donne le plaisir d'explorer un autre monde. Dès l'âge de 4 ans, quand l'enfant entre dans le monde des récits, il entend ses parents qui lui présentent leur monde en bavardant entre eux. Plus tard, en devenant autonome, l'adolescent parviendra parfois à

1. Léon Goldensohn, *Les Entretiens de Nuremberg*, Paris, Flammarion, 2005.
2. Rudolf Höss, *Le commandant d'Auschwitz parle*, Paris, La Découverte, 2005.

faire concorder les récits qu'il a entendus avec son expérience vécue. Les discordances ne sont pas rares quand le monde qu'il voit ne correspond plus à celui que ses parents et sa culture lui ont présenté. Les adolescents bons élèves s'arrangent pour faire coller le monde réel avec celui qu'on leur a appris. Ils fourniront à l'armée des fonctionnaires loyaux, comme Maurice Papon. D'autres s'opposent et préfèrent se fier à ce qu'ils pensent eux-mêmes plutôt que se soumettre à ce qu'on leur a dit de penser, comme l'ont fait Chérif Mécheri et Germaine Tillion. Et d'autres, enfin, changent d'opinion quand le monde qu'ils voient ne concorde pas avec celui qu'on leur a demandé de voir, comme l'ont vécu les habitants de Dieulefit.

Ce bourg de la Drôme provençale était composé de catholiques et de protestants habitués à la tolérance. En 1936, ils avaient accueilli quelques républicains espagnols. Le 10 juillet 1940 Pétain fut élu pour collaborer avec le nazisme, et l'une de ses premières lois en octobre 1940 fut d'imposer aux Juifs un statut spécial. Les préfets ont eu le pouvoir de faire interner les étrangers de race juive. Il y a trop de Juifs dans l'industrie, le commerce, la justice et l'enseignement ; il est donc juste, avait dit Pétain, de réduire leur nombre en leur interdisant ces fonctions. Le maire de Dieulefit fut démissionné, aussitôt remplacé par le général Pizon. La population qui n'était pas hostile à Vichy n'avait pas été choquée par les lois sur le statut des Juifs, mais, quand ils virent arriver dans leur village 1 000 réfugiés du Nord, de la Belgique et du Luxembourg chassés par l'armée allemande, les 2 500 Dieulefitois firent la connaissance de personnes réelles comme Louis Aragon, Elsa Triolet, Clara Malraux, Pierre Vidal-Naquet et bien d'autres écrivains, artistes et enseignants. Les habitants qui avaient accepté les lois de Vichy firent la connaissance de communistes et de Juifs qu'ils n'avaient aucune raison de haïr. Ils les taquinèrent en parlant de l'« université de Dieulefit ». Plusieurs villageois s'occupèrent d'enfants juifs qui ne savaient pas où étaient leurs parents. Il n'y eut aucune dénonciation, et le maire pétainiste abrita dans sa maison quatre ou cinq enfants juifs[1]. Quand ce qu'on éprouve dans la réalité ne correspond pas aux récitations collectives, la non-soumission à la doxa est une preuve d'autonomie mentale. Mais il faut reconnaître que le panurgisme apporte de grands bénéfices. Quand on marche côte à côte, quand on scande les mêmes mots en même temps, cet effet de chorale témoigne d'une délicieuse contagion émotionnelle. On est bien ensemble, on se sent fort, sécurisé par la familiarité de son voisin, un inconnu qui devient familier en exprimant les mêmes croyances que soi. Ce qui revient à dire que, lorsqu'on ne marche pas au pas, lorsqu'on ne chante pas dans la chorale des perroquets, on se sent seul, on perd ses amis et même on risque sa vie, comme ce fut le cas de Chérif Mécheri et de Germaine Tillion.

Pourquoi ces deux-là ont-ils eu la force de dire « non » ? Quand leur milieu a voulu les embarquer dans la défense du nazisme et du terrorisme FLN, ils sont restés eux-mêmes et ne se sont pas soumis à une figure d'autorité. Ils n'ont pas vénéré un Dieu de terreur, ils ne se sont pas identifiés à un chef autoritaire, ils ne se sont pas laissé écraser par un tyran tout-puissant.

Quand le panurgisme est doux, on se laisse entraîner par une force insidieuse. « Quel est ce vice, ce vice horrible, de voir un nombre infini d'hommes, non seulement obéir, mais servir, non pour être gouvernés mais se laisser tyranniser », disait le jeune Étienne de La Boétie[2]. Le gouvernement invisible de la

---

1. Valérie Portheret, *Vous n'aurez pas les enfants*, Paris, XO, « Document », 2020 (thèse histoire, Lyon-II, janvier 2017).
2. *Le Petit La Boétie illustré*, Dordogne, Les Éditions du ruisseau, « Silex », 2020, p. 9.

doxa fait accepter n'importe quel comportement pervers. Il paraît étonnant aujourd'hui que des auteurs pédophiles aient pu faire entrer dans la culture des œuvres émouvantes mettant en scène un prêtre séduit par un petit garçon qui malheureusement préférait un compagnon de son âge[1]. Quelle merveilleuse douleur ! Chaque spectateur s'identifiait au prêtre et se déclarait troublé par ce drame affectif et sexuel. Très peu de spectateurs ont manifesté leur indignation, ou simplement leur gêne de voir une pièce de théâtre mettant en scène les émois d'un prêtre pédophile. D'autres auteurs racontaient dans un très beau langage comment on pouvait aller en Tunisie pour y faire son marché de petits garçons[2], et certains prix littéraires ont été attribués à des livres vantant ce bel érotisme. Prix Médicis (1973) Tony Duvert, prix Renaudot (2013) Gabriel Matzneff. On employait à peine le mot « pédophilie », on vantait la tendresse des baisers et des caresses, la beauté des jeunes corps consentant au plaisir sexuel. Ce qui me frappe, c'est l'énorme pouvoir de conviction de la doxa, qui charrie des idées acceptées sans jugement. Les psychiatres qui tentaient de témoigner des dégâts provoqués par cette sexualité furent haïs et méprisés par les intellectuels qui fournissaient les thèmes sexuels des années d'après-guerre (1950-1990) : Jean-Paul Sartre, Michel Foucault, Simone de Beauvoir, Alain Robbe-Grillet, Jacques Derrida, Philippe Sollers et même Françoise Dolto ont banalisé ces gestes charmants pour une sexualité libérée. Quand on habite un seul monde sans chercher à en découvrir d'autres, on peut devenir un totalitaire innocent (« Un » est totalitaire, « Deux » est un premier pas vers la liberté).

---

1. Henry de Montherlant, *La ville dont le prince est un enfant*, Paris, Gallimard, 1951.
2. André Gide, prix Nobel de littérature en 1947, *La Porte étroite* » (1909), *Corydon* (1924).

Aucune conscience du crime

Quand j'étais praticien, j'ai souvent dû accompagner des pères incestueux, des hommes et des femmes pédophiles, aucun n'était un monstre. Ils étaient même entreprenants, courageux, universitaires savants ou braves gens tenant le mieux qu'ils pouvaient leur place dans la société. Aucun n'était psychopathe ni délinquant, mais tous me disaient : « Vous vous rendez compte, j'ai été puni de dix ans de prison pour lui avoir fait découvrir l'amour ! » J'ai même dû accompagner un officier qui avait été surpris en train de pratiquer des caresses sexuelles à une petite fille de 10 ans. Quand il est sorti de prison, il a retrouvé sa femme et tous ses amis, car c'était un homme agréable à côtoyer. Un jour, en partant faire un pique-nique avec son petit groupe, ils croisent une fillette, et mon patient s'exclame : « Regardez comme elle est jolie, comme elle est tentante. » Et tout le monde a souri.

Aucune conscience du crime, comme les colons qui apportaient aux indigènes le bon Dieu, la bonne médecine, comme les nazis qui apportaient au peuple la pureté raciale et mille ans de bonheur, comme les staliniens qui militaient pour la justice sociale en déportant des centaines de milliers d'ennemis du peuple, comme les Inquisiteurs qui sauvaient les âmes en obtenant par la torture des conversions sincères, comme les prêtres aztèques qui arrachaient les cœurs des sacrifiés pour que la moisson soit meilleure, comme les scientifiques qui font supprimer le budget des laboratoires qui ne défendent pas les mêmes idées qu'eux, comme… ainsi de suite, les exemples sont innombrables. Le point commun qui rassemble ces totalitaires, criminels innocents, c'est qu'ils habitent un seul monde, celui qu'ils conçoivent. Le monde est, pour eux, l'impression qu'il leur fait, comme une évidence. « Cette fillette de 10 ans est jolie comme un cœur, je la désire, où est le crime ? », disent-ils. Elle sourit, elle est consentante et même elle jouit. Mais monsieur le prédateur sexuel, à 10 ans elle peut avoir des désirs sexuels, j'ai même connu des petites filles qui se masturbaient bien avant, peut-on en faire une partenaire sexuelle ? Malgré ses désirs, elle ne peut pas encore se représenter ce qu'est un acte sexuel, le plaisir qu'il donne et la responsabilité qu'il engage. Un acte sexuel avec une petite fille « consentante » est plus proche d'une escroquerie que d'un échange de plaisir et d'un partage de responsabilités.

Un grand nombre d'intellectuels, embarqués depuis les années 1970 sur le fleuve de la liberté sexuelle, ont considéré la pédophilie comme un art charmant. Comme presque tous les intellectuels embarqués depuis les années 1930 sur le courant de la pureté raciale avaient considéré l'élimination des Juifs, des Tsiganes et des malades mentaux comme un acte d'hygiène, une nécessité morale. Comme presque tous les intellectuels embarqués dans la défense de Dieu se sont engagés dans les guerres saintes d'une immense cruauté. C'est au nom de l'humanité qu'ont été commis les crimes contre l'humanité[1].

Pourquoi Chérif Mécheri et Germaine Tillion ne se sont-ils pas laissé embarquer ? Parce qu'ils habitaient deux cultures et parlaient deux langues. Aujourd'hui, les enfants d'immigrés qui s'installent aux États-Unis, en Allemagne ou en France n'habitent aucune culture. Ils ont le cul entre deux chaises et ne se sentent ni de la culture d'accueil ni de la culture d'origine. Chérif au contraire aimait deux cultures, l'Algérie de ses origines et la France qui avait fini par bien l'accueillir.

1. Boris Cyrulnik, Tzvetan Todorov, *La Tentation du Bien est beaucoup plus dangereuse que celle du Mal*, Paris, *Le Monde*-Éditions de l'Aube, 2017.

Germaine aussi aimait deux cultures, son catholicisme ouvert et son monde berbère. C'est pourquoi ils ont pu juger et ne pas se laisser embarquer. Ils ne sont pas tombés dans le piège du manichéisme qui est une pensée binaire qui convient aux enfants. Mais beaucoup d'adultes se plaisent dans cette pensée claire et confortable qui évite le doute et les nuances. Dans les années d'après-guerre, les jeunes qui souhaitaient voir le monde avec leurs yeux, sans renier la vision du monde de leurs parents, disposaient de deux courants d'idées qui les aidaient à faire ce travail d'autonomie : les jeunesses communistes et l'Église chrétienne. Les Juifs étaient attirés par le communisme parce que les armées soviétiques, polonaises et la Résistance en France avaient joué un rôle majeur dans l'effondrement nazi. Le communisme offrait, à cette époque, une très belle culture populaire. Les ouvriers lisaient les auteurs recommandés, chantaient avec Jean Ferrat, faisaient du sport et des voyages avec la FSGT (Fédération sportive et gymnique du travail), prenaient des cours de théâtre et allaient au TNP voir Gérard Philipe jouer Lorenzaccio dans un décor minimal. Que du bonheur ! Les Églises chrétiennes proposaient de secourir les plus vulnérables, préparaient des pèlerinages et des commentaires de texte pour donner sens à la culture. À partir de 1990, on a ridiculisé ces institutions, le scoutisme, les réunions de réflexion et les retraites religieuses. Les jeunes qui avaient du mal à prendre le virage de l'autonomie n'ont plus été encadrés. Ils sont devenus des proies pour les partis extrêmes et surtout pour les djihadistes qui, très bien financés par les subventions occidentales, l'argent du pétrole et de la drogue, paient d'excellents techniciens afin de provoquer des torrents de pensées préfabriquées. Cette stratégie de possession des âmes a toujours existé, mais cette fois-ci l'argent associé à la technologie des communications a permis de structurer un projet islamo-politique.

Dès la fin de la guerre, à peine libérée, Germaine repart au combat. Elle assiste au procès de Pétain, commence à recueillir les témoignages de femmes déportées, rencontre David Rousset et, comme d'habitude, elle ne se laisse embarquer par aucun courant de pensée, elle garde sa liberté de jugement. En 1951, en enquêtant sur les camps soviétiques, elle s'étonne de certaines décisions de justice. Ce simple doute provoque l'hostilité de ses amis communistes aveuglés par leurs certitudes. Avec l'aide de François Mitterrand elle entre au cabinet du gouverneur général d'Alger, Jacques Soustelle, et, pour aider les populations arabes pauvres, elle crée des centres sociaux. Elle côtoie Albert Camus en 1956 et enquête sur les camps et les prisons remplis par la répression française. Elle y rencontre Yacef Saadi, responsable FLN qu'elle sauve de la peine de mort et avec qui elle restera amie toute sa vie. Elle crée un système de bourse pour les étudiants algériens et développe tellement ses centres sociaux que l'OAS assassine six travailleurs trop utiles à la cause algérienne. Quand Tzvetan Todorov la rencontre, il est fasciné par la volonté et l'autonomie de cette femme capable de penser par elle-même, en pleine tourmente des idées. Elle aide les Arabes pauvres et leur reproche de clochardiser l'Algérie avec l'hypernatalité. Elle sauve la vie de militants du FLN et traite ceux-ci d'assassins quand ils mettent des bombes dans des soirées d'adolescents ou dans des pâtisseries pour grand-mères. Elle rencontre en 1957 le général Massu venu pour « pacifier » l'Algérie et, scandalisée, elle fait savoir que la torture est devenue une routine de l'armée française. Comment voulez-vous qu'elle n'ait pas tout le monde contre elle ? La pensée manichéenne invite à choisir son camp, celui du Bien contre le Mal. Mais, comme les adversaires emploient la même méthode de pensée, la phrase « choisis ton camp » devient une déclaration de guerre où chacun se croit soldat du Bien. Les djihadistes aussi pensent qu'ils servent le Bien quand ils tuent au hasard des jeunes gens venus danser au Bataclan ou des touristes allongés sur les plages tunisiennes. La phrase « choisis ton camp » est une aliénation structurante. Elle donne forme à ceux qui ne savent pas que penser, elle les consolide et les envoie faire la guerre contre ceux qui ne pensent pas comme eux. C'est pourquoi les guerres de croyances métaphysiques sont plus difficiles à arrêter que les guerres de croyances économiques. La raison ne peut pas changer la représentation d'une entité invisible, alors qu'elle peut négocier une guerre économique.

Germaine s'engage en faveur d'êtres humains et non pas pour défendre une abstraction. Elle soutient les Algériens mais attaque leur terrorisme. Elle travaille à leur épanouissement social mais critique leur natalité excessive. Elle sympathise avec les pieds-noirs chassés de chez eux, mais milite contre les colons de l'OAS. La bande amicale dont elle a fait partie dès le début de la guerre est celle du musée de l'Homme où l'aventure humaine avait plus de valeur qu'un plan de carrière. Marcel Mauss, André Leroi-Gourhan, Boris Vildé, Paul-Émile Victor, Marcel Griaule, Georges Devereux ont marqué notre culture.

Elles ont osé dire « non »

Germaine aurait certainement refusé d'entrer au Panthéon où habitent les dieux. Elle ne pensait pas qu'elle était faite de l'étoffe des héros, ceux qui désirent mourir pour sauver leur peuple. Elle ne voulait ni mourir ni tuer. Elle désirait simplement travailler, rencontrer des cultures différentes, cultiver son jardin et faire des concours de plats cuisinés. Ça n'est pas *panthéonisable* tout ça, mais c'est profondément humain.

Germaine croise souvent la route de sa copine Geneviève de Gaulle-Anthonioz qui, elle aussi, ne se serait pas vue dans un tel mausolée. Ces deux femmes qui mettaient la barre assez bas sont arrivées très haut, sans jamais avoir voulu grimper. Maurice Papon, qui obéissait pour monter dans la hiérarchie, n'a pas voulu risquer sa carrière en désobéissant comme l'a fait Mécheri.

Ce qui a fait la gloire de ces deux femmes, c'est qu'elles ont osé dire « non » dans un contexte totalitaire où elles ont payé très cher leur engagement auprès des gens qu'elles défendaient. Comme Germaine a secouru les prisonniers de guerre, les femmes déportées et ses amis au musée de l'Homme, Geneviève, dès la fin de la guerre, a volé au secours des pauvres, des damnés de la terre quand elle est devenue présidente d'ATD Quart Monde. Dix ans après la guerre, il y avait encore des bidonvilles à Paris. J'ai vu à la porte de Clignancourt des ouvriers sortir à quatre pattes de leurs abris en planche puis éviter la boue en marchant sur des pierres afin de se rendre à leur travail. Geneviève de Gaulle a pris la défense de ces gens, et Germaine Tillion a protégé les Algériens pauvres. Ces deux femmes se sont côtoyées au musée de l'Homme, dans la Résistance, à Ravensbrück, lors du recueil de témoignages de femmes déportées, dans l'aide aux vulnérables et elles se côtoient aujourd'hui pour l'éternité au Panthéon.

Je voudrais souligner une remarque qu'elles ont faite toutes les deux : « Depuis Ravensbrück, je ne vois pas les choses comme avant. » Germaine et Geneviève veulent témoigner de ce que quelques êtres humains ont pu infliger à d'autres êtres humains en se soumettant sans jugement à une théorie totalitaire. Comment est-il possible de faire mourir, d'affamer, d'humilier et de torturer des innocents sans éprouver ni honte ni culpabilité, et en gardant même l'esprit léger de ceux qui ont conscience d'avoir fait leur devoir ? C'est possible : il suffit d'appliquer une seule théorie, celle du chef et d'obéir aveuglément pour se déresponsabiliser. Germaine et Geneviève découvrent à Ravensbrück que des femmes équilibrées et bien élevées dans une belle culture germanique peuvent devenir en quelques jours de cruelles gardiennes. Germaine raconte que le premier jour les nouvelles arrivantes sont effrayées par ce qu'elles voient mais, dès le quatrième jour, elles deviennent aussi cruelles que les anciennes. Quatre jours pour devenir perverse, c'est suffisant quand un système totalitaire vous donne tous les pouvoirs. La résistance des prisonnières s'est faite par la solidarité affective, par la contrainte à comprendre comment s'organise l'oppression et par l'humour tant qu'il est encore possible.

Dès la Libération, ces deux femmes découvrent qu'elles portent sur le monde un autre regard. Germaine reprend ses notes sur son séjour chez les Chaouis et s'étonne de ne plus être d'accord avec ce qu'elle a écrit avant la guerre. En 1937, « j'étais sensible à l'ordonnance harmonieuse des fêtes, image même de l'ordre public[1] ». En 1957, Germaine est devenue sensible à tout ce qui évoque la destruction. Elle découvre alors que la sédentarisation des Chaouis détruit les arbres du sud de l'Aurès et que l'hypernatalité aggrave leur pauvreté.

Geneviève, bien élevée dans le catholicisme traditionnel, après son enfermement ne supporte plus les injustices sociales. Elle quitte son milieu protégé et se dirige vers les exclus de la société qu'elle défendra toute sa vie. Sa bonne éducation et sa motivation lui donnent le courage tranquille de ne jamais se laisser impressionner par un dominant, qu'il soit ministre ou président. Elle reste elle-même et ne se laisse pas influencer.

1. Germaine Tillion, « Dans l'Aurès, le drame des civilisations archaïques », *Annales*, 1957, 12 (3), p. 393-402.

Chérif Mécheri, après la guerre, a connu un cheminement analogue. Lui aussi a privilégié les relations humaines plutôt qu'un plan de carrière. Quand il est nommé commandeur de la Légion d'honneur à la demande du général de Gaulle, il lui exprime son déchirement d'être un haut fonctionnaire français musulman, alors que ses amis d'enfance dans son pays d'origine entrent en guerre contre son pays de cœur, la France.

J'ai eu la chance de faire mes études de médecine avec Jean-Claude Auriol chez qui ma femme et moi allions souvent. J'étais émerveillé par le talent qu'avait cette famille pour créer des événements exceptionnels de fêtes et de réflexions. Jean-Claude, son frère Jean-Paul et le président Vincent Auriol parlaient tous de la gentillesse de Chérif Mécheri. « Gentil », c'est un mot d'enfants qui ne connaissaient pas les grandes responsabilités de ce gentil monsieur. Vincent Auriol, élu président en 1947, s'était entouré de conseillers qui, pendant la guerre, avaient fait leur preuve d'opposition au gouvernement de Vichy. Chérif fut nommé préfet hors cadre, chargé de mission et souvent consulté par le président qui le jugeait ainsi : « Il pêche par complexe d'infériorité, il veut toujours mieux faire que ce qu'il devrait faire[1]. » Mais il ajoutait : « C'est une intelligence des plus claires, un esprit le plus droit de notre monde politique. » Chérif travaillait à l'Union française, accueillait Ferhat Abbas, correspondait avec Bourguiba.

Il est mort entouré d'estime, enterré selon le rite musulman. Je pense qu'aujourd'hui il serait enchanté par le mouvement des jeunes Algériens qui, en parlant de *Hirak*, expriment leur désir de faire enfin la paix et de ne plus se soumettre aux doxas

1. Gilles Le Béguec et Christine Manigand, « Mécheri secrétaire général de la présidence de l'Union française », *Histoire@Politique*, mais-août 2009, n° 8.

criminelles religieuses ou idéologiques qui rendent les guerres interminables.

Maurice Papon avait lui aussi l'estime de ses chefs, mais il changeait de chef quand changeait le pouvoir. Dans son désir de servir l'État, il devançait même les ordres, comme l'ont fait pendant la Seconde Guerre mondiale des millions de Français. Pouvait-il en être autrement ? Peut-on fabriquer un tissu social quand chacun pense selon son propre chemin ? Le conformisme est une forme de paix, une entente intellectuelle qui permet de ne plus penser. La paix par la soumission, est-ce une bonne affaire ?

Le procès Papon m'avait mis mal à l'aise. Le pouvoir des médias avait boursouflé l'affaire en en faisant un débat passionnant et nécessaire. Mais est-ce l'affaire d'un procès que de poser un problème moral et éducatif qui nous concerne tous : peut-on obéir sans jugement ? Peut-on mettre du cyanure dans les biberons pour participer à la régulation des naissances ? Peut-on condamner à mort des innocents pour mieux faire son métier ? Quand un directeur de laboratoire pharmaceutique met sur le marché un produit toxique, peut-on emprisonner les salariés de ce laboratoire ?

Je savais que Papon ne pouvait pas ne pas être condamné, le flot des opinions toutes faites aurait noyé le problème de l'obéissance sans jugement. Mais je savais aussi qu'il avait été embarqué dans cette tourmente pour un petit problème électoral qu'on avait transformé en tsunami. Je savais enfin que le problème cardiaque qu'on avait découvert lui permettrait d'échapper à la sanction, car la loi Kouchner du 4 mars 2002 demandait qu'on ne laisse pas mourir les malades en prison. Papon est sorti en septembre 2002, pour retourner vivre pendant quatre ans dans sa ville natale et mourir chez lui, pendant son sommeil, à l'âge de 96 ans. Il a été condamné pour la déportation de Juifs pendant l'Occupation nazie, alors que plusieurs centaines de milliers de Français avaient participé aux arrestations, en s'engageant, en dénonçant ou en laissant faire, s'opposant ainsi à d'autres millions de Français qui avaient protégé les Juifs et sauvé des familles.

L'effet bénéfique de ce procès fut de faire savoir comment s'était passée la persécution génocidaire, puisque avant cette longue affaire (1981-1998) la mémoire de la Shoah était floue, on en parlait à peine. Est-ce la fonction d'un procès d'être didactique ? La Cour européenne des droits de l'homme a décidé le remboursement des frais de procès. Le Conseil d'État a rétabli les droits de Papon à sa pension de retraite, et l'opinion publique, tout en découvrant la mécanique administrative d'un génocide, a déculpabilisé un peu Maurice Papon en découvrant qu'il n'avait été qu'un rouage dans un système social délirant.

Le problème n'est pas résolu. Pourquoi Chérif Mécheri le musulman ne s'est-il pas laissé embarquer ? Pourquoi la catholique Germaine Tillion s'est-elle engagée contre toutes les formes de totalitarisme ? Pourquoi Maurice Papon a-t-il continué à obéir ?

Qu'aurions-nous fait à leur place ?

POSTFACE

Longtemps le sens de l'histoire a paru évident, mais l'exception peut confirmer la règle... C'est donc à travers la vie exceptionnelle de mon père, Chérif Mécheri, celle d'un Berbère algérien, que le sens de l'histoire peut se décliner à contresens !

De Gaulle lui disait : « Vous êtes un cas unique, monsieur le préfet. Vous n'êtes pas une exception, vous êtes l'exception. »

Premier préfet musulman de France, il gardera toute sa vie son identité, sa liberté intérieure, la volonté de ne pas se soumettre et c'est à travers l'appareil d'État qu'il choisira de lutter contre le racisme, l'inégalité, l'injustice.

Dans son for intérieur, mon père était l'antisérénité. Dans sa carapace extérieure, mon père semblait un roc. Il avait souvent été malmené. Il malmena quelquefois. Il avait souvent été désemparé. Il désempara parfois.

Par amour de la vérité, pour l'amour de lui, son histoire vous a été présentée. Histoire qu'il me contait lui-même avec ardeur et pudeur, par bribes et par élan, par « souciance » et insouciance, par science et conscience, parce que, tout simplement, c'était mon père et que je l'écoutais conter.

« Toute ma carrière, disait-il, en fait toute ma vie, s'est orientée sur la conception instinctive d'une certaine symbiose entre l'Algérie et la France, non pas liée à telle ou telle forme juridique, mais psychologiquement poussée jusqu'à trouver naturel de me sentir parfaitement algérien et loyalement fonctionnaire français. »

Né dans le Sud algérien, et après avoir suivi l'école coranique, il est éduqué par une institutrice française qui le prend sous sa coupe. Il s'émancipe des traditions algériennes et, après avoir suivi ses classes à Digne et à Marseille, il est reçu au baccalauréat jusque-là réservé aux Français.

Il fait tout pour arriver, contre la volonté de son père, le bachagha Salah Mécheri, et des siens. Il s'acharne à poursuivre ses études pour progresser, il combat le racisme, il endosse les vexations et l'inégalité. Étudiant en droit, il termine son doctorat et réussit le concours administratif de la préfectorale, premier *ex aequo* avec un des futurs hommes forts du Vietnam avec qui il se lie d'amitié.

Malgré l'administration française qui lui barre souvent la route, il devient sous-préfet puis préfet et se fait accepter par ses pairs.

Quand il épouse une Française « de souche », la France est occupée par les Allemands. Il doit jongler entre le régime de Vichy et la Résistance sous les ordres de Jean Moulin, avec sa femme qui est de tous les combats.

La IVe République fait alors appel à lui pour devenir l'homme clé de la nouvelle Union française qui cherche à associer les anciennes colonies, certaines en voie de rébellion.

Il devient un des plus hauts fonctionnaires de la République. Il est nommé par le président Vincent Auriol à l'Élysée comme secrétaire général de l'Union française et du Haut Conseil, poste qu'il assume également sous la présidence de René Coty, pour représenter l'émancipation et l'intégration des peuples dans le cadre de l'Union.

Mais il est presque trop tard, le Vietnam est en état d'insurrection. Lors d'une mission, il est capturé et fait prisonnier par le Viet Minh et ne doit son salut qu'à l'ancien camarade de la préfectorale qui est devenu un des plus hauts dirigeants du Vietnam rebelle.

De retour en France, après cette escalade de violence, il cherche à persuader les autorités politiques de promouvoir l'émancipation et démontre le combat rétrograde et inutile de la France en Algérie.

C'est le début de la rébellion algérienne. Pour les Français, il est une « taupe » des rebelles. Pour les rebelles, il est un traître passé du côté français. Le FLN cherche à se servir de lui et veut l'attirer dans son camp, mais, fidèle à l'émancipation, il continue de croire qu'une voie d'association est possible, une voie royale, à l'image du Commonwealth.

En vain ! De Gaulle veut une Algérie indépendante et libre. Les nouveaux maîtres de l'Algérie veulent aussi l'indépendance arrachée à la pointe du fusil. Il n'a pas sa place dans ce schéma. L'intégration n'aura pas lieu, il faudra attendre la mondialisation… mais cela est une autre histoire…

Combien de cultures et de conflits actuels se reconnaîtront dans cette situation ?

L'histoire de Chérif Mécheri doit servir à enrichir l'interprétation de l'histoire de France et à nourrir le débat identitaire de notre culture. L'histoire de mon père, comme de tout homme, n'a de valeur et de sens que par rapport aux générations de demain.

Il disait : « Il ne m'appartient pas de donner un sens à l'histoire, mais il est de mon devoir d'enrichir le sens de notre passé et de notre avenir. »

Marie-Diane Mécheri

BIBLIOGRAPHIE

Ageron Charles-Robert, *Histoire de l'Algérie contemporaine*, vol. 2, Paris, Presses universitaires de France, 1970.

Amicale des anciens instituteurs et instructeurs d'Algérie et Cercle algérianiste, *1830-1962 des enseignants d'Algérie se souviennent… de ce qu'y fut l'enseignement primaire*, Toulouse, Privat 1981.

Auriol Vincent, *Mon Septennat : 1947-1954*, Paris, Gallimard, « Témoins », 1970.

Baruch Marc-Olivier, *Servir l'État français. L'administration en France 1940-1944*, Paris, Fayard, 1997.

Bloch-Lainé François et Gruson Claude, *Hauts fonctionnaires sous l'Occupation*, Paris, Odile Jacob, 1996.

Camps Gabriel, *Les Berbères. Mémoire et identité*, Arles, Actes Sud, 1980. Réédité en 1986, Alger, Barzakh.

Cantier Jacques, *L'Algérie sous le régime de Vichy*, Paris, Odile Jacob, 2002.

Cauchy Pascal, Combeau Yvan et Sirinelli Jean-François, *La Quatrième République et l'outre-mer français. Actes du colloque tenu au centre d'histoire de Sciences Po les 29 et 30 novembre 2007*, Paris, Publications de la Société française d'histoire d'outre-mer, 2009.

Chaudier Albert, *Limoges, 1944-1947. Capitale du maquis*, Paris, Lavauzelle, 1980.

Cyrulnik Boris, *Sauve-toi, la vie t'appelle*, Paris, Odile Jacob, 2012.

Cyrulnik Boris et Sansal Boualem, *France-Algérie, résilience et réconciliation en Méditerranée*, Paris, Odile Jacob, 2020.

Guéraiche William, « Administration et répression sous l'Occupation : les « affaires juives » de la préfecture de Charente-inférieure (septembre 1940-juillet 1944) », *Revue d'histoire moderne et contemporaine*, 1998, 45 (2), p. 380-486.

Lenzini José, *Mouloud Feraoun, un auteur engagé*, Paris, Actes Sud, 2013. Réédité en 2016 Alger, Casbah.

Les Documents français, *Revue des hautes études politiques, sociales, économiques et financières*, n° 11, novembre 1940.

Minc Alain, *L'Homme aux deux visages*, Paris, Grasset, 2013.

Moulin Jean, *Premier combat : journal posthume*, Paris, Les Éditions de Minuit, juin 1947.

Péan Pierre et Ducastel Laurent, *Jean Moulin, l'ultime mystère*, Paris, Albin Michel, 2015.

Phéline Christian, *Les Avocats indigènes dans l'Algérie coloniale*, Paris, Riveneuve, 2016.

Reclus Onésime, *Atlas pittoresque de la France*, Hauterive, Éditions Attinger, 1909 et 1924.

Servier Jean, *Traditions et civilisations berbères*, Monaco, Le Rocher, 1985.

Viollette Maurice, *L'Algérie vivra-t-elle ?*, Paris, Éditions Félix Alcan, 1931.

Zamponi Francis, Bouveret Nelly et Allary Daniel, *Jean Moulin : mémoires d'un homme sans voix*, Paris, Le Chêne, 1999.

REMERCIEMENTS

Odile Jacob et les auteurs de ce livre tiennent à remercier chaleureusement Marie-Diane Mécheri pour son active contribution à ce livre retraçant la vie, la carrière et les engagements de son père Chérif Mécheri, un homme de principe et de devoir dont elle a gardé fidèlement la mémoire.

Sa contribution et sa disponibilité permanente nous furent précieuses au fil des recherches nécessaires pour reconstituer l'existence exemplaire de ce grand serviteur de l'État qui a refusé, tout au long de sa carrière, de céder aux sirènes du pétainisme et de la collaboration avec l'occupant en restant à son poste et en luttant de l'intérieur pour sauver des hommes et des femmes condamnés au nom de leurs convictions, de leurs choix idéologiques, de leurs engagements politiques, de leur refus d'un système représentant l'antithèse de la démocratie, des droits de l'homme et de la liberté.

Dans la discrétion et au péril de sa vie, ce préfet exemplaire a apporté son soutien à la Résistance, à celles et ceux qui avaient décidé de dire non à un avenir de soumission au risque de leurs vies… Ces vies que le préfet Mécheri aura sauvées dans la plus totale discrétion.

Grâce à Marie-Diane Mécheri, les auteurs ont pu accéder au quotidien de son père, à ses archives personnelles et au fonds de Sciences Po où sont conservés des centaines de documents attestant de ce parcours remarquable d'un juste souvent décrié, victime du racisme le plus sordide du seul fait de ses origines algériennes ou de sa religion musulmane.

Sa fille nous a également fait partager de nombreux souvenirs sur son père, sa famille, nous permettant de donner un supplément d'âme au récit de cette vie étonnante.

Il va de soi que ce livre ne serait pas tout à fait ce qu'il est sans cet éclairage vivant, chaleureux et avisé de Marie-Diane Mécheri qui s'inscrit ainsi dans l'histoire jusque-là méconnue du grand public de cet homme d'exception qui fut le premier préfet musulman de l'histoire de France.

Les auteurs tiennent également à remercier Danièle Masse, Luc Chantre, Marie-Françoise Brunel, Émeline Grolleau, Daniel Hick, Christiane Riguet, Claude Billaud, Gilbert Gaudin, Christian Phéline.

TABLE

POURQUOI MÉCHERI ? 7

Une compréhension libérant du passé 14

Le courage et la dignité 20

Papon, serviteur zélé et récompensé 25

On est sculpté par son milieu 30

I. TU DEVIENDRAS *TALEB*... 33

Le papier brûle... pas le souvenir 40

II. EMPREINTE MUSULMANE ET ATTRACTION EUROPÉENNE 45

Première journée d'école 48

Un certain Ben Badis... 54

La lettre libératrice 57

III. L'ENFER DU DÉCOR À LA COQUETTE 61

Ses plus belles années 63

La robe noire : un privilège ? 68

IV. UNE DISCRIMINATION TRÈS POSITIVE 75

Donner des gages d'excellence 79

On brûle des livres à Berlin 87

V. LE PARCOURS PRÉFECTORAL SEMÉ D'EMBÛCHES 91

Un Arabe à la Cité du canon 94

Jean Moulin 102

Des stéréotypes antisémites 107

VI. UN ARABE DANS UNE FRANCE VERT-DE-GRIS 115

Papon serviteur zélé 118

Un engagement risqué 122

Deux ennemis déterminés 127

VII. LES DESSOUS D'UNE TÉNÉBREUSE AFFAIRE 133

Une manipulation raciste 136

Inscrit sur une liste noire 143

VIII. RÉSISTER ENTRE LES LIGNES ENNEMIES 149

Coup de bluff à l'officier allemand 152

De faux éclats de loyauté 159

Une ville enfin libérée 165

IX. LE MASSACRE DES INNOCENTS 169

Violence et baptême du sang 172

Créer une politique de terreur 178

X. GERMAINE ET CHÉRIF... PROCHES DESTINS 183

Germaine dénoncée par un prêtre 186

Lendemains douloureux de Libération 192

« Démoralisation des troupes allemandes » 197

XI. SUSPECT DANS L'ENFER DU DÉCOR 205

Une frénésie d'épuration 208

L'Algérie s'exaspère 211

Entrée à l'Union française 218

Poursuivi par ses ennemis 222

XII. L'EMPIRE… POUR LE MEILLEUR ? 227

Un Commonwealth à la française 230

Stratégie présidentialiste d'Auriol 237

Comment réorganiser l'empire colonial ? 241

XIII. UNE GUERRE PAR SUBSTITUTION 247

Pouvoirs spéciaux en Algérie 251

Déchirement d'un Français d'Algérie 256

QU'AURIONS-NOUS FAIT À LEUR PLACE ? 263

La croyance solidarise les groupes 266

Une seule pensée fait raz-de-marée 270

Les bénéfices du panurgisme 272

Aucune conscience du crime 276

Elles ont osé dire « non » 280

POSTFACE 287

Bibliographie 293

Remerciements 295

DE BORIS CYRULNIK

CHEZ ODILE JACOB

Des âmes et des saisons. Psycho-écologie, 2021.
France-Algérie. Résilience et réconciliation en Méditerranée (avec Boualem Sansal), 2020.
Sport et résilience (dir. avec Philippe Bouhours), 2019.
Préparer les petits à la maternelle (dir.), 2019.
La nuit, j'écrirai des soleils, 2019.
Histoire de la folie avant la psychiatrie (dir. avec Patrick Lemoine), 2018.
Psychothérapie de Dieu, 2017.
La Folle Histoire des idées folles en psychiatrie (dir. avec Patrick Lemoine), 2016.
Ivres paradis, bonheurs héroïques, 2016.
Les Âmes blessées, 2014.
Résilience. De la recherche à la pratique (dir. avec Marie Anaut), 2014.
Résilience et personnes âgées (dir. avec Louis Ploton), 2014.
Sauve-toi, la vie t'appelle, 2012.
Résilience. Connaissances de base (dir. avec Gérard Jorland), 2012.
Quand un enfant se donne « la mort ». Attachement et sociétés, 2011.
Famille et résilience (dir. avec Michel Delage), 2010.
Mourir de dire. La honte, 2010.
Je me souviens…, « Poches Odile Jacob », 2010.
Autobiographie d'un épouvantail, 2008.
École et résilience (dir. avec Jean-Pierre Pourtois), 2007.
Psychanalyse et résilience (dir. avec Philippe Duval), 2006.
De chair et d'âme, 2006.
Parler d'amour au bord du gouffre, 2004.
Le Murmure des fantômes, 2003.

Les Vilains Petits Canards, 2001.
Un merveilleux malheur, 1999.
L'Ensorcellement du monde, 1997.
De l'inceste (avec Françoise Héritier et Aldo Naouri), 1994.
Les Nourritures affectives, 1993.

Cet ouvrage a été composé
et Adobe Garamond Pro
par Nord Compo
à Villeneuve-d'Ascq (Nord)

Cet ouvrage
a été achevé d'imprimer
sur Roto-Page
par l'Imprimerie Floch à Mayenne
en septembre 2021

N° d'édition : 7381-5708-X – N° d'impression : 99014
Dépôt légal : octobre 2021
Imprimé en France

Cet ouvrage a été composé
et Adobe Garamond Pro
par Nord Compo
à Villeneuve-d'Ascq (Nord)

Cet ouvrage
a été achevé d'imprimer
sur Roto-Page
par l'Imprimerie Floch à Mayenne
en septembre 2021

N° d'édition : 7381-5708-X – N° d'impression : 99014
Dépôt légal : octobre 2021
Imprimé en France